JN292692

学級担任のための国語資料集

短文・長文・PISA型の力がつく

まるごと読解力 文学作品

企画・編集　原田善造

小学6年

本書の特色

五社の教科書の文学作品をまるごと掲載

光村図書、東京書籍、教育出版、学校図書、大阪書籍の五社の教科書の文学作品を掲載しました。五社の教科書の作品がまるごと掲載されていて、たいへん充実した内容になっています。

読解力［思考力・表現力・活用力］の向上に最適のワークシート集　授業中の発問の例としても使える
教科書・全国学力テスト問題・ＯＥＣＤの学力調査（ＰＩＳＡ）やフィンランドの教育方法なども参考に作成

本書を執筆するにあたり、まず、光村図書、東京書籍、教育出版、学校図書、大阪書籍の五社の教科書の文学作品を研究しました。さらに、全国学力テストの活用問題やＯＥＣＤの学力調査（ＰＩＳＡ）の読解力問題・フィンランドの教育方法なども参考に、現場の先生方の知恵を借りながら、日本の子どもたちに適した発問例や問題例を掲載しました。

読み取る力や思考力を問う問いと、表現力・活用力を問う問いをバランスよく掲載していますので、本書の活用により、子どもたちに豊かな読解力［思考力・表現力・活用力］が身につきます。

限られた授業時間の中でがんばっておられる、忙しい現場の先生方に最適な読解力ワークシート

教科書の作品を全部教えるにも授業時間が足らないのが日本の教育現場の実情だといわれています。

本書は、教科書の作品に限って掲載しています。教科書以外の作品から問いを作っても、その作品を教えるのに、とても時間がかかってしまいます。また、教科書以外の作品では、その学年の児童の発達段階に適しているかどうかわかりません。

そこで、本書では何よりも教科書の作品をよく研究し、読解力［思考力・表現力・活用力］向上のための充実した問いを、短文・長文・全文の三部構成で掲載しました。

授業の中での活用はもちろん、短時間の朝勉強やテスト・宿題等、いろいろな場面で、いろいろな時間の長さで活用できるので、忙しい中でがんばっておられる先生方にはピッタリのワークシートです。

本書の使い方

短文読解のページ

日々の授業の発問や朝学習や宿題等に使えるよう、一つの文学作品を何ページかにわたって短く掲載しています。短時間でできますのでぜひご活用下さい。

読解力[思考力・表現力・活用力]を豊かに形成するためには、たくさんの作品に接することも大切ですので、学校で採択されていない他社の教科書の作品もぜひご活用下さい。

長文読解のページ

小学校であつかう一般的なテスト等と同じ長さの問題を掲載しています。授業の発問やテストや宿題等、いろいろな場面で活用して下さい。

思考力・表現力・活用力を高め、よりＰＩＳＡ型をめざした全文読解のページ

作品が長いときは何ページかにわたって全文が掲載されています。例えば、全文が2ページの作品の場合、はじめの一枚目のワークシートは、1ページ目の作品から出題されていますが、二枚目のワークシートは、1ページ・2ページの全文から出題されています。

また、作品は2ページ以上なのに一枚しかワークシートがない場合も、全文から出題されています。どの範囲から出題されているかは、ワークシートに書いてありますので、その範囲の作品のページをご使用下さい。

豊かなイラスト

子どもたちのイマジネーションをふくらませる、豊かなイラストが掲載されています。説明文のワークシートには、イラストと本文の関係を問う問題もありますので、是非、イラストにも着目させて下さい。

解答のページ

本書の解答例は、あくまで一つの解答例です。国語の教材は、子どもによってイメージの仕方や、問題の受け止め方が多様であり、これだけが正解ということは絶対にありません。子どもの表現が少々違っていても、文意が合っていれば必ず○をしてあげて下さい。「思ったこと」「考えたこと」などは様々なとらえ方がありますので、解答例を省略している場合があります。児童の思いをよく聞いて、あくまでも子どもの考えに寄りそった○つけをお願い致します。

短文・長文・PISA型の力がつく　まるごと読解力　文学作品　小学6年　目次

短文読解力問題

長文読解力問題

思考力・表現力・活用力を高め、よりPISA型をめざした　全文読解力問題

解答

【光】…光村図書　【学】…学校図書
【東】…東京書籍　【大】…大阪書籍
【教】…教育出版
Ⓟ…思考力・表現力・活用力を高め、よりPISA型をめざした問題

・授業の発問事例
・読解練習
・朝学習
・宿題　等に使える

短文読解力問題

カレーライス(1)

名前［　　　　　　　　］

ぼくは悪くない。

だから、絶対に「ごめんなさい。」は言わない。

言うもんか、お父さんなんかに。

「いいかげんに意地を張るのはやめなさいよ。」

お母さんはあきれ顔で言うけど、あやまる気はない。先にあやまるのはお父さんのほうだ。

確かに、一日三十分の約束を破って、夕食が終わった後もゲームをしていたのは、よくなかった。だけど、セーブもさせないで、いきなりゲーム機のコードをぬいて電源を切っちゃうのは、いくらなんでもひどいじゃないか。

「何度言っても聞かなかったんだから、しょうがないでしょ。今夜お父さんが帰ってきたら、ちゃんとあやまりなさいよ。いいわね。」

お母さんはいつもお父さんのみかたにつく。

やあだよ、と言い返す代わりに、ぼくはそっぽを向いた。お父さんにしかられたのは、ゆうべ。丸一日たっても「ごめんなさい。」を言わなかったのは新記録だった。


（光村図書　国語　6年（上）創造　重松清）

上の文章を読んで、答えましょう。

(一) ぼくは、どんな約束を破ったのですか。

（　　　　　　　　）

(二) 先にあやまるのは、お父さんのほうだと思うのは、なぜですか。

（　　　　　　　　）

(三) お父さんが、いきなりゲーム機のコードをぬいたのは、どうしてですか。

（　　　　　　　　）

(四) 新記録とは何のことですか。

（　　　　　　　　）

カレーライス(2)

名前［　　　　］

「いい。今夜のうちにあやまって、仲直りしときなさいよ。あしたから『お父さんウィーク』なんだから、けんかしたままだとつまらないでしょ、ひろしだって。」

毎月半ばの一週間ほど、お母さんは仕事がいそがしくて、帰りがうんとおそくなる。その代わり、お父さんが夕食に合わせて早めに帰ってくる。それが「お父さんウィーク」だ。

「お父さん、ひろしがよくないことをしたらしかるけど、ひろしのことが大好きなのよ。分かるでしょう。今朝も『ひろしは、まだすねてるのか。』って、落ちこんでたのよ。」

ほら、ア<u>そういうところ</u>がいやなんだ。ぼくはすねてるんじゃない。お父さんと口をききたくないのは、そんな子どもっぽいことじゃなくて、もっと、こう、なんていうか、もっと——。

（光村図書　国語　6年（上）創造　重松（しげまつ）　清（きよし））

上の文章を読んで、答えましょう。

(一)　「お父さんウィーク」には、お父さんはどうするのですか。

（　　　　）

(二)　ひろしの家には、なぜ「お父さんウィーク」があるのですか。

（　　　　）

(三)　お父さんは、どうして落ちこんでいるのですか。

（　　　　）

(四)　ア<u>そういうところ</u>とは、どんなことですか。

（　　　　）

カレーライス(3)

名前［　　　　　　　　］

「『特製カレーを食べれば、きげんも直るさ。』って張り切ってたから、晩ご飯の前におかし食べたりしないでよ。」

「またカレーなの。」（ア）

「文句言わないの。だったら自分で作ってみれば。学校で家庭科もやってるんでしょ。六年生になったのに、遊んでばかりで家のことちっともしないんだから、まったく、もう――。」

お母さんはいつだって、お父さんのみかただ。

それがくやしかったから、何があっても絶対にあやまるもんか、と心に決めた。

（光村図書　国語　6年（上）創造　重松　清）

上の文章を読んで、答えましょう。

（一）特製カレーを作るのは、だれですか。（　）に○を付けましょう。

（　）お父さん　（　）お母さん　（　）ひろし

（二）ア「またカレーなの。」と言ったときのひろしの気持ちを書きましょう。

（　　　　　　　　）

（三）「何があっても絶対にあやまるもんか」と心に決めたのは、なぜですか。

（　　　　　　　　）

カレーライス(4)

名前［　　　　　］

「お父さんウィーク」の初日、お父さんは、さっそく特製カレーライスを作った。

「ほら食べろ、お代わりたくさんあるぞ。」

と、ごきげんな顔で大盛りのカレーをぱくつく。

でも、お父さんは料理が下手だ。じゃがいもやにんじんの切り方はでたらめだし、しんが残っているし、何よりカレーのルウが、あまったるくてしかたない。

カレー皿に顔をつっこむようにしてスプーンを動かしていたら、お父さんが、

「まだおこってるのか。」

と、笑いながら言った。

「ひろしもけっこう根気あるんだなあ。」（ア）

根気とは、ちょっとちがうと思う。どっちにしても、返事なんか、しないけど。

「この前、いきなりコードぬいちゃって、悪かったなあ。」

あっさりあやまられた。最初の予定では、これでぼくもあやまれば仲直り完了。――のはずだったけど、ぼくはだまったままだった。

（光村図書　国語　6年（上）創造　重松　清）

上の文章を読んで、答えましょう。

(一)　ごきげんな顔で大盛りのカレーをぱくついてるのは、だれですか。

（　　　　）

(二)　お父さんの料理が下手な例として、どんなことをあげていますか。三つ書きましょう。

（　　　　）
（　　　　）
（　　　　）

(三)　お父さんはなぜア「ひろしもけっこう根気あるんだなあ。」と言ったのですか。

（　　　　）

カレーライス(5)

名前［　　　　］

「でもな、一日三十分の約束を守らなかったのは、もっと悪いよな。」

ア分かってる、それくらい。でも、分かってることを言われるのがいちばんいやなんだってことを、お父さんは分かってない。

イ「で、どうだ。学校、最近おもしろいか。」

ああ、もう、そんなのどうだっていいじゃん。言葉がもやもやとしたけむりみたいになって、むねの中にたまる。

知らん顔してカレーを食べ続けたら、お父さんもさすがにあきらめたみたいで、そこからはもう話しかけてこなかった。

「お父さんウィーク」の初日は、そんなふうに、おしゃべりすることなく終わった。

（光村図書　国語　6年（上）創造　重松　清）

上の文章を読んで、答えましょう。

㈠ ア分かってるとありますが、ひろしは何を分かっていると言ったのでしょう。

（　　　　）

㈡ お父さんは、何が分かっていないのですか。

（　　　　）

㈢ お父さんは、どんな気持ちからイ「で、どうだ。学校、最近おもしろいか。」と言ったのでしょう。

（　　　　）

カレーライス(6)

名前［　　　　　　　　　　　］

次の日の夕食も、カレー。ゆうべの残りを温め直して食べた。ふつうのカレーだと、一晩おくとこくが出ておいしくなるけど、特製カレーのあまったるさは変わらない。

「なあ、ひろし、いいかげんにきげん直せよ。しつこすぎないか。」

お父さんは、夕食のとちゅう、ちょっとこわい顔になって言った。

ぼくも本当は、もう仲直りしちゃおうかな、と思っていたところだった。でも、先手を打たれたせいで、今さらあやまれなくなった。ここであやまると、いかにもお父さんにまたしかられそうになったから——みたいで、ア そんなのいやだ。

「もしもうし、ひろしくうん、聞こえてますかあ。」

お父さんはてのひらをメガホンの形にして言ったけど、ぼくがだまったままなので、今度はまたおっかない顔にもどって、

「いいかげんにしろ。」

とにらんできた。

（光村図書　国語　6年（上）創造　重松清）

上の文章を読んで、答えましょう。

(一) お父さんの気持ちは、どのように変化していますか。次の中から選んで○を付けましょう。

（　）はじめはおこっていたが、ひろしにもうしわけないと思って、やさしくなってきている。

（　）ひろしのきげんが直らないので、悲しくなってきている。

（　）ひろしがいつまでも意地を張っているので、おこったり、なだめたり、またおこったりしている。

(二) お父さんの気持ちの変化が顔に表れている部分を、二つぬき書きしましょう。

（　　　　　　　　）

（　　　　　　　　）

(三) ア そんなは何を指していますか。

（　　　　　　　　）

カレーライス(7)

名前［　　　　　　　　　　］

ぼくはかたをすぼめて、カレーを食べる。おいしくないのに、ぱくぱく、ぱくぱく、休まずに食べ続ける。

自分でも困ってる。なんでだろう、と思ってる。今までなら、あっさり「ごめんなさい。」が言えたのに。もっとすなおに話せてたのに。特製カレーだって、三年生のころまでは、すごくおいしかったのに。

二人でだまってお皿を片付けているとき、お父さんは、

「頭が痛いなあ。」

とつぶやいて、大きなくしゃみをした。

かぜ、ひいたんじゃないの――。

薬を飲んで、早くねたほうがいいんじゃない――。

言いたかったけど、言えなかった。

（光村図書　国語　6年（上）創造　重松　清）

上の文章を読んで、答えましょう。

(一)　ぼくが「なんでだろう」と思っている、今の自分の様子を三つ書きましょう。

（　　　　　　　　　　）

（　　　　　　　　　　）

（　　　　　　　　　　）

(二)　二人がだまってお皿を片付けている場面から、ぼくのどんな心の状態が読み取れますか。

（　　　　　　　　　　）

カレーライス(8)

名前［　　　　］

翌朝、自分の部屋から起き出したぼくと入れかわるように、お父さんは、
「悪いけど、先行くからな。」
と、朝食も食べずに家を出ていった。「お父さんウィーク」では、よくあることだ。会社から早く帰ってくる分、朝は一番乗りして、ゆうべできなかった仕事を片付けるのだ。
お母さんはまだねている。これも、「お父さんウィーク」のいつものパターン。仕事がいそがしい一週間のうち、特にいそがしい何日かは、家に帰るのが真夜中の二時や三時になる。その代わり、次の日はふだんより少しだけゆっくり出勤すればいいのだという。

（光村図書　国語　6年（上）創造　重松清）

上の文章を読んで、答えましょう。

(一)「お父さんウィーク」の、よくあるパターンを二つ書きましょう。

（　　　　）

（　　　　）

(二) お父さんは、いつ家を出ていきましたか。

（　　　　）

(三) お父さんは、なぜ朝食も食べずに出ていくのですか。

（　　　　）

(四) お母さんが、まだねているのは、どうしてですか。

（　　　　）

カレーライス(9)

名前［　　　　］

食卓(たく)には、目玉焼きと野菜いためのお皿が出ていた。黄身がくずれているから、お父さんが作ってくれたのだろう。朝は時間がないんだから、おかずなんか作らなくてもいいのに。目玉焼きぐらい、ぼくはもう作れるのに。

ア でも、お父さんは、

「火を使うのは危ないから。」

と、オーブントースターと電子レンジしか使わせてくれない。イ それがいつもくやしくて、でも、お父さんがねむい目をこすりながら、ぼくのために目玉焼きを作ってくれたんだと思うとうれしくて、でもやっぱりくやしくて、そうはいってもウ うれしくて――。「行ってらっしゃい。」を言わなかったから、急に悲しくなってきた。

（光村図書　国語　6年（上）創造　重松(しげまつ)　清(きよし)）

上の文章を読んで、答えましょう。

(一) 目玉焼きと野菜いためを作ったのがお父さんだとわかったのは、なぜですか。

（　　　　）

(二) ア でもと同じような使い方をする言葉を、次の中から二つ選んで○を付けましょう。

（　）それから　（　）しかし
（　）けれども　（　）また

(三) イ それは、何を指していますか。

（　　　　）

(四) ぼくはなぜ、ウ うれしくて――。なのか書きましょう。

（　　　　）

カレーライス(10)

名前［　　　　　　　　］

朝食を終えて自分の部屋にもどったら、ランドセルの下に手紙が置いてあった。

「お父さんとまだ口をきいてないの。お父さん、さびしがっていましたよ。」

絵の得意なお母さんは、しょんぼりするお父さんの似顔絵を手紙にそえていた。

ア学校にいる間、何度も心の中で練習した。お父さん、この前はごめんなさい——。言える言える、だいじょうぶだいじょうぶ、と自分を元気づけた。

「うげえっ、そんなの言うのってかっこ悪いよ。」と自分を冷やかす自分も、むねのおくのどこかにいるんだけど。

ましたよ。

（光村図書　国語　6年（上）創造　重松（しげまつ）清（きよし））

上の文章を読んで、答えましょう。

(一) お母さんは、どんな気持ちで、手紙を書いたのでしょうか。

（　　　　　　　　）

(二) お母さんの手紙を読んで、どうしようと思ったのですか。

（　　　　　　　　）

(三) ア学校にいる間、何度も心の中で練習したのは、どうしてですか。次の中から選んで○を付けましょう。

（　）まちがえたら、はずかしいから。

（　）簡単にごめんなさいと言えなかったから。

（　）お父さんにしかられるのが、こわいから。

(四) むねのおくのどこかにいるのは、だれですか。

（　　　　　　　　）

カレーライス(11)

名前［　　　］

夕方、家に帰ると、お父さんがいた。

「かぜ、ひいちゃったよ。熱があるから会社を早退して、さっき帰ってきたんだ。」

パジャマすがたで居間に出てきたお父さんは、本当に具合が悪そうだった。声はしわがれて、せきも出ている。

「晩ご飯、今夜は弁当だな。」

お父さんがそう言ったとき、思わず、ぼくは答えていた。

「何か作るよ。ぼく、作れるから。」

「えっ。」

「だいじょうぶ、作れるもん。」

お父さんは、きょとんとしていた。でも、アいちばんおどろいているのは、ぼく自身だ。

「家で作ったご飯のほうが栄養あるから、かぜも治るから。」

「いや、でも――。」

なんて、全然言うつもりじゃなかったのに。

と言いかけたお父さんは、少し考えてから、イまあいいか、と笑った。


（光村図書　国語　6年（上）創造　重松(しげまつ)　清(きよし)）

上の文章を読んで、答えましょう。

(一) お父さんのどんな様子から、本当に具合が悪そうだと分かったのですか。二つ書きましょう。

（　　　）

（　　　）

(二) お父さんは、なぜきょとんとしていたのですか。

（　　　）

(三) ア――で、ぼくは、なぜおどろいているのですか。次の中から選んで○を付けましょう。

（　）言うつもりじゃなかったことを、思わず言ってしまったから。

（　）お父さんが、きょとんとしているから。

（　）お父さんが、かぜをひいて熱があるから。

(四) イまあいいか、と笑ったときのお父さんの気持ちを考えて書きましょう。

（　　　）

カレーライス(12)

名前［　　　　　　　　］

「お父さんも手伝うから。で、何を作るんだ。」

答えは、今度も、考えるより先に出た。

「カレー。」

「だって、おまえ、カレーって、ゆうべもおとといも――。」

ア「でもカレーなの。いいからカレーなの。絶対にカレーなの。」

子どもみたいに大きな声で言い張った。

ほっぺたが急に熱くなった。

「じゃあ、カレーでいいか。」

お父さんは笑って、台所の戸だなを開けた。

「おととい買ってきたルウが残ってるから、それ使えよ。」

戸だなから取り出したのは――甘口(あま)。お子様向けの、うんとあまいやつ。お母さんが、

「ひろしはイこっちね。」

と、ぼくの分だけ別のなべでカレーを作っていた低学年のころは、ルウはいつもこれだった。

(光村図書　国語　6年(上)創造　重松(しげまつ)　清(きよし))

上の文章を読んで、答えましょう。

(一)　カレーを食べたのは、いつですか。

（　　　　）（　　　　）

(二)　ア「でもカレーなの。いいからカレーなの。絶対にカレーなの。」から、ひろしのどんな気持ちが読みとれますか。次の中から選んで○を付けましょう。

（　）どうしてもカレーが作りたい。

（　）いやだけど、しかたがないからカレーを作ろう。

（　）カレーが作りたいと、ちょっと言ってみたかった。

(三)　お父さんがおととい買ってきたルウは、どんなルウですか。

（　　　　）

(四)　イこっちとは、何のことですか。

（　　　　）

カレーライス（13）

名前［　　　　　　　　　　］

「だめだよ、こんなのじゃ。」

ぼくは戸だなの別の場所から、お母さんが買い置きしているルウを出した。

「だって、ひろし、それ『中辛』だぞ。からいんだぞ、口の中ひいひいしちゃうぞ。」

「何言ってんの、お母さんと二人のときは、いつもこれだよ。」

お父さんは、またきょとんとした顔になった。

「おまえ、もう『中辛』なのか。」

意外そうに、半信半疑できいてくる。

ああ、もう、これだよ、お父さんってなあんにも分かってないんだから。あきれた。うんざりした。

でも、

「そうかあ、ひろしも『中辛』なのかあ、そうかそうか。」

と、うれしそうに何度もうなずくお父さんを見ていると、なんだかこっちまでうれしくなってきた。


（光村図書　国語　6年（上）創造　重松　清）

上の文章を読んで、答えましょう。

（一）お母さんが買い置きしているルウは、どんなルウですか。

（　　　　　　）

（二）ひろしが、お母さんと二人のとき食べているカレーのルウは、どんなルウですか。

（　　　　　　）

（三）お父さんは、なぜきょとんとした顔になったのですか。次の中から選んで○を付けましょう。

（　）ひろしの言っている意味が、よくわからないから。

（　）ひろしの言ったことが、よくわかったから。

（　）ひろしが「中辛」と言ったので、うれしかったから。

（四）だれが、だれに「あきれた。うんざりした。」のですか。

（　　　　）が（　　　　）に

カレーライス(14)

名前［　　　　　　　　　　］

ア二人で作ったカレーライスができあがった。野菜担当のお父さんが切ったじゃがいもやにんじんは、やっぱり不格好だったけど、しんが残らないようにしっかりにこんだ。台所にカレーのかおりがぷうんとただよう。イカレーはこうでなくっちゃ。

お父さんは、ずっとごきげんだった。

「いやあ、まいったなあ。ひろしももう『中辛』だったんだなあ。そうだよなあ、来年から中学生なんだもんなあ。」

と、一人でしゃべって、

「かぜも治っちゃったよ。」

と笑って、思いっきり大盛りにご飯をよそった。

食卓に向き合ってすわった。「ごめんなさい。」は言えなかったけど、お父さんはごきげんだし、「今度は別の料理も二人で作ろうか。」と約束したし、残り半分になった今月の「お父さんウィーク」は、ウいつもよりちょっと楽しく過ごせそうだ。

「じゃあ、いただきまあす。」

口を大きく開けてカレーをほお張った。

ぼくたちの特製カレーは、ぴりっとからくて、でも、ほんのりあまかった。

（光村図書　国語　6年（上）創造　重松　清）

上の文章を読んで、答えましょう。

(一) ア二人とは、だれとだれですか。

（　　　　）（　　　　）

(二) イカレーはこうでなくっちゃ。から、カレーの出来を、どう思っていることがわかりますか。

（　　　　）

(三) お父さんがごきげんだったのは、どうしてですか。

（　　　　）

(四) ウ――のように思えたのは、どうしてですか。二つ書きましょう。

（　　　　）（　　　　）

海の命(1)

名前［　　　　　　　　］

ア父もその父も、その先ずっと顔も知らない父親たちが住んでいた海に、太一（たいち）もまた住んでいた。季節や時間の流れとともに変わる海のどんな表情でも、太一は好きだった。

「ぼくは漁師になる。おとうといっしょに海に出るんだ。」

子どものころから、太一はこう言ってはばからなかった。

父はもぐり漁師だった。潮の流れが速くて、だれにももぐれない瀬（せ）に、たった一人でもぐっては、岩かげにひそむクエ*をついてきた。二メートルもある大物をしとめても、父はじまんすることもなく言うのだった。

「海のめぐみだからなあ。」

不漁の日が十日間続いても、父は少しも変わらなかった。

*クエ　岩かげにひそみ、小魚やイカなどを食べる茶褐（かっ）色の魚。本州の中部より南の海にいる。

（光村図書　国語　6年（下）希望　立松（たてまつ）和平（わへい））

※「海の命」の教材は、東京書籍の十七年度版六年生国語教科書にも掲載されています。

上の文章を読んで、答えましょう。

(一) ア――から、どんなことが分かりますか。（　）に当てはまる言葉を［　］から選んで書きましょう。

（　　）の家族は、何代にもわたって（　　）をしながら、（　　）とともに暮らしてきた。

［クエ・漁師・太一・岩かげ・海］

(二) ア――では、なぜ「父親たちが住んでいた海」と表現されているのでしょうか。次の中から選んで○を付けましょう。

（　）母親は亡くなって、いないから。

（　）海で漁師をしてきたのは、父親たちだから。

（　）父親だけが船の中で暮らしていたから。

(三) 大物をしとめても、父がじまんをしなかったのは、どうしてですか。

（　　　　　　　　）

海の命(2)

名前［　　　　］

ある日、父は、夕方になっても帰らなかった。空っぽの父の船が瀬(せ)で見つかり、仲間の漁師が引き潮を待ってもぐってみると、父はロープを体に巻いたまま、水中でことき(ア)れていた。ロープのもう一方の先には、光る緑色の目をしたクエがいたという。

父のもりを体につきさした瀬の主は、何人がかりで引こうと全く動かない。まるで岩のような魚だ。結局ロープを切るしか方法はなかったのだった。

（光村図書　国語　6年（下）希望　立松(たてまつ)　和平(わへい)）

上の文章を読んで、答えましょう。

(一) ア ことされていた。とは、どういうことですか。

（　　　　）

(二) ロープを体に巻いたまま、父はどうしようとしていたのですか。

（　　　　）

(三) 光る緑色の目をしたクエを、別の言い方で、どう表現していますか。二つ書きましょう。

（　　　　）（　　　　）

海の命(3)

名前［　　　　　　　　　　］

中学校を卒業する年の夏、太一は与吉じいさに弟子にしてくれるようたのみに行った。与吉じいさは、太一の父が死んだ瀬に、毎日一本づりに行っている漁師だった。

「わしも年じゃ。ずいぶん魚をとってきたが、ア もう魚を海に自然に遊ばせてやりたくなっとる。」

「年をとったのなら、ぼくをつえの代わりに使ってくれ。」

こうして太一は、無理やり与吉じいさの弟子になったのだ。

与吉じいさは瀬に着くや、小イワシをつり針にかけて水に投げる。それから、ゆっくりと糸をたぐっていくと、ぬれた金色の光をはね返して、五十センチもあるタイが上がってきた。バタバタ、バタバタと、タイが暴れて尾で甲板を打つ音が、船全体を共鳴させている。

（光村図書　国語　6年（下）希望　立松　和平）

上の文章を読んで、答えましょう。

（一）太一が与吉じいさに弟子にしてくれるようたのみに行ったのは、いつですか。

（　　　　　　　　　　）

（二）与吉じいさは、何をしている人ですか。

（　　　　　　　　　　）

（三）与吉じいさは、どんな気持ちで「ア もう魚を海に自然に遊ばせてやりたくなっとる。」と言ったのでしょう。

（　）もう魚をとらず、自由にさせてやりたい。

（　）魚を自然に遊ばせてからとるようにしたい。

（　）魚が遊んでいるところをゆっくり見たい。

（四）与吉じいさの漁は、何をえさにしますか。そして、何をつりましたか。

（　　　　　）をつり針にかけて、

（　　　　　）をつった。

海の命(4)

名前［　　　　　　　　　　　］

太一は、なかなかつり糸をにぎらせてもらえなかった。つり針にえさを付け、上がってきた魚からつり針を外す仕事ばかりだ。つりをしながら、与吉じいさは独り言のように語ってくれた。

ア「千びきに一ぴきでいいんだ。千びきいるうち一ぴきをつれば、ずっとこの海で生きていけるよ。」

与吉じいさは、毎日タイを二十ぴきとると、イもう道具を片付けた。

季節によって、タイがイサキ*になったりブリ*になったりした。

*イサキ　緑色を帯びた褐色の体に、茶色の縦じまが数本走っている魚。

*ブリ　背中は暗い青色、腹は銀白色で、中央に一本の筋が入っている魚。

（光村図書　国語　6年（下）希望　立松和平）

上の文章を読んで、答えましょう。

(一)　太一は、どんな仕事をしていますか。二つ書きましょう。

（　　　　）

（　　　　）

(二)　ア「千びきに一ぴきでいいんだ。千びきいるうち一ぴきをつれば、ずっとこの海で生きていけるよ。」から、与吉じいさは太一にどんなことを教えているのでしょうか。

（　　　　）

(三)　イもう道具を片付けた。とは、どういうことですか。

（　　　　）

海の命(5)

名前［　　　　］

弟子になって何年もたったある朝、いつものように同じ瀬に漁に出た太一に向かって、与吉じいさはふっと声をもらした。アそのころには、イ与吉じいさは船に乗ってこそきたが、作業はほとんど太一がやるようになっていた。

「自分では気づかないだろうが、おまえは村一番の漁師だよ。太一、ここはおまえの海だ。」

船に乗らなくなった与吉じいさの家に、太一は漁から帰ると、毎日魚を届けに行った。真夏のある日、与吉じいさは暑いのに、毛布をのどまでかけてねむっていた。太一はすべてをさとった。

ウ「海に帰りましたか。与吉じいさ、心から感謝しております。おかげさまでぼくも海で生きられます。」

悲しみがふき上がってきたが、今の太一は自然な気持ちで、顔の前に両手を合わせることができた。父がそうであったように、与吉じいさも海に帰っていったのだ。

（光村図書　国語　6年（下）希望　立松和平）

上の文章を読んで、答えましょう。

（一）アそのころとは、いつのことですか。

（　　　　）

（二）イ——から、与吉じいさのどんな様子が分かりますか。次の中から選んで○を付けましょう。

（　）太一に仕事をさせて、自分は楽をしている。

（　）いつものように、太一にはつり糸をにぎらせない。

（　）年をとって、漁の作業ができなくなってきている。

（三）船に乗らなくなった与吉じいさに、太一はどんなことをしていましたか。

（　　　　）

（四）与吉じいさの家に毎日魚を届けに行ったのは、どんな気持ちからでしょうか。

（　　　　）

（五）ウ海に帰りましたか。から、与吉じいさが、どうなったことがわかりますか。

（　　　　）

海の命(6)

名前［　　　　　　　　　　］

ある日、母はこんなふうに言うのだった。

「おまえが、おとうの死んだ瀬(せ)にもぐると、いつ言いだすかと思うと、ア わたしはおそろしくて夜もねむれないよ。おまえの心の中が見えるようで。」

太一(たいち)は、あらしさえもはね返す屈(くっ)強な若者になっていたのだ。太一は、そのたくましい背中に、母の悲しみさえも背負おうとしていたのである。

母が毎日見ている海は、いつしか太一にとっては自由な世界になっていた。

いつもの一本づりで二十ぴきのイサキをはやばやととった太一は、父が死んだ辺りの瀬に船を進めた。

いかりを下ろし、海に飛びこんだ。はだに水の感触(しょく)がここちよい。海中に棒になって差しこんだ光が、波の動きにつれ、かがやきながら交差する。耳には何も聞こえなかったが、太一は壮(そう)大な音楽を聞いているような気分になった。とうとう、イ 父の海にやって来たのだ。

太一が瀬にもぐり続けて、ほぼ一年が過ぎた。父を最後にもぐり漁師がいなくなったので、アワビもサザエもウニもたくさんいた。激しい潮の流れに守られるようにして生きている、二十キロぐらいのクエも見かけた。だが、太一は興味をもてなかった。


（光村図書　国語　6年（下）希望　立松(たてまつ)　和平(わへい)）

上の文章を読んで、答えましょう。

（一）ア わたしはおそろしくて夜もねむれないよ。について答えましょう。
・「わたし」はだれですか。（　　　）
・それは、どうしてですか。
（　　　　　　　　　　）

（二）太一は、どんな若者に成長していますか。
（　　　　　　　　　　）

（三）太一が海にとびこんだ時の、海中の様子をぬき書きしましょう。
（　　　　　　　　　　）

（四）イ 父の海とは、どういうことでしょう。次の中から選んで○を付けましょう。
（　）太一を育ててくれた父のような海
（　）父が死んだ海

海の命(7)

名前［　　　　］

ア追い求めているうちに、不意に夢は実現するものだ。

太一（たいち）は海草のゆれる穴のおくに、青い宝石の目を見た。

海底の砂にもりをさして場所を見失わないようにしてから、太一は銀色にゆれる水面にうかんでいった。息を吸ってもどると、イ同じ所に同じ青い目がある。ひとみは黒いしんじゅのようだった。刃（は）物のような歯が並んだ灰色のくちびるは、ふくらんでいて大きい。ウ魚がえらを動かすたび、水が動くのが分かった。岩そのものが魚のようだった。全体は見えないのだが、百五十キロはゆうにこえているだろう。

興奮していながら、太一は冷静だった。これが自分の追い求めてきたまぼろしの魚、村一番のもぐり漁師だった父を破った瀬（せ）の主なのかもしれない。太一は鼻づらに向かってもりをつき出すのだが、クエは動こうとはしない。そうしたままで時間が過ぎた。太一は永遠にここにいられるような気さえした。しかし、息が苦しくなって、またうかんでいく。

（光村図書　国語　6年（下）希望　立松（たてまつ）和平（わへい））

上の文章を読んで、答えましょう。

(一) ア――で、追い求めている夢とは何ですか。

（　　　　）

(二) 「青い宝石の目」とは、何ですか。

（　　　　）

(三) イ同じ所に同じ青い目がある。から、どんなことが分かりますか。

（　　　　）

(四) ウ――から、このクエが、どんな魚だと分かりますか。

（　　　　）

(五) 太一はなぜ、興奮しているのでしょう。

（　　　　）

海の命(8)

名前［　　　　］

もう一度もどってきても、瀬の主は全く動こうとはせずに太一を見ていた。おだやかな目だった。この大魚は自分に殺されたがっているのだと、太一は思ったほどだった。これまで数限りなく魚を殺してきたのだが、アこんな感情になったのは初めてだ。この魚をとらなければ、本当の一人前の漁師にはなれないのだと、太一は泣きそうになりながら思う。

水の中で太一はイふっとほほえみ、口から銀のあぶくを出した。もりの刃先を足の方にどけ、クエに向かってもう一度えがおを作った。

「おとう、ここにおられたのですか。また会いに来ますから。」

ウこう思うことによって、太一は瀬の主を殺さないで済んだのだ。大魚はこの海の命だと思えた。

（光村図書　国語　6年（下）希望　立松和平）

上の文章を読んで、答えましょう。

(一) クエ（瀬の主）の様子を表している部分を、二つぬき書きしましょう。

（　　　　）

（　　　　）

(二) アこんなは、何を指していますか。

（　　　　）

(三) イふっとほほえみ、とありますが、太一がほほえんだのは、どうしてですか。

（　　　　）

(四) ウこうが指している文をぬき書きしましょう。

（　　　　）

海の命(9)

名前［　　　　］

やがて太一(たいち)は村のむすめとけっこんし、子どもを四人育てた。男と女と二人ずつで、みんな元気でやさしい子どもたちだった。母はおだやかで満ち足りた、美しいおばあさんになった。

太一は村一番の漁師であり続けた。千びきに一ぴきしかとらないのだから、ア海の命は全く変わらない。巨(きょ)大なクエを岩の穴で見かけたのにもりを打たなかったことは、もちろんイ太一は生涯(がい)だれにも話さなかった。

（光村図書　国語　6年（下）希望　立松(たてまつ)　和平(わへい)）

上の文章を読んで、答えましょう。

(一) 太一の母は、どんなおばあさんになりましたか。

（　　　　　　　　）

(二) ア海の命は全く変わらない。のは、どうしてですか。

（　　　　　　　　）

(三) なぜ、イ太一は生涯だれにも話さなかった。のでしょうか。次の中から選んで○を付けましょう。

（　）クエをしとめるのに、おとうも自分も失敗したから。

（　）けっこんして幸せな生活だったので、クエのことはふれたくなかった。

（　）クエとのやりとりは、自分の胸に大切にしまっておきたかった。

風切るつばさ(1)

名前［　　　　　　　　］

アそれは、夕ぐれどきのいっしゅんの出来事だった。若いアネハヅルの群れが、キツネにおそわれたのだ。ツルの群れはパニックになる。気がつくと、一羽の仲間の命が失われていた。その一羽は、まだ幼い鳥だった。

モンゴルの草原の、うずまく風の中で、傷ついた群れは、イ無言の夜をむかえた。だれの心の中にも後かいがうずまいていた。あのとき、もっと早くにげていれば……。あのとき、すぐキツネに気づいていれば……。二度ともどらない命への思いは、どうどうめぐりを続け、くやしさだけがつのっていく。ウその思いのはけ口など、どこにもない。

（東京書籍　新編新しい国語　6年(上)　木村(きむら)　裕一(ゆういち)）

上の文章を読んで、答えましょう。

(一) アそれは、どんな出来事を指していますか。

（　　　　　　　　）

(二) 命を失ったのは、どんな鳥ですか。

（　　　　　　　　）

(三) イ無言の夜をむかえた。は、鳥たちのどんな気持ちが分かりますか。次の中から選んで○を付けましょう。

（　）キツネにおそわれたきょうふで声も出ない。

（　）幼い仲間を救えなかったことを悲しみ、後かいしている。

（　）また、おそわれないかと、びくびくしている。

(四) ウその思いとは、どんな思いですか。文中の言葉九字で答えましょう。

□□□□□□□□□への思い

風切るつばさ(2)

名前［　　　　］

「あのとき、だれか、はばたいたよな。」

だれかが口を開いた。

「クルルがカララにえさをとってやったときか?」

クルルはときどき、体の弱いカララに、とったえさを分けてやっている。

「キツネに気づかれたのは、そのせいだよ。」

「ア あんなときに、えさなんて分けるんじゃないよ。」

「おれは前から、ああいうクルルが気になってたんだ。」

いかりの持っていき場が見つかったとばかりに、みな、口々にクルルにきびしい言葉をぶつけてくる。

(あのとき、はばたいたのはおれだけじゃない。キツネは、その前からねらっていたんじゃないのか。カララにえさをあたえたことと、ほんとうに関係があるのか。)

イ そんな言い訳などおしつぶされそうなふん囲気に、クルルはだまるしかなかった。


(東京書籍　新編新しい国語　6年(上)　木村(きむら)　裕一(ゆういち))

上の文章を読んで、答えましょう。

(一) カララはどんな鳥ですか。

（　　　　）

(二) みんなは、キツネに気づかれたのは、何のせいだと言っていますか。

（　　　　）

(三) ア あんなときは、何を指していますか。

（　　　　）

(四) イ そんな言い訳などおしつぶされそうなふん囲気が表現されている文をぬき書きしましょう。

（　　　　）

風切るつばさ(3)

名前［　　　　　　　　　　　　］

そのときからクルルは、まるで仲間殺しの犯人のようにあつかわれるようになった。だれ一人、かれの味方はいない。カララでさえ、だまってみんなの中に交じっている。仲間、友達、今まであたりまえだったものすべてが一変した。みな、かれに背を向け、口をきく者さえだれもいない。クルルの気持ちなど、だれ一人分かろうとしないのだ。

友達も仲間も何もかもが信じられない。たった一羽でいるしかなくなった、みじめな自分。クルルは^アそんな自分を責めた。風の中を飛ぶ自分のつばさの音すら、みっともない雑音に聞こえる。

「あのとき、どうして言い返さなかったんだ。みんなとうまくできない自分がくやしい。こんな自分がいやだ。自分の顔、自分のあし、自分のつばさ、みんないやだ。」

クルルはみんなと飛ぶことがつらくなってきた。

（東京書籍　新編新しい国語　6年(上)　木村裕一）

上の文章を読んで、答えましょう。

(一) クルルは、どんなあつかいを受けるようになったのでしょうか。（　）に当てはまる言葉を入れましょう。

まるで（　　　　　　　）の犯人のようにあつかわれ、だれ一人、かれの（　　　　）はいない。みな、かれに（　　　　）を向け、（　　　　）者さえだれもいない。

(二) (一)のようなあつかいを受けて、クルルはどんな気持ちになったでしょうか。

（　　　　　　　　　　）

(三) ア そんな自分とは、どんな自分ですか。

（　　　　　　　　　　）

(四) そしてクルルは、ア そんな自分のことを、どう思うようになりましたか。

（　　　　　　　　　　）

風切るつばさ(4)

名前［　　　　　　　］

ある朝、クルルは飛べなくなっていた。いつものようにはばたいているのに、体がまい上がらないのだ。クルルは、ただじっと草原の片すみにうずくまるしかなかった。

冬が近づいてくる。冬のモンゴルの草原は、零下五十度の寒さにおそわれる。アその前に、アネハヅルの群れはヒマラヤ山脈をこえてインドにわたっていくのだ。

冬を前にして飛べなくなったツルは、死ぬしかない。でもクルルには、そんなこと、どうでもよくなっていた。えさを食べず、ただじっとうずくまっていることだけが、おしつぶされそうな最後のプライドを保つ、イゆいいつの方法に思えた。

（東京書籍　新編新しい国語　6年(上)　木村裕一）

上の文章を読んで、答えましょう。

(一) ある朝、クルルはどうなっていましたか。

（　　　　）

(二) 飛べなくなったクルルは、どうしましたか。

（　　　　）

(三) アそのは、何を指していますか。

（　　　　）

(四) 冬になる前に、モンゴルの草原にいるアネハヅルの群れはどうしますか。

（　　　　）

(五) イゆいいつの方法とは、どうすることですか。

（　　　　）

風切るつばさ(5)

名前［　　　　　　　　］

やがてツルの群れが、南に向かって飛んでいくのが見えた。第二、第三の群れもわたり始める。

白い雪がちらほらとまい始めたときだ。クルルの目に、南の空からまい降りてくる一羽の鳥が見えた。カララだ。カララは何も言わずにクルルのとなりに降り立った。クルルは、もしカララが「さあ、いっしょに行こう！」と言ったら、たとえ飛べたとしても首を横にふるつもりだった。「おれなんかいらないだろう。」とも言うつもりだった。でも、カララは何も言わなかった。ただじっととなりにいて、南にわたっていく群れをいっしょに見つめていた。

（東京書籍　新編新しい国語　6年(上)　木村（きむら）　裕一（ゆういち））

上の文章を読んで、答えましょう。

(一) 南の空からまい降りてきたのは、だれですか。

（　　　　　　　　）

(二) カララが降り立ったとき、クルルはどうしようと思ったのですか。次の中から選んで○を付けましょう。

（　）カララといっしょに飛んでいこうと思った。

（　）いっしょに行こうと言われても、ことわるつもりだった。

（　）助けを呼んできてもらおうと思った。

(三) カララは、どんな行動をとりましたか。（　）に当てはまる言葉を入れましょう。

何も（　　　　）ず、ただじっとクルルの（　　　　）にいて、（　　　　）を（　　　　）に見つめていた。

風切るつばさ(6)

名前［　　　　］

日に日に寒さが増してくる。（こいつ覚ごしてるんだ。）クルルの心が少しずつ解けていく気がした。（そうか、おれが飛ばないとこいつも……。）と思った、そのとき！　いきなりしげみからキツネが現れた。するどい歯が光り、カララに飛びかかる。

「あぶない！」

ア そのしゅん間、クルルはカララをつき飛ばすようにはばたいた。カララはそれを合図に飛び上がった。

「あっ、イ……。」

気がつくと、クルルの体も空にまい上がっていた。目標を失ったキツネが、くやしそうに空を見上げている。

「おれ、飛んでる。」ウ

クルルは思わずさけんだ。力いっぱいはばたくと、風の中を体がぐんぐんとのぼっていく。

（東京書籍　新編新しい国語　6年（上）　木村（きむら）　裕一（ゆういち））

上の文章を読んで、答えましょう。

(一)　カララは、どんな覚ごをしているのでしょうか。

（　　　　）

(二)　ア「そのは、何を指していますか。

（　　　　）

(三)　イ「……。」のところに、もし言葉を入れるとしたら、どんな言葉を入れますか。

（　　　　）

(四)　ウ「おれ、飛んでる。」と思わずさけんだクルルの気持ちを短い言葉で表すと、次のどれになるでしょう。二つ選んで○を付けましょう。

（　）おどろき　（　）いかり

（　）おそれ　（　）よろこび

風切るつばさ(7)

名前［　　　　　　　　　　］

ア風を切るつばさの音が、ここちよいリズムで体いっぱいにひびきわたった。

「わたれるぞ、これなら、あのそびえ立った山をこえることができるぞ。」

カララがふり向いて、

「いっしょに行ってくれるかい？」

と言った。

「もちろんさ。」

クルルも少し照れて笑ってみせた。

二羽のアネハヅルは、最後の群れを追うように、南に向かった。つばさを大きくはばたかせ、どこまでもどこまでも……イ。

（東京書籍　新編新しい国語　6年(上)　木村（きむら）　裕一（ゆういち））

上の文章を読んで、答えましょう。

(一) ア風を切るつばさの音が、ここちよいリズムで体いっぱいにひびきわたった。について答えましょう。

① 「風切るつばさの音」とは、何をしている音でしょうか。

（　　　　　　　　）

② この表現から、どんな飛び方をしていると思いますか。次の中から選んで○を付けましょう。

（　）風におし流されてフラフラと飛んでいる。

（　）落ちそうになるのをこらえて、必死に飛んでいる。

（　）力強く、しっかりと飛んでいる。

(二) 二羽のアネハヅルとは、だれとだれですか。

（　　　　　）と（　　　　　）

(三) イ……。に、もし言葉を入れるとすると、どんな言葉を入れるとよいでしょうか。

（　　　　　　　　）

美月の夢(1)

名前［　　　　　　　　］

――将来の夢。

美月(みづき)は、黒板に書いてある作文のタイトルをむねの中でつぶやいた。

――夢、かあ。

行ってみたい所なら、たくさんある。サバンナ、砂ばく、白夜(びゃくや)の街。見たいものは、オーロラ、ピラミッド、海の中の青の世界。そして野生の動物①……。

窓から入ってきた風が、作文用紙をひらりとめくった。外は、いい天気。だれもいない校庭に春の光が降り注いでいる。

美月は、地平線まで続く草原に立っている自分の姿を想像した。大きな空の下を、思いきり走る。風が、体の形をとらえて流れていく。聞こえるのは、風の音と自分の鼓(こ)動だけ……。

（教育出版　ひろがる言葉　小学国語　6年(上)　長崎(ながさき)　夏海(なつみ)）

上の文章を読んで、答えましょう。

(一) 美月は、いま何をしているところですか。

（　　　　　　　　）

(二) 美月が行ってみたい所は、どこですか。三つ書きましょう。

（　　　）（　　　）（　　　）

(三) ①……。は、どんなことを表していますか。

（　　　　　　　　）

(四) 美月は、いま、どこにいますか。

（　　　　　　　　）

(五) 美月が想像の中で、草原を走っていることを表現している文をぬき書きしましょう。

（　　　　　　　　）

美月の夢(2)

名前［　　　　　　　　］

ぼうっとしていたら、とつ然声が飛びこんできた。後ろの席のヒロの声だ。

①「それ、夢って言わないぜ。」

美月はぎくっとした。自分のことを言われたのかと思ったからだ。でも、すぐにヒロのとなりの翔太が答えた。

「なんで？　だって、ほんとに百メートル泳げるようになりたいんだよ。」

「それは、目標。将来の夢っていうのは、計画のこと。」

「計画？」

「そ。おれの計画は、陸上の選手になって、そのあとは体育の先生。翔太はさ、ビルや橋を造る人になりたいって言ってたろ。そういうの書くんだよ。」

「そっか、職業か。そうだよなあ。」

二人はおしゃべりをやめて、また作文を書き始めたみたいだった。

美月は、まだなんにも書いていない作文用紙を見た。頭の中に広がっていた草原の風景が、しゅるしゅると消えていく。

（教育出版　ひろがる言葉　小学国語　6年(上)　長崎　夏海）

上の文章を読んで、答えましょう。

(一)　①「それ、夢って言わないぜ。」は、だれがだれに言った言葉ですか。

（　　　　）が（　　　　）に言った。

(二)　ヒロの将来の夢は何ですか。

（　　　　）

(三)　翔太の将来の夢は何ですか。

（　　　　）

(四)　美月がぎくっとしたのは、どうしてですか。次の中から選んで○を付けましょう。

（　）とつぜん後ろから声が飛びこんできたので、びっくりした。

（　）ヒロに自分のことを言われたのかと思った。

（　）作文用紙にまだ何も書いていないことに、気がついたから。

美月の夢(3)

名前［　　　　　　　　　　　　　　　　］

――職業か……。

例えば、じゅう医さん。動物園の飼育係にコックさん……。どれも、やってみたい仕事だ。でも、興味があるだけで、「絶対にこれ」っていうほどではないから、ア夢とは言えない。

――つまり……。

わたしには、将来の夢がないってこと？

夢がない将来なんて……。

作文用紙を見ていたら、行と行の間が、どんどん広がっていくような気がした。それと反対に、イ体はどんどんしぼんでいくような……。


（教育出版　ひろがる言葉　小学国語　6年（上）　長崎夏海）

上の文章を読んで、答えましょう。

(一)　美月は、やってみたい仕事として、何をあげていますか。三つ書きましょう。

（　　　　）（　　　　）（　　　　）

(二)　なぜア夢とは言えない。と思うのですか。

（　　　　　　　　　　）

(三)　イ体はどんどんしぼんでいくような……。から、美月のどんな状態が分かりますか。次の中から選んで○を付けましょう。

（　）作文が書けなくて、小さくなっている。

（　）作文を考えすぎて、とてもつかれている。

（　）自分には将来の夢がないのかと思って、落ちこんでいる。

美月の夢(4)

名前［　　　　　　］

先生の「あと十分。」という声で、美月(みづき)は、ア はっとした。とにかく今は、急いで書いてしまうしかない。

『わたしの夢は、じゅう医さんになることです。わたしは、動物が好きで』

ここで止まってしまった。続きが書けない。

このあとに何を書けばいいのかというアイディアは、うかぶ。

飼育委員でにわとりとチャボとうさぎの世話をしてること。テレビで見た、傷ついたライオンのかいほうをしていたボランティアの人たちのこと。動物病院に、皮ふ病になってしまったのらねこを連れて行ったら、「のらねこ割引」で安くみてくれたこと。イ そういうことを書けばいい。

それなのに、やっぱり書けなかった。

（教育出版　ひろがる言葉　小学国語　6年(上)　長崎(ながさき)　夏海(なつみ)）

上の文章を読んで、答えましょう。

(一) ア はっとした美月の、心の中のつぶやきとして、当てはまるものを選び○を付けましょう。

（　）どうせ書けないから、もういいや。

（　）いけない。早く何か書かないと。

（　）うるさい先生だなあ。

(二) イ そういうことは、どういうことを指しているのでしょうか。三つ書きましょう。

（　　　）

（　　　）

（　　　）

美月の夢(5)

名前［　　　　］

学校からの帰り道は、気分がどよんと重かった。作文は、宿題になってしまった。

——どうしよう。

暗い気分のまま、家に着いてポストを見たら、美月(みづき)あてに手紙が来ていた。差し出し人は、桜(おう)林園の園長さん。沼田(ぬまた)さんのいる養老院だ。

ア いやな予感がした。

もう四月の終わりなのに、沼田さんから来るはずのはがきは、まだ来ていない。沼田さんは、季節ごとにはがきをくれた。まだ一度も会ったことはないけれど……。

美月は、イ どきどきしながらふうを切った。

ふうとうの中には、はがきと、便せんと、もう一つふうとうが入っていた。

はがきは、沼田さんがなくなったという知らせだった。四月十五日。八十六才。

宿題のことなんて、頭からふっとんでいた。


（教育出版　ひろがる言葉　小学国語　6年(上)　長崎(ながさき)　夏海(なつみ)）

上の文章を読んで、答えましょう。

(一) どうして気分が重かったのですか。
（　　　　　　　　）

(二) なぜアいやな予感がしたのですか。（　）に当てはまる言葉を［　］から選んで書きましょう。
（　　）さんから来るはずのはがきが、まだ（　　）のに、沼田さんのいる養老院の（　　）さんからの手紙が（　　）から。

［美月・園長・沼田・来ていた・来ていない］

(三) 美月は、なぜイどきどきしながらふうを切ったのですか。次の中から選んで○を付けましょう。
（　）園長さんからの手紙に何が書いてあるか、楽しみだったから。

（　）何か悪いしらせではないかと心配だったから。

（　）手紙より、作文の宿題が気になっていたから。

美月の夢(6)

名前［　　　　　　　］

沼田さんに初めてはがきを書いたのは、美月が一年生の時の敬老の日。先生が「桜林園のおじいちゃんやおばあちゃんにはがきを書いてみるのもいいですね。」と言って、住所を黒板に書いた。

――へえ。

知らない人にはがきを書くのっておもしろいかも。

でも、いざ書こうとして、困った。どんなことを書けばいいのかわからない。

――そうだ！

おうりんえんのみなさまへ。

けいろうのひ。おじいちゃんとおばあちゃんを、たいせつにしましょう。

近所の掲示板の標語をそのまま写した。かっこよくて、りっぱな感じがした。

（教育出版　ひろがる言葉　小学国語　6年(上)　長崎　夏海）

上の文章を読んで、答えましょう。

(一) 美月が沼田さんに初めてはがきを書いたのは、いつのことですか。

（　　　　　　　）

(二) 美月は、何を思ってはがきを書こうとしたのですか。

（　　　　　　　）

(三) 美月はなぜ、近所の掲示板の標語をそのまま写したのですか。二つ書きましょう。

（　　　　　　　）

（　　　　　　　）

美月の夢(7)

名前［　　　　　　　　　　］

一週間ぐらいして、何人かから返事が来た。細かいところはちがったけれど、だいたいの人は、

「ここのくらしは、たのしいですよ。みづきちゃんも、たくさんあそんで、たくさんべんきょうしてください。」

という内容で、読みやすいように平仮名で書かれていた。

でも、沼田さんだけはちがった。

「楽あり苦あり、それが人生。美月さんは、富士山のように大きく、たおやかな人になるでしょう。」

——かっこいい。

特に、人生っていうのがかっこいい。「たおやか」っていうのは意味がわからなかったけど、そこがまたいい感じ。「美月ちゃん」じゃなくて、「美月さん」っていうのも気に入った。急に自分が大人になったみたい。

（教育出版　ひろがる言葉　小学国語　6年（上）　長崎　夏海）

上の文章を読んで、答えましょう。

(一) 次の文の中から、沼田さんの返事に当てはまるものを選んで○を付けましょう。

（　）読みやすいように平仮名で書かれていた。

（　）漢字のまじった文だった。

（　）人生には楽しいことも苦しいこともあると書いてある。

（　）ほかの人とだいたい同じような内容だった。

(二) 沼田さんの返事の中で、美月の気に入った言葉を三つ書きましょう。

（　　　　）

（　　　　）

（　　　　）

美月の夢(8)

名前［　　　　　　　　］

美月(みづき)は、さっそく沼田(ぬまた)さんに返事を書いた。

きょうは、えんそくで、たくさん木があるこうえんにいきました。沼田さんは、大きな木のような人になるでしょう。

それからずっと、はがきのやりとりをしていた。

沼田さんからのはがきは、いつも同じ文面だった。

でも、美月は、読むたびに、ちがう気持ちになった。元気な時は、くすくす笑えたし、落ちこんでる時はあったかい気持ちになれた。

美月のはがきは、最初のところだけ、「もちつき大会があった」「プールに行った」「運動会があった」に変えたけれど、最後はやっぱり「大きな木のような人になるでしょう」にした。なぜだか、それがぴったりだって思えた。

（教育出版　ひろがる言葉　小学国語　6年(上)　長崎(ながさき)　夏海(なつみ)）

上の文章を読んで、答えましょう。

(一) 沼田さんと美月のはがきのやりとりについて、次のうち、正しい文に○を、まちがっている文に×を付けましょう。

（　）沼田さんは毎回ちがう内容のはがきをくれた。

（　）美月と沼田さんは、何度もはがきのやりとりをしている。

（　）美月のはがきは、最初のところだけ、変えていた。

（　）沼田さんのはがきを読むと、元気な時は笑えたが、落ちこんでいる時は暗い気持ちになった。

(二) 美月のはがきの最後は、いつもどんな文でしたか。

（　　　　　　　　）

(三) なぜ、(二)のような文にしたのでしょうか。

（　　　　　　　　）

美月の夢(9)

名前［　　　　　　］

美月は、ふうっと息をはいて、便せんを広げた。園長さんからの手紙だ。

何年か前のある日、沼田さんに「クッキーの空きかんをくれ。」と言われました。沼田さんからたのまれごとをしたのは初めてでしたので、おどろいたのを覚えています。

なくなったあとで、そのかんがベッドの下から出てきました。かんの中には、ハンカチにくるまれた美月さんからのはがきが入っていました。大切にしていたのですね。

同ふうしましたはがきは、最後の一枚と思われます。書きかけですが、美月さんにあてたものなので、そのままお送りします。今まで ありがとうございました。

もう一つのふうとうに、沼田さんからのはがきが入っていた。

「楽あり苦あり、それが人生。美月さんは」で、とぎれていた。字がふるえていた。

（教育出版　ひろがる言葉　小学国語　6年(上)　長崎　夏海）

上の文章を読んで、答えましょう。

(一) ① 沼田さんに「クッキーの空きかんをくれ。」と言われておどろいたのは、だれですか。

（　　　　　）

② なぜ、おどろいたのですか。

（　　　　　）

(二) 沼田さんは、クッキーの空きかんに何を入れていましたか。

（　　　　　）

(三) 沼田さんがクッキーの空きかんを何に使っていたのかが分かったのは、いつですか。

（　　　　　）

美月の夢(10)

名前［　　　　］

美月は、会ったことのない沼田さんの顔を想像してみた。

沼田さんは、いつも同じ文を書きながら、何を思っていたんだろう。どうして、富士山だったんだろう。

ここまで考えて、美月は「あれ？」と思った。

今まで、なんで会いに行かなかったんだろう。桜林園の前を自転車で通ったことはある。でも、中に入ろうとは思わなかった。沼田さんも、会おうと書いてきたことは一度もなかった。

――なんでだろ。

考えてみたけれど、やっぱりわからない。でも、わからなくてもいいやと思った。

沼田さんは、会ったことのない美月に、心をこめてはがきを書いてくれていた。美月も、心をこめて書いた。それだけでいい。


（教育出版　ひろがる言葉　小学国語　6年(上)　長崎　夏海）

上の文章を読んで、答えましょう。

(一) 美月と沼田さんの関係について、次のうち、正しい文に○を、まちがっている文に×を付けましょう。

（　）美月は沼田さんと一度も会ったことがない。

（　）美月は沼田さんと会ったことはないが、顔は写真で知っている。

（　）沼田さんは、美月のために心をこめてはがきを書いてくれた。

（　）沼田さんは、美月にとても会いたがっていた。

(二) 美月は、どんなことに対して「――なんでだろ。」と思ったのですか。

（　　　　）

美月の夢(11)

名前［　　　　］

美月は、マンションの屋上に行った。

屋上の西側のすぐそばに、どっしりとしたかしの木がある。新しい緑の葉をしげらせていて、前に見た時よりもぐんと近くに見えた。

木のずっと先には、ビルとマンション。その上の空は、排気ガスのせいか、ぼんやりとけぶっていた。

でも、あの向こうには富士山がある。

沼田さんの心の中にも、大きくて、たおやかな富士山があったはずだ。

「富士山のような人。」

美月は口に出して言ってみた。ア それはきっと、沼田さんの願いだ。もしかすると、沼田さん自身の夢だったのかもしれない。

すてきな夢だと、美月は思った。

――そうか。

いろんな所へ行くことだって、すてきな夢だ。

いろんなものを見て、いろんな人に出会いたい。

今は、イ それが、美月の夢だ。

美月は、しぼんでいた体に空気を入れるように、大きく息をすった。


(教育出版　ひろがる言葉　小学国語　6年(上)　長崎　夏海)

上の文章を読んで、答えましょう。

(一) 美月のいる所から、近くにある順に、1〜3の番号を書きましょう。

（　）ビルとマンション
（　）かしの木
（　）富士山

(二) 美月や沼田さんのいる所から、富士山は見えているのでしょうか。

（　　　　）

(三) ア それは、何を指していますか。

（　　　　）

(四) イ それは、何を指していますか。

（　　　　）

・授業の発問事例
・テスト
・宿題　等に使える

長文読解力問題

カレーライス　(1)

名前

　ぼくは悪くない。

　だから、絶対に「ごめんなさい。」は言わない。言うもんか、お父さんなんかに。

「いいかげんに意地を張るのはやめなさいよ。」

お母さんはあきれ顔(ア)で言うけど、あやまる気はない。先にあやまるのはお父さんのほうだ。

　確かに、一日三十分の約束を破って、夕食が終わった後もゲームをしていたのは、よくなかった。だけど、セーブもさせないで、いきなりゲーム機のコードをぬいて電源を切っちゃうのは、いくらなんでもひどいじゃないか。

「何度言っても聞かなかったんだから、しょうがないでしょ。今夜お父さんが帰ってきたら、ちゃんとあやまりなさいよ。いいわね。」

　お母さんはいつもお父さんのみかたにつく。

　やあだよ、と言い返す代わりに、ぼくはそっぽを向いた。お父さんにしかられたのは、ゆうべ。丸一日たっても「ごめんなさい。」を言わなかったのは新記録だった。

「いい。今夜のうちにあやまって、仲直りしときなさいよ。あしたから『お父さんウィーク』なんだから、けんかしたままだとつまらないでしょ、ひろしだって。」

　毎月半ばの一週間ほど、お母さんは仕事がいそがしくて、帰りがうんとおそくなる。その代わり、お父さんが夕食に合わせて早めに帰ってくる。それが「お父さんウィーク」だ。

「お父さん、ひろしがよくないことをしたらしかるけど、ひろしのことが大好きなのよ。分かるでしょう。今朝も『ひろしは、まだすねてるのか。』って、落ちこんでたのよ。」

　ほら、そういうところがいやなんだ。ぼくはすねてるんじゃない。お父さんと口をききたくないのは、そんな子どもっぽいことじゃなくて、もっと、こう、なんていうか、もっと――。

「『特製カレーを食べれば、きげんも直るさ。』って張り切ってたから、晩ご飯の前におかし食べたりしないでよ。」

「またカレーなの。」

「文句言わないの。だったら自分で作ってみれば。学校で家庭科もやってるんでしょ。六年生になったのに、遊んでばかりで家のことちっともしないんだから、まったく、もう――。」

　お母さんはいつだって、お父さんのみかただ。それがくやしかったから、何があっても絶対にあやまるもんか、と心に決めた。


（光村図書　国語　6年（上）創造　重松　清）

上の文章を読んで、答えましょう。

(一)　お母さんが、あきれ顔(ア)で言ったのは、どうしてですか。(15)

（　　　　）

(二)　ひろしが、先にあやまるのはお父さんのほうだと思うのは、なぜですか。(15)

（　　　　）

(三)　お母さんは、ひろしにどうしなさいと言っていますか。(15)

お父さんに（　　　　）なさい。

(四)　「お父さんウィーク」とは、どんなことですか。（　）に当てはまる言葉を入れて答えましょう。(5×5)

毎月半ばの一週間ほど、（　　　　）は仕事がいそがしくて、（　　　　）がおそくなるので、（　　　　）が（　　　　）に合わせて（　　　　）に帰ってくる。

(五)　お父さんは、どうすれば、ひろしのきげんが直ると言っていますか。(15)

（　　　　）

(六)　ひろしが、何があっても絶対にあやまるもんか、と心に決めたのは、なぜですか。(15)

（　　　　）

カレーライス (2)

名前

「お父さんウィーク」の初日、お父さんは、さっそく特製カレーライスを作った。

「ほら食べろ、お代わりたくさんあるぞ。」

と、ごきげんな顔で大盛りのカレーをぱくつく。

でも、お父さんは料理が下手だ。じゃがいもやにんじんの切り方はでたらめだし、しんが残っているし、何よりカレーのルウが、あまったるくてしかたない。

カレー皿に顔をつっこむようにしてスプーンを動かしていたら、お父さんが、

「まだおこってるのか。」

と、笑いながら言った。

「ひろしもけっこう根気あるんだなあ。」

根気とは、ちょっとちがうと思う。どっちにしても、返事なんか、しないけど。

「この前、いきなりコードぬいちゃって、悪かったなあ。」

あっさりあやまられた。最初の予定では、これでぼくもあやまれば仲直り完了。――のはずだったけど、ぼくはだまったままだった。

「でもな、一日三十分の約束を守らなかったのは、もっと悪いよな。」

分かってる、それくらい。でも、分かってることを言われるのがいちばんいやなんだってことを、お父さんは分かってない。

「で、どうだ。学校、最近おもしろいか。」

ああ、もう、そんなのどうだっていいじゃん。ア言葉がもやもやとしたけむりみたいになって、むねの中にたまる。

知らん顔してカレーを食べ続けたら、お父さんもさすがにあきらめたみたいで、そこからはもう話しかけてこなかった。

「お父さんウィーク」の初日は、そんなふうに、おしゃべりすることなく終わった。

（光村図書　国語　6年（上）創造　重松　清）

上の文章を読んで、答えましょう。

(一) お父さんウィークの初日、お父さんは、どんな料理を作りましたか。(10)

（　　　）

(二) お父さんは料理が下手な例として、どんなことをあげていますか。三つ書きましょう。(10×3)

（　　　）（　　　）（　　　）

(三) お父さんにあやまりたくないというひろしの態度が表れている部分を、四つぬき書きしましょう。(10×4)

（　　　）（　　　）（　　　）（　　　）

(四) お父さんは何が分かっていないと、ひろしは思うのですか。(10)

（　　　）

(五) ア言葉がもやもやとしたけむりみたいになって、むねの中にたまる。とありますが、どんなことを言っているのですか。次の中から選んで○を付けましょう。(10)

（　）言いたいことがあるが、言えない。

（　）言いたいことを忘れてしまった。

（　）けむりをすいこんだので、しゃべれない。

やまなし (1)

名前

小さな谷川の底を写した、二枚の青い幻灯です。

一　五月

二ひきのかにの子どもらが、青白い水の底で話していました。

「＊クラムボンは　笑ったよ。」
「クラムボンは　かぷかぷ笑ったよ。」
「クラムボンは　はねて笑ったよ。」
「クラムボンは　かぷかぷ笑ったよ。」

上の方や横の方は、青く暗く鋼のように見えます。そのなめらかな天井（ア）を、つぶつぶ暗いあわが流れていきます。

「クラムボンは　笑っていたよ。」
「クラムボンは　かぷかぷ笑ったよ。」
「それなら、なぜクラムボンは　笑ったの。」
「知らない。」

つぶつぶあわが流れていきます。かにの子どもらも、ぽつぽつぽつと、続けて五、六つぶあわをはきました。それ（イ）は、ゆれながら水銀のように光って、ななめに上の方へ上っていきました。

つうと銀の色の腹をひるがえして、一ぴきの魚が頭の上を過ぎていきました。

「クラムボンは　死んだよ。」
「クラムボンは　殺されたよ。」
「クラムボンは　死んでしまったよ……。」
「殺されたよ。」
「それなら、なぜ殺された。」

兄さんのかには、その右側の四本の足の中の二本を、弟の平べったい頭にのせながら言いました。

「分からない。」

魚がまたつうともどって、下の方へ行きました。

「クラムボンは　笑ったよ。」
「笑った。」

＊クラムボン　作者が作った言葉。意味はよく分からない。

（光村図書　国語　6年（下）希望　宮沢賢治）

上の文章を読んで、答えましょう。

(一) かにの子どもらは、どこにいますか。 ⑩

(　　　　)

(二) ア天井は何のことですか。 ⑮

(　　　　)

(三) イそれは、何を指していますか。 ⑮

(　　　　)

(四) かにの頭の上を過ぎていったのは、何ですか。 ⑩

(　　　　)

(五) (四)はどんな様子で通り過ぎていきましたか。文中からぬき書きしましょう。 ⑮

(　　　　)

(六) 水の中の様子は、次のうちどれでしょうか。一つ選んで○を付けましょう。 ⑮

(　)とても明るい　(　)うす暗い　(　)まっ暗やみ

(七) この文章の中には、同じ言葉がくり返し使われています。それはどんな言葉ですか。 ⑩

(　　　　)

(八) 「クラムボン」の笑い方を、どのように表現していますか。 ⑩

(　　　　)

やまなし

(2)

名前

にわかにぱっと明るくなり、ア日光の黄金（きん）は、夢のように水の中に降ってきました。

イ波から来る光のあみが、底の白い岩の上で、美しくゆらゆらのびたり縮んだりしました。あわや小さなごみからは、まっすぐなかげの棒が、ななめに水の中に並んで立ちました。

魚が、今度はそこらじゅうのウ黄金の光をまるっきりくちゃくちゃにして、おまけに自分は鉄色に変に底光りして、また上（かみ）の方へ上りました。

「お魚は、なぜああ行ったり来たりするの。」

弟のかにが、まぶしそうに目を動かしながらたずねました。

「何か悪いことをしてるんだよ。取ってるんだよ。」

「取ってるの。」

「うん。」

そのお魚が、また上（かみ）からもどってきました。今度はゆっくり落ち着いて、ひれも尾（お）も動かさず、ただ水にだけ流されながら、お口を輪のように円くしてやって来ました。そのかげは、黒く静かに底の光のあみの上をすべりました。

「お魚は……。」

（光村図書　国語　6年（下）希望　宮沢（みやざわ）賢治（けんじ））

上の文章を読んで、答えましょう。

(一) 水の中が、どのように変わりましたか。次の中から選んで○を付けましょう。 (20)

（　）急に暗くなった。

（　）だんだん暗くなった。

（　）急に明るくなった。

（　）だんだん明るくなった。

(二) ア日光の黄金は、夢のように水の中に降ってきました。とは、どのような状態を言っているのでしょうか。 (20)

（　　　　　）

(三) イ――の様子を、（　）に入れる言葉を［　］から選んで、説明しましょう。 (5×4)

（　　）が波のはたらきで、（　　）のようになって、底の白い岩にうつっている。

（　　）がゆれるので、その光のあみも、（　　）とゆれている。

［　波・日光・ゆらゆら・岩・あみ　］

(四) ウ黄金の光とは何のことですか。 (20)

（　　　　　）

(五) 魚の泳ぎ方が表現されているところが二つあります。その部分をぬき書きしましょう。 (10×2)

（　　　　　）

（　　　　　）

やまなし (3)

名前

そのときです。にわかに天井に白いあわが立って、ア青光りのまるでぎらぎらする鉄砲だまのようなものが、いきなり飛びこんできました。

兄さんのかには、はっきりとそのイ青いものの先が、コンパスのようにウ黒くとがっているのも見ました。と思ううちに、魚の白い腹がぎらっと光って一ぺんひるがえり、上の方へ上ったようでしたが、それっきりもう青いものも魚の形も見えず、エ光の黄金のあみはゆらゆらゆれ、あわはつぶつぶ流れました。

二ひきはまるで声も出ず、オ居すくまってしまいました。

お父さんのかにが出てきました。

「どうしたい。ぶるぶるふるえているじゃないか。」

「お父さん、今、おかしなものが来たよ。」

「どんなもんだ。」

「青くてね、光るんだよ。はじが、こんなに黒くとがってるの。それが来たら、お魚が上へ上っていったよ。」

「そいつの目が赤かったかい。」

「分からない。」

「ふうん。しかし、そいつは鳥だよ。かわせみというんだ。カだいじょうぶだ、安心しろ。おれたちはかまわないんだから。」

「お父さん、お魚はどこへ行ったの。」

「魚かい。キ魚はこわい所へ行った。」

「こわいよ、お父さん。」

「いい、いい、だいじょうぶだ。心配するな。そら、かばの花が流れてきた。ごらん、きれいだろう。」

あわといっしょに、白いかばの花びらが、天井をたくさんすべってきました。

「こわいよ、お父さん。」

弟のかにも言いました。

光のあみはゆらゆら、のびたり縮んだり、花びらのかげは静かに砂をすべりました。

*はじ…物のふち（へり）のこと。
*かば…山桜の一種。

（光村図書　国語　6年（下）　希望　宮沢賢治）

上の文章を読んで、答えましょう。

(一) ア「青光りのまるでぎらぎらする鉄砲だまのようなもの」は、何ですか。(10)

(　　　　)

(二) イ「青いものの先が、コンパスのように黒くとがっている」のは、何ですか。(15)

(　　　　)

(三) ウ――は、魚がどうなったことを表していますか。(10)

(　　　　)

(四) エ――から、川はどんな状態になったことがわかりますか。次の中から選んで○を付けましょう。(15)

(　) もとの静かな状態にもどった。
(　) はげしく波立って、あれている。
(　) 静まり返って、流れも止まった。

(五) オ「居すくまって」とは、どうなってしまったことでしょうか。(15)

(　　　　)

(六) お父さんのかには、どうしてカ「だいじょうぶだ、安心しろ。」と言ったのでしょうか。次の中から選んで○を付けましょう。(15)

(　) お父さんが強いというところを見せたかった。
(　) 自分もこわかったので、自分を勇気づけるため。
(　) かわせみは、かにをとらないから。

(七) キ「魚はこわい所へ行った。」とは、どうなったのでしょうか。(10)

(　　　　)

(八) 「こわいよ。」と言っている子がにの上を、何が流れていきましたか。(10)

(　　　　)

やまなし (4)

名前

十二月

かにの子どもらはもうよほど大きくなり、底の景色も夏から秋の間にすっかり変わりました。

白いやわらかな丸石も転がってき、小さなきりの形の水晶のつぶや、金雲母*のかけらも、流れてきて止まりました。

そのつめたい水の底まで、ラムネのびんの月光がいっぱいにすき通り、天井では、波が青白い火を燃やしたり消したりしているよう。辺りはしんとして、ただ、いかにも遠くからというように、ア<u>その波</u>の音がひびいてくるだけです。

かにの子どもらは、あんまり月が明るく水がきれいなので、ねむらないで外に出て、しばらくだまってあわをはいて天井の方を見ていました。

「やっぱり、ぼくのあわは大きいね。」

「兄さん、わざと大きくはいてるんだい。ぼくだって、わざとならもっと大きくはけるよ。」

「はいてごらん。おや、たったそれきりだろう。いいかい、兄さんがはくから見ておいで。そら、ね、大きいだろう。」

イ<u>「大きかないや、おんなじだい。」</u>

「近くだから、自分のが大きく見えるんだよ。そんなら、いっしょにはいてみよう。いいかい、そら。」

「やっぱりぼくのほう、大きいよ。」

ウ<u>「本当かい。じゃ、も一つはくよ。」</u>

「だめだい、そんなにのび上がっては。」

またお父さんのかにが出てきました。

「もうねろねろ。おそいぞ。あしたイサド*へ連れていかんぞ。」

「お父さん、ぼくたちのあわ、どっち大きいの。」

「それは兄さんのほうだろう。」

「そうじゃないよ。ぼくのほう、大きいんだよ。」

エ<u>弟のかには泣きそうになりました。</u>

*金雲母　黄色みをふくんだ褐色の雲母。　*イサド　作者が想像して作った町の名前。

（光村図書　国語　6年（下）　希望　宮沢賢治）

上の文章を読んで、答えましょう。

(一) 川底には、どんなものが流れてきましたか。三つ書きましょう。（5×3）

（　　）（　　）（　　）

(二) この場面は、昼と夜のどちらですか。（10）

（　　）

(三) 水の中には、何の光がさしこんでいますか。（10）

（　　）

(四) (三)の光の状態が、どのように表現されていますか。文中からぬき書きしましょう。（15）

（　　）

(五) アその波とは、どんな波のことですか。（15）

（　　）

(六) かにの子どもらは、何をしていますか。（15）

（　　）

(七) イとウはそれぞれ、だれの言葉ですか。（5×2）

イ（　　）　ウ（　　）

(八) なぜ、エ弟のかには泣きそうになりましたか。（10）

（　　）

やまなし

(5)

名前

　そのとき、トブン。

　ア黒い丸い大きなものが、天井（じょう）から落ちてずうっとしずんで、また上へ上っていきました。きらきらっと黄金のぶちが光りました。

「かわせみだ。」

子どもらのかには、首をすくめて言いました。

　お父さんのかには、遠眼鏡（とおめがね）のような両方の目をあらんかぎりのばして、よくよく見てから言いました。

「そうじゃない。あれはやまなしだ。流れていくぞ。ついていってみよう。ああ、いいにおいだな。」

　なるほど、そこらの月明かりの水の中は、やまなしのいいにおいでいっぱいでした。

　三びきは、ぼかぼか流れていくやまなしの後を追いました。

　その横歩きと、底の黒い三つのかげ法師が、イ合わせて六つ、おどるようにして、やまなしの円いかげを追いました。

　間もなく、水はサラサラ鳴り、天井の波はいよいよ青いほのおを上げ、やまなしは横になって木の枝に引っかかって止まり、その上には、月光のにじがもかもか集まりました。

「どうだ、やっぱりやまなしだよ。よく熟している。いいにおいだろう。」

「おいしそうだね、お父さん。」

「待て待て。もう二日ばかり待つとね、こいつは下へしずんでくる。それから、ひとりでにおいしいお酒ができるから。さあ、もう帰ってねよう。おいで。」

　親子のかには三びき、自分らの穴に帰っていきます。

　波は、いよいよ青白いほのおをゆらゆらと上げました。それはまた、*金剛（ごう）石の粉をはいているようでした。


　私の幻灯（げん）は、これでおしまいであります。

*金剛石　ダイヤモンドのこと。

（光村図書　国語　6年（下）希望　宮沢（みやざわ）賢治（けんじ））

上の文章を読んで、答えましょう。

（一）子どもたちは、ア黒い丸い大きなものを何だと思ったのですか。(10)

（　　　）

（二）ア黒い丸い大きなものは何だったのですか。(10)

（　　　）

（三）この場面は昼でしょうか、夜でしょうか。どちらかに○を付け、それがわかる言葉を文中からぬき書きしましょう。(10×2)

（　）昼　（　）夜

（　　　）

（四）やまなしが落ちてきて、水の中はどうなりましたか。(15)

（　　　）

（五）イ合わせて六つとは、何と何で、合わせて六つなのでしょうか。(10)

（　　　）

（六）やまなしが流れていく様子を、どのように表現していますか。文中からぬき書きしましょう。(10)

（　　　）

（七）川の流れの様子は、どのように表現されていますか。文中からぬき書きしましょう。(10)

（　　　）

（八）お父さんが、やまなしをすぐに食べずに待てと言ったのは、どうしてですか。(15)

（　　　）

イーハトーヴの夢 (一)

名前

（光村図書　国語　6年（下）　希望　畑山　博）

宮沢賢治は、一八九六年（明治二十九年）八月二十七日、岩手県の花巻に生まれた。津波や洪水、地震と、次々に災害にみまわれた年だった。六月、三陸大津波。七月、大雨による洪水。八月、陸羽大地震。そして九月には、またまた大雨、洪水。[ア]それによる伝染病の流行。次々におそった災害のために、岩手県内だけでも五万人以上が亡くなるという大変な年だった。

家の職業は質店。裕福な暮らしだった。賢治はその長男。後に四人の兄弟が生まれる。

小学校六年生のころの賢治は、身長が百三十三・九センチメートル。体重二十九キログラム。丸顔で色白。性格はおとなしく、一人遊びが好きだった。その一人遊びは、石集め。石を観察することが大好きで、よく近くの野山に出かけては集めてきた。そのため、みんなが[イ]「石こ賢さん」とよんだ。

上の文章を読んで、答えましょう。

(一) 宮沢賢治は、いつ、どこで生まれましたか。 (10×2)

いつ（　　　）　どこで（　　　）

(二) 賢治が生まれた年は、どんな年でしたか。次の中から選んで○を付けましょう。 (15)

（　）大豊作の年だった。
（　）次々に災害にみまわれた年だった。
（　）冷害でお米が実らない年だった。

(三) 一八九六年六月には、どんな災害が起こりましたか。 (10)

（　　　）

(四) [ア]それは、何を指していますか。 (15)

（　　　）

(五) 賢治は、何人兄弟の何番目ですか。 (5×2)

（　　）兄弟の（　　）番目

(六) 小学校のころの賢治について、当てはまるものに○を付けましょう。 (15)

（　）たくさんの友達とよく遊ぶ子だった。
（　）手のつけられない乱暴者だった。
（　）おとなしくて、一人遊びが好きだった。

(七) どうして[イ]「石こ賢さん」とよばれたのですか。 (15)

（　　　）

イーハトーヴの夢 (2)

名前

賢治が中学に入学した年も、自然災害のために農作物がとれず、農民たちは大変な苦しみを味わった。その次の年も、また洪水。

ア「なんとかして農作物の被害を少なくし、人々が安心して田畑を耕せるようにできないものか。」

賢治は必死で考えた。

「イそのために一生をささげたい。それにはまず、最新の農業技術を学ぶことだ。」

そう思った賢治は、盛岡高等農林学校に入学する。成績は優秀。卒業のときに、教授から、研究室に残って学者の道に進まないかとさそわれる。でも賢治は、それを断る。そして、ちょうど花巻にできたばかりの農学校の先生になる。二十五歳の冬だった。

「いねの心が分かる人間になれ。」

それが生徒たちへの口ぐせだった。

また、こんな言葉を覚えている教え子もいる。

ウ「農学校の『農』という字を、じっと見つめてみてください。『農』の字の上半分の『曲』は、大工さんの使う曲尺のことです。そして下の『辰』は、時という意味です。年とか季節という意味もあります。」

曲尺というのは、直角に曲がった物差しのことだ。それを使うと、一度に二つの方向の寸法が測れる。だから賢治の言葉は、「その年の気候の特徴を、いろんな角度から見て、しっかりつかむことが大切です。」という意味になる。

（光村図書　国語　6年（下）希望　畑山　博）

上の文章を読んで、答えましょう。

(一) 賢治が、アのように考えたのは、どうしてですか。(15)

(二) イそのためとは、何のためですか。(15)

(三) 賢治は、自分の考えを実現するためには、まず何をすることが必要だと思ったのですか。(15)

(四) 賢治が、学者の道に進むのを断ったのは、どうしてですか。(15)

(五) 盛岡高等農林学校を卒業した賢治は、どんな仕事につきましたか。(10)

(六) 賢治は、いつも生徒たちに何と言っていましたか。(15)

(七) ウの言葉で賢治が言いたかったことは、言いかえれば、どういう意味ですか。文中からぬき書きしましょう。(15)

イーハトーヴの夢 (3)

名前

また賢治は、春、生徒たちと田植えをしたとき、田んぼの真ん中に、ひまわりの種を一つぶ植えたこともあった。すると、真夏、辺り一面ただ平凡な緑の中に、ア それが見事に花を開く。

「田んぼが、詩に書かれた田んぼのように、かがやいて見えましたよ。」

と、昔の教え子たちが言う。

苦しい農作業の中に、楽しさを見つける。工夫することに、喜びを見つける。そうして、未来に希望をもつ。それが、先生としての賢治の理想だった。

暴れる自然に勝つためには、みんなで力を合わせなければならない。力を合わせるには、たがいにやさしい心が通い合っていなければならない。そのやさしさを人々に育ててもらうために、賢治は、たくさんの詩や童話を書いた。「風の又三郎」「グスコーブドリの伝記」「セロ弾きのゴーシュ」、そして「やまなし」。

賢治の書いた物語の舞台は、イーハトーヴという一つの同じ場所であることが多い。イーハトーヴというのは想像で作った地名だけれど、「イーワテ」というのとよく似ている。

「この岩手県が、いつか、こんな夢のようなすてきな所になったらいいな。」

きっとそう思って、賢治はそんな名前をつけたのだろう。だから、イーハトーヴは、実際の岩手県と同じ大きさをしている。そうしてそこで、大昔から今までの、さまざまな出来事が起こるのだ。

（光村図書　国語　6年（下）希望　畑山　博）

上の文章を読んで、答えましょう。

(一) 賢治は、生徒たちと田植えをしたときに、どんなことをしましたか。(15)

(　　　)

(二) ア それは、何のことですか。(15)

(　　　)

(三) 先生としての賢治の理想を、本文からぬき書きしましょう。(15)

(　　　)

(四) 賢治が詩や童話をたくさん書いたわけを、(　)に当てはまる言葉を［　］から選んで、まとめましょう。(10×3)

賢治の詩や童話を読んでもらう。
→ 人々の(　　　)を育てる。
→ たがいにやさしい心が通い合う。
→ みんなで(　　　)。
→ (　　　)に勝つ。

［力を合わせる　田植えをする　暴れる自然　競争心　やさしい心　育てる］

(五) 賢治の書いた物語の舞台は、何という場所ですか。(10)

(　　　)

(六) (五)の地名には、賢治のどんな思いがこめられていると、作者は思っているのですか。文中からぬき書きしましょう。(15)

(　　　)

イーハトーヴの夢

(4)

「風の又三郎（またさぶろう）」は、山の小さな分校に、ある日、突然（とつ）、一人の転入生がやって来る話。その少年、又三郎は、どうやら風や雨を自分の力で動かすことができるらしい。

「グスコーブドリの伝記」は、冷夏で農作物がとれなくなったため、人工的にサンムトリ火山を爆発（ばく）させて暖かくしようとする人々の話。でも、島の火山を爆発させに行く者は、生きて帰っては来られない。それを、主人公のグスコーブドリが、自ら進んでやる。

「セロ弾（ひ）きのゴーシュ」は、小さな町の小さなオーケストラのセロ弾きの物語。ゴーシュは、弾き方が下手くそで、いつも指揮者にしかられていた。もうやめようかとくさっていた。でもそんなとき、ふとしたことから、自分の音楽で、野ねずみやうさぎ、たぬきなどの病気を治すことができるのを知る。

「北守（ほくしゅ）将軍と三人兄弟の医者」という物語もある。

おかの上に仲よく並んで、三つの病院が建っている。

人間の病気を治す病院。

動物の病気を治す病院。

植物の病気を治す病院。

三つの病院は、同じ大きさで、どれも同じように大切だということが書かれている。

（光村図書　国語　6年（下）希望　畑山（はたやま）博（ひろし））

名前

上の文章を読んで、答えましょう。

(一) 上の文では、宮沢賢治の作品がいくつしょうかいされていますか。 (10)

（　　）つ

(二) 又三郎が転校してきたのは、どんな学校ですか。 (10)

（　　）

(三) 又三郎は、どんなことができると書かれていますか。 (10)

（　　）

(四) グスコーブドリのとった行動について、（　）に当てはまる言葉を［　］から選んで、文を完成させましょう。 (8×5)

（　　）で農作物が（　　）ため、（　　）ことを知りながら、自ら進んで（　　）させて（　　）とした。

［とれなくなった・みんなにほめられる・生きて帰っては来られない・雨を降らせよう・冷夏・火山を爆発・暖かくしよう・洪水］

(五) ゴーシュは、どんな人ですか。次の中から選んで二つ〇を付けましょう。 (10×2)

（　）セロの弾き方がとても上手だった。

（　）セロの弾き方がとても下手だった。

（　）自分の音楽で野ねずみなどの病気を治せる。

（　）ゴーシュの音楽を聞くと、うさぎなどは病気になる。

(六) おかの上には、人間の病気の他に、何を治す病院がありましたか。 (5×2)

（　　）（　　）

イーハトーヴの夢 (5)

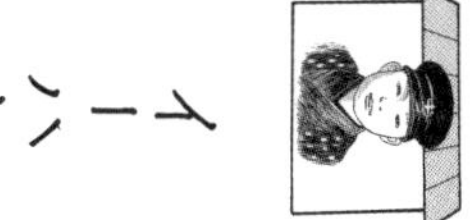

名前

そんな数々の物語の舞台を地図上にまとめてみると、楽しいイーハトーヴのパノラマ地図ができあがる。

豊かに農作物を実らせる川沿いの平野。

月の光を集めて作るカステラの製造工場。

青空を作る山。

鬼語で放送する放送局。

銀河のエネルギーを集めて発電する発電所。

グスコーブドリが爆発させたサンムトリ火山。

「やまなし」のかにたちがすんでいた、イサドの町近くの小さな川。

そして、賢治の作品で忘れてはならない「銀河鉄道の夜」がある。

ある晩、事故でなくなった親友を送って、天上の国まで旅してしまう少年の物語。目をみはるほど美しい天上の風景が出てくる。これは、大切な妹トシをなくした賢治が、悲しみのどん底で書いた作品だ。物語の主人公、ジョバンニが住んでいた町は、イーハトーヴのパノラマ地図の中の種山付近と考えられる。

賢治がイーハトーヴの物語を通して追い求めた理想。ア<u>それ</u>は、人間がみんな人間らしい生き方ができる社会だ。それだけでなく、人間も動物も植物も、たがいに心が通い合うような世界が、賢治の夢だった。一本の木にも、身を切られるときの痛みとか、日なたぼっこのここちよさとか、いかりとか、思い出とか、そういうものがきっとあるにちがいない。賢治はイ<u>その木の心</u>を自分のことのように思って、物語を書いた。

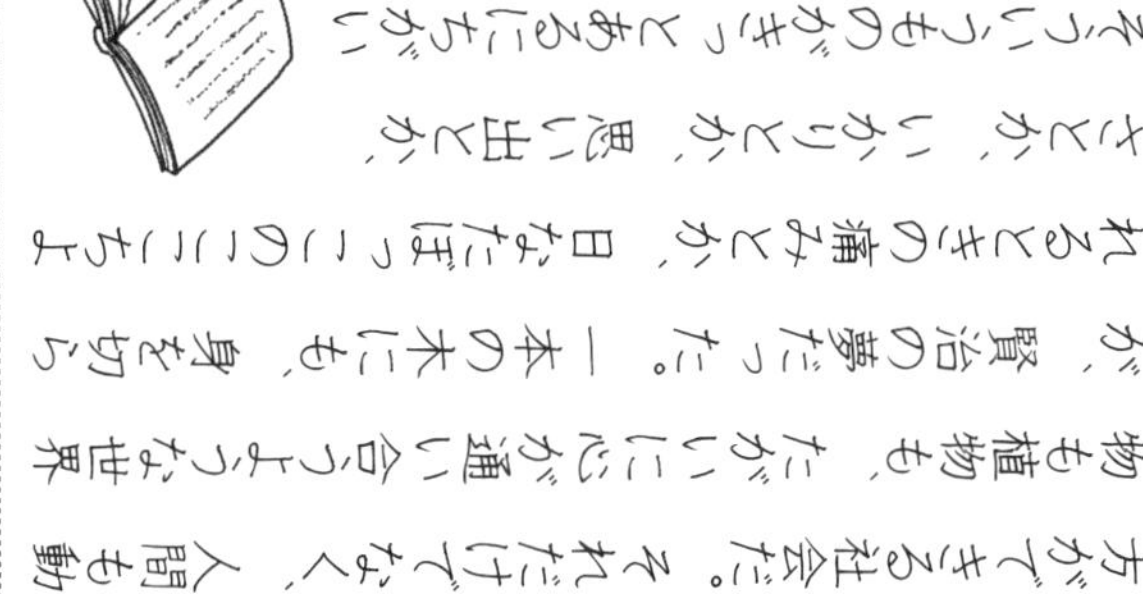

（光村図書 国語 6年(下) 希望 畑山博）

上の文章を読んで、答えましょう。

(一) 賢治の作品について答えましょう。(10×3)

① カステラは、何を集めて作られますか。（　　）

② 放送局は何語で放送されますか。（　　）

③ 発電所は、何を集めて発電しますか。（　　）

(二) 「銀河鉄道の夜」について答えましょう。(10×3)

① 少年はどこまで旅をするのですか。（　　）

② 少年が旅した天上の風景を、上の文ではどのように表現していますか。（　　）

③ 「銀河鉄道の夜」は、賢治がどんな時に書いた作品ですか。（　　）

(三) アそれは、何を指していますか。(10)（　　）

(四) 賢治にとって、どんな世界が夢だったのですか。(10)（　　）

(五) イその木の心の例として、あげられているものを四つ書きましょう。(5×4)

（　　）（　　）（　　）（　　）

イーハトーヴの夢 (6)

名前

けれども、時代は、賢治の理想とはちがう方向に進んでいた。さまざまな機械の自動化が始まり、鉄道や通信が発達した。なんでも早く、合理的にできることがよいと思われるような世の中になった。アそんな世の中に、賢治の理想は受け入れられなかった。

初めのころ、賢治は、自分が書いた童話や詩の原稿をいくつかの出版社に持ちこんだ。でも、どの出版社でも断られた。しかたなく、賢治は、自分で二冊の本を出す。童話集「注文の多い料理店」、詩集「春と修羅」。でも、これもほとんど売れなかった。それどころか、ひどい批評の言葉が返ってくる。自分の作品が理解されないことに、賢治はきずついた。次に出すつもりで準備を整えていた詩集も、出すのをやめた。

農業に対する考え方にも、変化が起こっていた。

「一度に大勢の生徒を相手に理想を語ってもだめだ。理想と現実の農業はちがう。実際に自分も農民になって、自分で耕しながら人と話さなければ。」

そう思った賢治は、三十歳のとき農学校をやめ、「羅須地人協会」という協会を作る。農家の若者たちを集め、自分も耕しながら勉強する。それが賢治の目的だった。

協会に集まった農村の青年は三十人ほど。そこで賢治は、農業技術を教え、土とあせの中から新しい芸術を生み出さなければならないことを語った。農民の劇団を作ったり、みんなで歌やおどりを楽しんだりした。

（光村図書　国語　6年（下）希望　畑山　博）

上の文章を読んで、答えましょう。

(一) 時代は、どんな方向に進んでいきましたか。次の中から選んで、二つ〇を付けましょう。(5×2)

（　）賢治の考えが受け入れられるようになった。
（　）なんでも早く、合理的にできることがよいという時代。
（　）賢治の理想とはちがう方向に進んだ。

(二) この時代、どんなものが発達してきたのか、□に当てはまる言葉を入れて答えましょう。(5×3)

さまざまな□□の自動化が始まり、□□や□□が発達した。

(三) アそんな世の中とは、どんな世の中を指していますか。(15)

（　　　　）

(四) 賢治の書いた童話や詩は、どうなりましたか。(10×3)

出版社に持ちこんだ原稿は（　　　　）
自分で出した本は（　　　　）
批評は（　　　　）

(五) 賢治の農業に対する考え方は、どう変わってきたのか、（　）に当てはまる言葉を書きましょう。(5×4)

一度に（　　）の生徒を相手に（　　）を語るのではなく、自分も（　　）になって、自分で（　　）ながら人と話していこう。

(六) 羅須地人協会で、賢治はどんなことをしましたか。二つ書きましょう。(5×2)

（　　　　）
（　　　　）

イーハトーヴの夢 (7)

名前

毎日、北上川沿いのあれ地を耕し、真っ黒に日焼けし、土のにおいをぷんぷんさせる賢治。アでもそれは、長くは続かなかった。病気のためにねこんでしまったのだ。

羅須地人協会は、二年ほどで閉じなければならなくなった。でも次の年、病気が少しよくなると、起き出して村々を歩き回った。「あなたのこの田んぼは、こういう特徴があるから、今年は、こういう肥料をこのくらいやりなさい。」と、一人一人に教えてあげるボランティアだ。同時に、賢治は、石灰肥料会社の共同経営者になって、セールスに歩き回る。石灰肥料は土地改良に役立つものだったので、それを広めることが農民のためになると考えたのだ。岩手県内だけでなく、東北一帯を、毎日毎日飛び回った。

そのために、またまた体をこわしてしまう。三十五歳。ついに旅先で発熱。起き上がることができなくなった。もうだめかもしれないと思って、遺書を書くほどの衰弱ぶりだった。どうにかやっと自分をはげまして、花巻に帰ったけれど、それっきりとこをはなれることができなくなった。そのまま二年間、賢治は病気とたたかうが、体はますます弱っていった。そして、一九三三年（昭和八年）九月二十一日が来る。

前の晩、急性肺炎を起こした賢治は、呼吸ができないほど苦しんでいた。なのに、夜七時ごろ、来客があった。見知らぬ人だったけれど、「肥料のことで教えてもらいたいことがある。」と言う。すると賢治は、着物を着がえて出ていき、一時間以上も、ていねいに教えてあげた。

（光村図書　国語　6年（下）　希望　畑山博）

上の文章を読んで、答えましょう。

(一) アそれは、どのようなことですか。要約して書きましょう。(15)

（　　　　　　　　）

(二) 羅須地人協会を、二年ほどで閉じなければならなくなったのは、どうしてですか。(15)

（　　　　　　　　）

(三) 病気が少しよくなると、賢治はどうしましたか。次の（　）に当てはまる言葉を入れて説明しましょう。(5×5)

（　　　）を歩き回って（　　　）のやり方を教えた。また、（　　　）の共同経営者になって、（　　　）に歩き回った。岩手県内だけでなく、（　　　）を毎日飛び回った。

(四) 賢治は、なぜ石灰肥料のセールスに歩き回ったのですか。(15)

（　　　　　　　　）

(五) 賢治が病気で、とこをはなれることができなくなったのは、何歳のときですか。(15)

（　　　　　　　　）

(六) 急性肺炎を起こした賢治は、見知らぬ客に対してどうしましたか。次の中から選んで○を付けましょう。(15)

（　）肥料のことをていねいに教えてあげた。

（　）着物に着がえて、あいさつをして、帰ってもらった。

（　）呼吸ができないほど苦しいので、あいさつだけした。

イーハトーヴの夢

(8)

名前

それで、最後の力を出し切ってしまったのかもしれない。翌日の朝、賢治(けんじ)は、激しく血をはいてしまう。心配した家族は、全員が家の二階の病室に集まった。アそれで安心したのか、賢治は少し落ち着いた。みんなはまた階下にもどっていった。母親のイチだけが残った。その母に、賢治は、

「お母さん、すまないけど、水を一ぱいください。」

と言った。そして、母が差し出した水を、おいしそうに飲んだ。

それから、オキシドールを消毒綿に付けて、手をふき、首をふき、体全体をきれいにふいた。

「ああ、いい気持ちだ。ああ、いい気持ちだ。」

それが最後の言葉だった。

午後一時三十分。死のとことなった部屋の片すみには、生きているうちには、ついに本になることのなかった名作の数々、その原稿(こう)がうずたかく積まれ、静かに、秋の日差しの中で、光っていた。

（光村図書　国語　6年（下）希望　畑山(はたやま)　博(ひろし)）

上の文章を読んで、答えましょう。

(一) アそれは、どういうことを指していますか。(15)

(二) 賢治が少し落ち着いた後、病室に残ったのはだれですか。(10)

(三) 賢治は母親に、どんなことをたのみましたか。(15)

(四) 賢治が死ぬ前に、最後にしたことは何ですか。(15)

(五) 賢治が(四)のことをしたのは、どうしてだと思いますか。次の中から一つ選んで〇を付けましょう。(10)

( ) 激しく血をはいたので、きれいにふきとりたかった。

( ) ふろに入っていないので、あせをふきたかった。

( ) 死が近いことを感じて、体をきれいにしておきたかった。

(六) 賢治のなくなった時刻と、季節はいつですか。

① 時刻 (10)

② 季節 (10)

③ その時、部屋の片すみに積まれていたものは何ですか。(15)

海の命

(1)

名前

中学校を卒業する年の夏、太一は与吉じいさに弟子にしてくれるようたのみに行った。与吉じいさは、太一の父が死んだ瀬に、毎日一本づりに行っている漁師だった。

「わしも年じゃ。ずいぶん魚をとってきたが、ア もう魚を海に自然に遊ばせてやりたくなっとる。」

「年をとったのなら、ぼくをつえの代わりに使ってくれ。」

こうして太一は、無理やり与吉じいさの弟子になったのだ。

与吉じいさは瀬に着くや、小イワシをつり針にかけて水に投げる。それから、ゆっくりと糸をたぐっていくと、ぬれた金色の光をはね返して、五十センチもあるタイが上がってきた。バタバタ、バタバタと、タイが暴れて尾で甲板を打つ音が、船全体を共鳴させている。

太一は、なかなかつり糸をにぎらせてもらえなかった。つり針にえさを付け、上がってきた魚からつり針を外す仕事ばかりだ。つりをしながら、与吉じいさは独り言のように語ってくれた。

イ「千びきに一ぴきでいいんだ。千びきいるうち一ぴきをつれば、ずっとこの海で生きていけるよ。」

与吉じいさは、毎日タイを二十ぴきとると、もう道具を片付けた。季節によって、タイがイサキ*になったりブリ*になったりした。

弟子になって何年もたったある朝、いつものように同じ瀬に漁に出た太一に向かって、ウ 与吉じいさは船に乗ってこそきたが、作業はほとんど太一がやるようになっていた。

「自分では気づかないだろうが、おまえは村一番の漁師だよ。エ 太一、ここはおまえの海だ。」

船に乗らなくなった与吉じいさの家に、太一は漁から帰ると、毎日魚を届けに行った。真夏のある日、与吉じいさは暑いのに、毛布をのどまでかけてねむっていた。オ 太一はすべてをさとった。

「海に帰りましたか。与吉じいさ、心から感謝しております。おかげさまでぼくも海で生きられます。」

カ 悲しみがふき上がってきたが、今の太一は自然な気持ちで、顔の前に両手を合わせることができた。父がそうであったように、与吉じいさも海に帰っていったのだ。

*イサキ 緑色を帯びた褐色の体に、茶色の縦じまが数本走っている魚。

*ブリ 背中は暗い青色、腹は銀白色で、中央に一本の筋が入っている魚。

※「海の命」の教材は、東京書籍の十七年度版6年生国語教科書にも掲載されています。

（光村図書　国語　6年（下）希望　立松和平）

海の命

(1)

名前

「海の命」(1)を読んで、答えましょう。

(一) 与吉じいさは、何をしている人ですか。(10)

(　　　　　　　　)

(二) 「もう魚を海に自然に遊ばせてやりたくなっとる。」ア と言った与吉じいさは、どんな気持ちになっていることが分かりますか。次の中から選んで○を付けましょう。(15)

(　) もう魚をとらず、自由にさせてやりたい。

(　) 魚を自然に遊ばせてから、とるようにしたい。

(　) 魚が遊んでいるところを、ゆっくりと見たい。

(三) 与吉じいさの弟子になったはじめのころの、太一の仕事の様子を、二つ選んで○を付けましょう。(10×2)

(　) 漁の仕事は、ほとんど太一がした。

(　) なかなかつり糸をにぎらせてもらえなかった。

(　) ゆっくりと糸をたぐって、タイをつり上げる。

(　) つり針にえさを付け、上がってきた魚からつり針を外す。

(四) 「千びきに一ぴきでいいんだ。千びきいるうち一ぴきをつれば、ずっとこの海で生きていけるよ。」イ と言った与吉じいさは、太一に何を教えているのでしょうか。次の中から選んで○を付けましょう。(10)

(　) つりは難しいので、千びきに一ぴきぐらいしかつれない。

(　) 魚はとりすぎないで、生きていける分だけとればよい。

(　) 毎日一ぴきずつつれば、この海で生きていける。

(五) 与吉じいさは船に乗ってこそきたが、作業はほとんど太一がやるようになっていたウ ことから、与吉じいさのどんな様子が分かりますか。(10)

(　　　　　　　　)

(六) 与吉じいさの言っている「太一、ここはおまえの海だ。」エ は、どういうことでしょうか。(10)

(　　　　　　　　)

(七) 太一はすべてをさとった。オ とありますが、太一は何をさとったのですか。(10)

(　　　　　　　　)

(八) 今の太一は自然な気持ちで、顔の前に両手を合わせることができた。カ から、太一がどんな気持ちになっていることが分かりますか。次の中から選んで○を付けましょう。(15)

(　) 与吉じいさの死が悲しくて、がまんができない。

(　) 与吉じいさの死は悲しいが、受け入れることができる。

海の命

(2)

名前 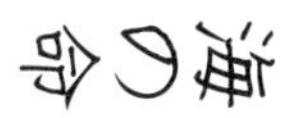

ある日、母はこんなふうに言うのだった。

「おまえが、おとうの死んだ瀬にもぐると、いつ言いだすかと思うと、わたしはおそろしくて夜もねむれないよ。おまえの心の中が見えるようで。」

太一は、あらしさえもはね返す屈強な若者になっていたのだ。太一は、そのたくましい背中に、ア母の悲しみさえも背負おうとしていたのである。

母が毎日見ている海は、いつしか太一にとっては自由な世界になっていた。

いつもの一本づりで二十ぴきのイサキをはやばやととった太一は、父が死んだ辺りの瀬に船を進めた。

いかりを下ろし、海に飛びこんだ。はだに水の感触がここちよい。海中に棒になって差しこんだ光が、波の動きにつれ、かがやきながら交差する。耳には何も聞こえなかったが、太一は壮大な音楽を聞いているような気分になった。とうとう、父の海にやって来たのだ。

太一が瀬にもぐり続けて、ほぼ一年が過ぎた。父を最後にもぐり漁師がいなくなったので、イアワビもサザエもウニもたくさんいた。激しい潮の流れに守られるようにして生きている、二十キロぐらいの＊クエも見かけた。だが、太一は興味をもてなかった。

追い求めているうちに、不意に夢は実現するものだ。

太一は海草のゆれる穴のおくに、青い宝石の目を見た。

海底の砂にもりをさして場所を見失わないようにしてから、太一は銀色にゆれる水面にうかんでいった。息を吸ってもどると、同じ所に同じ青い目がある。ひとみは黒いしんじゅのようだった。刃物のような歯が並んだ灰色のくちびるは、ふくらんでいて大きい。ウ魚がえらを動かすたび、水が動くのが分かった。岩そのものが魚のようだった。全体は見えないのだが、百五十キロはゆうにこえているだろう。

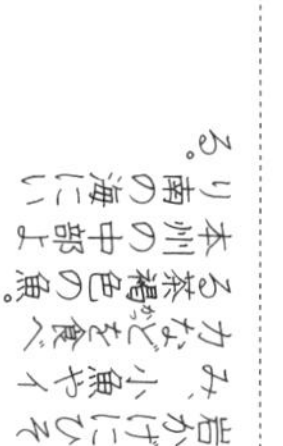

＊クエ　岩かげにひそみ、カニなどの小魚やイカを食べる茶褐色の魚。本州の中部より南の海にいる。

（光村図書　国語　6年（下）希望　立松和平）

海の命

(2)

名前

（一〜十まで 各10）

「海の命」(2)を読んで、答えましょう。

(一) 太一の母が「おそろしくて夜もねむれない」のは、どうしてですか。

（　　　）

(二) おとうの死んだ瀬にもぐって、太一がどうなることを、母はおそれているのでしょうか。
次の中から選んで○を付けましょう。

（　）おとうのあとをついで、もぐり漁師になってしまう。

（　）おとうがしとめられなかったクエを、太一がしとめてしまう。

（　）おとうと同じように、太一も命を落としてしまう。

(三) 太一は、どんな若者に成長していますか。

（　　　）

(四) ア母の悲しみとは、何ですか。

（　　　）

(五) 海に飛びこんだ太一は、どんな気分になりましたか。

（　　　）

(六) 「父の海」とは、どういうことでしょう。次の中から選んで○を付けましょう。

（　）太一を育ててくれた父のような海　　（　）父が死んだ海

(七) イなぜアワビもサザエもウニもたくさんいたのですか。

（　　　）

(八) なぜ太一は、瀬で見かけた二十キロぐらいのクエには興味がもてなかったのですか。

（　　　）

(九) 青い宝石の目とは、何ですか。

（　　　）

(十) ウ――から、このクエがどんな魚だと分かりましたか。

（　　　）

風切るつばさ

(1)

名前

アそれは、夕ぐれどきのいっしゅんの出来事だった。若いアネハヅルの群れが、キツネにおそわれたのだ。ツルの群れはパニックになる。気がつくと、一羽の仲間の命が失われていた。その一羽は、まだ幼い鳥だった。

モンゴルの草原の、うずまく風の中で、傷ついた群れは、イ無言の夜をむかえた。だれの心の中にも後かいがうずまいていた。あのとき、もっと早くにげていれば……。あのとき、すぐキツネに気づいていれば……。二度ともどらない命への思いは、どうどうめぐりを続け、くやしさだけがつのっていく。ウその思いのはけ口など、どこにもない。

「あのとき、だれか、はばたいたよな。」

だれかが口を開いた。

「クルルがカララにえさをとってやったときか？」

クルルはときどき、体の弱いカララに、とったえさを分けてやっている。

「キツネに気づかれたのは、そのせいだよ。」

「あんなときに、えさなんて分けるんじゃないよ。」

「おれは前から、ああいうクルルが気になってたんだ。」

いかりの持っていき場が見つかったとばかりに、みな、口々にクルルにきびしい言葉をぶつけてくる。

（あのとき、はばたいたのはおれだけじゃない。キツネは、その前からねらっていたんじゃないのか。カララにえさをあたえたこととは、ほんとうに関係があるのか。）

そんな言い訳などおしつぶされそうなふん囲気に、クルルはだまるしかなかった。

そのときからクルルは、まるで仲間殺しの犯人のようにあつかわれるようになった。だれ一人、かれの味方はいない。カララでさえ、だまってみんなの中に交じっている。仲間、友達、今まであたりまえだったものすべてが一変した。みな、かれに背を向け、口をきく者さえだれもいない。クルルの気持ちなど、だれ一人分かろうとしないのだ。

（東京書籍　新編新しい国語　6年(上)　木村裕一）

上の文章を読んで、答えましょう。

(一) アそれは、どんな出来事を指していますか。(10)

（　　　　）

(二) キツネにおそわれたとき、ツルの群れはどうなりましたか。(10)

（　　　　）

(三) イ――から、鳥たちのどんな気持ちが分かりますか。次の中から選んで○を付けましょう。(5)

（　）キツネにおそわれたきょうふで声も出ない。

（　）幼い鳥を救えなかったことを悲しみ、後かいしている。

（　）またおそわれはしないかと、びくびくしている。

(四) 「あのとき」どうすればよかったと思っているのですか。二つ書きましょう。(5×2)

（　　　　）

（　　　　）

(五) ウその思いとは、どんな思いですか。文中の言葉(十一字)で答えましょう。(10)

										思い

(六) みんなは、キツネに気づかれたのは、何のせいだと言っていますか。(10)

（　　　　）

(七) 「いかりの持っていき場」は、どこになったのですか。(10)

（　　　　）

(八) クルルの言い訳を三つに分けて書きましょう。(5×3)

（　　　　）

（　　　　）

（　　　　）

(九) クルルは、なぜだまるしかなかったのでしょうか。(10)

（　　　　）

(十) クルルは、群れの中で、どのようにあつかわれるようになったのですか。(10)

（　　　　）

風切るつばさ

(2)

名前

　友達も仲間も何もかもが信じられない。たった一羽でいるしかなくなった。みじめな自分。クルルは<u>アそんな自分</u>を責めた。風の中を飛ぶ自分のつばさの音すら、みっともない雑音に聞こえる。

「あのとき、どうして言い返さなかったんだ。みんなとうまくできない自分がくやしい。こんな自分がいやだ。自分の顔、自分のあし、自分のつばさ、みんないやだ。」

　クルルはみんなと飛ぶことがつらくなってきた。

　ある朝、クルルは飛べなくなっていた。いつものようにはばたいているのに、体がまい上がらないのだ。クルルは、ただじっと草原の片すみにうずくまるしかなかった。

　冬が近づいてくる。冬のモンゴルの草原は、零下五十度の寒さにおそわれる。その前に、アネハヅルの群れはヒマラヤ山脈をこえてインドにわたっていくのだ。

　冬を前にして飛べなくなったツルは、死ぬしかない。でもクルルには、<u>イそんなこと</u>、どうでもよくなっていた。えさを食べず、ただじっとうずくまっていることだけが、おしつぶされそうな最後のプライドを保つ、<u>ウゆいいつの方法</u>に思えた。

　やがてツルの群れが、南に向かって飛んでいくのが見えた。第二、第三の群れもわたり始める。

　白い雪がちらほらとまい始めたときだ。クルルの目に、南の空からまい降りてくる一羽の鳥が見えた。カララだ。カララは何も言わずにクルルのとなりに降り立った。クルルは、もしカララが「さあ、いっしょに行こう！」と言ったら、たとえ飛べたとしても首を横にふるつもりだった。<u>エ「おれなんかいらないだろう。」</u>とも言うつもりだった。でも、カララは何も言わなかった。ただじっととなりにいて、南にわたっていく群れをいっしょに見つめていた。

（東京書籍　新編新しい国語　6年(上)　木村裕一）

上の文章を読んで、答えましょう。　（(一)〜(八)まで　各10）

(一) <u>アそんな自分</u>は、どんな自分のことですか。

（　　　　）

(二) クルルには、自分のつばさの音がどう聞こえましたか。

（　　　　）

(三) とべなくなったクルルは、どうしましたか。

（　　　　）

(四) 冬が近づいてくると、アネハヅルの群れはどうするのですか。

（　　　　）

(五) <u>イそんなこと</u>は、何のことを指していますか。

（　　　　）

(六) プライドを保つ<u>ウゆいいつの方法</u>は、どうすることですか。

（　　　　）

(七) 冬が近づいてきたことがわかる表現を、十四字でぬき書きしましょう。

□□□□□□□□□□□□□□

(八) クルルは、どうして<u>エ「おれなんかいらないだろう」</u>と言うつもりだったのですか。次の中から選んで○を付けましょう。

（　）友達も仲間も何もかもが信じられなくなっている。

（　）ひとりでいるのが楽しいので、ずっとここにいたい。

(九) クルルのとなりに降り立ったカララは、どんな行動をとりましたか。（　）の中に言葉を入れましょう。（5×4）

何も（　　）ず、ただじっとクルルの（　　）にいて、（　　）を（　　）に見つめていた。

風切るつばさ

(3)

名前

日に日に寒さが増してくる。（こいつ覚ごしてるんだ。）クルルの心が少しずつ解けていく気がした。（そうか、おれが飛ばないとこいつも……。）と思ったその時！　いきなりしげみからキツネが現れた。するどい歯が光り、カララに飛びかかる。

「あぶない！」

そのしゅん間、クルルはカララをつき飛ばすようにはばたいた。カララはそれを合図に飛び上がった。

「あっ……。」

気がつくと、クルルの体も空にまい上がっていた。目標を失ったキツネが、くやしそうに空を見上げている。

「おれ、飛んでる。」

クルルは思わずさけんだ。力いっぱいはばたくと、風の中を体がぐんぐんとのぼっていく。風を切るつばさの音が、ここちよいリズムで体いっぱいにひびきわたった。

「わたれるぞ。これなら、あのそびえ立った山をこえることができるぞ。」

カララがふり向いて、

「いっしょに行ってくれるかい？」

と言った。

「もちろんさ。」

クルルも少し照れて笑ってみせた。

二羽のアネハヅルは、最後の群れを追うように、南に向かった。つばさを大きくはばたかせ、どこまでもどこまでも……。

（東京書籍　新編新しい国語　6年(上)　木村裕一）

上の文章を読んで、答えましょう。

(一) ア覚ごとは、何ですか。(10)

（　　　　）

(二) イなぜ、クルルの心が少しずつ解けていく気がしたのでしょうか。(15)

（　　　　）

(三) ウそのときとは、どんな時ですか。(15)

（　　　　）

(四) エそのは、何を指していますか。(10)

（　　　　）

(五) オ「おれ、飛んでる。」と思わずさけんだクルルの気持ちを短い言葉で表すと、次のどれになるでしょう。二つ選びましょう。(10×2)

（　）おそれ　（　）おどろき　（　）よろこび　（　）いかり

(六) クルルの飛んでいる様子がわかる文を、二つぬき書きしましょう。(10×2)

（　　　　）

（　　　　）

(七) カクルルも少し照れて笑ってみせたのは、どうしてですか。次の中から選んで○を付けましょう。(10)

（　）飛ばないつもりだったのに、カララのおかげで飛ぶきっかけができて、感謝しているから。

（　）二羽でいっしょに飛ぶのが、はずかしいから。

（　）飛べないと思っていたのが、簡単に飛べたのでうれしかったから。

ヒロシマのうた （一）

名前

わたしはそのとき、水兵だったのです。広島から三十キロばかりはなれた呉（くれ）の山の中で、陸戦隊*の訓練を受けていたのです。そして、アメリカの飛行機が原爆（げんばく）*を落とした日の夜、七日の午前三時ごろ、広島の町へ行ったのです。町の空は、まだ燃え続けるけむりで、ぼうっと赤くけむっていました。ちろちろと火の燃えている道を通り、広島駅の裏にある東練兵場へ行きました。

ああ、そのときのおそろしかったこと。広い練兵場の全体が、黒々と、死人と、動けない人のうめき声で、うずまっていたのです。

やがて東の空がうす明るくなって、夜が明けました。わたしたちは、ア地ごくの真ん中に立っていました。ほんとうに、足のふみ場もないほど人がいたのです。暗いうちは見えませんでしたが、それがみんなお化け。目も耳もないのっぺらぼう。ぼろぼろの兵隊服から、ぱんぱんにふくれた素足（すあし）を出して死んでいる兵隊たち。べろりと皮をはがれて、首だけ起こして、きょとんとわたしたちをながめている軍馬。だれも話している者はありませんでした。ただ、うなっているか、わめいているばかりです。そして、まだまだ、町の方から、ぞろりぞろりと、同じような人たちが、練兵場に流れてくるのです。

＊陸戦隊　「海軍陸戦隊」を略した言い方。海軍が、陸上での戦とうのために編成した軍隊。
＊原爆　原子爆弾（げんしばくだん）。広島に投下されたのは、一九四五年八月六日午前八時十五分。

（東京書籍　新編新しい国語　6年（上）　今西祐行（いまにしすけゆき））

上の文章を読んで、答えましょう。

（一）　原爆が落とされた時、「わたし」はどこにいたのですか。（10）

（　　　　）

（二）　（10×3）

①　原爆が落とされたのは、いつですか。

八月（　　）日

②　原爆は、どこに落とされましたか。

（　　　　）

③　原爆を落としたのは、どこの国ですか。

（　　　　）

（三）　練兵場は、どうなっていましたか。（10）

（　　　　）

（四）　なぜ、ア地ごくの真ん中に立っていました。と思ったのか、（　）に当てはまる言葉を［　］から選んで入れましょう。（5×10）

みな（　　）のように見えた。（　　）も（　　）もないのっぺらぼうのようであったり、（　　）の兵隊服から（　　）素足を出して死んでいる兵隊たちや、（　　）をはがれて首だけ起こしている（　　）などで、足のふみ場もないほどであった。ただ（　　）いるか、（　　）いるばかりで、（　　）いるものはだれもいなかった。

［耳・わめいて・ぱんぱんにふくれた・話して・お化け・軍馬・皮・ぼろぼろ・目・うなって］

ヒロシマのうた　(2)

名前

練兵場の中ほどに、演習用に、長々とクリーク*がほってありました。そこには、赤くにごった水がたまっていました。

焼けただれた人々は、いつのまにかその水を求めてはい寄り、まるで激しい毒薬を飲んだように、水を口にすると、浅い水たまりに頭をつっこんで動かなくなっていくのです。

「水を飲ましちゃいかんぞ。やけどしているやつに水を飲ませると死ぬんだから。」

軍医がわたしたちに注意しました。だが、わたしたちが注意してみても、もう注意など聞ける人々ではありません。ア<u>わたしたちは止めませんでした</u>。水を飲まなくても、間もなく死んでいくのですから。

わたしたちは、練兵場の真ん中に、死体をよけて、テントを張り、救護所を作りました。

イ<u>軍医が、ごろごろ転がっている人々の目を、一人一人、まるで魚をより分けるように調べていきます</u>。わたしたちは、その中で生きている人だけを、テントに運ぶのです。

テントは、すぐにいっぱいになりました。木かげや、しまいには何もないぎらぎら太陽の照りつける草原にも、赤十字の小さな旗を立てて、生きている人をただ集めるだけでした。

一日目は、死体を運んでいるうちに暮れました。夜になると、まだ燃え残っている火で町の空は赤く、その赤い空の色が、クリークの水にうつって、ウ<u>まるで血の川の色</u>をしていました。ずるりと焼けただれた人のはだににじんだリンパ液も、不気味に光ってうごめいているのです。

わたしたちは、練兵場の外れにある林の中にテントを張って、交代にねることになりました。

その夜、ふとわたしは赤んぼうの声を聞きました。初めは夢を見ているのだと思ったのです。でも、少しねむると、また赤んぼうの声で目を覚ますのです。とうとう、わたしは起き出して、かい中電灯で、声のする方を探し始めました。でも、見当たりませんでした。

*クリーク　はい水やかんがい、交通などを目的とした小さな運河。

（東京書籍　新編新しい国語　6年(上)　今西祐行）

上の文章を読んで、答えましょう。

(一) 焼けただれた人々は、どうしましたか。(10)

(　　　)

(二) 水を飲んだ人々は、どうなりましたか。(10)

(　　　)

(三) ア<u>わたしたちは止めませんでした</u>とありますが、なぜですか。(15)

(　　　)

(四) イ——は、何をしているのですか。(15)

(　　　)

(五) 生きている人は、どこに運ばれましたか。三つ書きましょう。(5×3)

(　　　)

(　　　)

(　　　)

(六) 「わたし」の練兵場での一日目は、何をして日が暮れましたか。(10)

(　　　)

(七) なぜ、ウ<u>まるで血の川の色</u>のようになっていたのですか。(15)

(　　　)

(八) ねむっていた「わたし」は、何で目を覚ましたのですか。(10)

(　　　)

ヒロシマのうた (3)

そのうちに、交代の時間が来ました。わたしたちは、テントを出て、それから四時間、くずれた建物や土にうずまった広島駅の復旧作業に行きました。そして、夜明けにテントに帰ってきました。そのとき、わたしは、自分たちのテントのすぐ後ろで、ア立ちすくみました。イここだったのです。

一人の赤ちゃんが、女の人にだかれていました。初め、わたしは女の人はねむっているのだと思いました。赤ちゃんはお母さんの胸にうつぶせて、顔をくっつけていました。すると、そのとき、

ウ「ミーちゃん、ミーちゃん。

あんた、ミ子ちゃんよねえ。」

と、とつぜん女の人が声を出して、赤ちゃんの顔や頭をなでるのです。よく見ると、お母さんは、目が見えないらしいのです。

このお母さんは、ミーちゃんと呼ぶこの赤ちゃんと、はなれた所にいるときに、エあのおそろしいことが起こったにちがいありません。目がよく見えないままに、おしつぶされた家の中からミ子ちゃんを助け出したか、それとも、だれか他の人に助け出されていたのを探し出して、やっと、ここまでにげてきたのでしょう。だが、よく赤ちゃんの顔が見えなくて、心配でおそろしいのです。

「ミーちゃん、ミーちゃん。」

と呼ぶのをやめたかと思うと、お母さんは、こんこんとねむりこんでしまいました。と、赤んぼうが泣き始めました。と、また、お母さんが呼ぶ。お母さんは、だんだん気が遠くなっていくようでした。背中から後頭部にかけて、ずるりと皮が落ちているのでした。

(東京書籍 新編新しい国語 6年(上) 今西祐行)

名前

上の文章を読んで、答えましょう。

(一) 「わたしたち」は、何の作業に行きましたか。(15)

(　　　　)

(二) ア立ちすくみました。とは、どういう状態ですか。次の中から選んで○を付けましょう。(15)

(　) ぼんやりと立っている。
(　) 立ったまま身動きができない。
(　) 立ってウロウロと動きまわる。

(三) イここはどこですか。(15)

(　　　　)

(四) お母さんはどうして、ウ「ミーちゃん、ミーちゃん。あんた、ミ子ちゃんよねえ。」と言っているのか。(　)に当てはまる言葉を[　]から選んで書き入れましょう。(5×3)

このお母さんは(　　　　)ので、自分のだいている子が(　　　　)なのかどうか心配になって(　　　　)している。

(五) エあのおそろしいこととは、何のことですか。(10)

[忘れようと・確かめようと・ミーちゃん お母さん・逃げてきた・目が見えない]

(　　　　)

(六) 「ミーちゃん」と呼ぶのをやめたお母さんは、どうしましたか。(15)

(　　　　)

(七) 赤んぼうが泣き始めると、お母さんはどうしましたか。(15)

(　　　　)

ヒロシマのうた

(4)

名前

「しっかりするんだ。お母さん、しっかりしなきゃ……。」

わたしは思わず、そんなことをさけびました。でも、ア<u>お母さんは、わたしに答える様子はありません。</u>しばらくすると、また、

「ミーちゃん、ミーちゃんよねえ。」

とくり返すばかりです。わたしは、このままにして、立ち去れなくなりました。といって、どうすればいいのか、さっぱり分かりません。「しっかり、しっかり……。」ただそんなことばかり、心の中でさけんでいました。

軍医のいる所へ連れていったらいいものかどうか、そんなことに迷いながら、いったんテントに帰りました。すると、それまでより大きな赤ちゃんの泣き声がしました。しかも、いつまでたっても、泣き続けるのです。

行ってみると、お母さんは、もう死んでいました。赤ちゃんのくわえていたおっぱいが、固くなってしまったのです。お母さんは、赤ちゃんをしっかりだいたまま、動きませんでした。

わたしは、赤ちゃんをだき取りました。そのときの、固くだきしめた冷たいお母さんの手の力、わたしは今もまざまざと思い出すことができます。わたしは何度も、お母さんから赤ちゃんをうばい取るような気がして、イ<u>気がとがめ</u>、考えこみました。その手は、生きているとしか思えませんでした。

「だいじょうぶですよ。お母さん、わたしが預かります。」

わたしは兵隊でしたし、預かり切れるわけはありません。それでも、そうお母さんに言わないと、赤ちゃんをもぎ取ることができませんでした。

（東京書籍　新編新しい国語　6年(上)　今西祐行）

上の文章を読んで、答えましょう。

(一) ア<u>お母さんは、わたしに答える様子はありません。</u>とありますが、どうしてだと思いますか。次の中から選んで○を付けましょう。(15)

(　) 「わたし」を警かいして答えないようにしていた。
(　) おそろしさで気がくるいそうになっていた。
(　) もう答える力も残っていなかった。

(二) お母さんと赤ちゃんを見て、「わたし」はどんな気持ちになっていますか。(　)に当てはまる言葉を[　]から選んで、書き入れましょう。(5×4)

このまま(　　)おけない。何とか(　　)と思うのだが、(　　)いいのか、さっぱり(　　)。

[どうすれば・見すてて・しっかり
分からない・死なせたい・助けたい]

(三) お母さんが死んでしまったことが、赤ちゃんのびょう写でわかる部分があります。その文をぬき書きしましょう。(15)

(　　　　)

(四) お母さんは、どんな姿で死んでいましたか。(15)

(　　　　)

(五) 赤ちゃんに対する、お母さんの強い思いが表れているところを、□に合う字数でぬき書きしましょう。(20)

□□□□□□□□□□お母さんの□□□

(六) 「わたし」は、どうしてイ<u>気がとがめた</u>のですか。(15)

(　　　　)

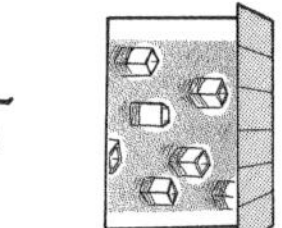

ヒロシマのうた (5)

名前

わたしはその赤ちゃんをだいて、駅の方へ走りました。とちゅうで、名前のことを思い出しました。引き返して、お母さんの胸から、ぬい付けてあった布の名前をちぎり取りました。

しかし、どこへ行っても赤ちゃんをわたせそうな人など歩いていません。みんな、傷ついた自分の体をどうすればいいのか迷っているのです。とても人のことなど頭にうかばないし、見えないといった様子です。

駅の近くまで行ったとき、やっとリヤカーに荷物を積んでにげていく二人の人に会いました。

「もしもし、この赤ちゃんを乗せていってくれませんか。母親が死んでるんです。ア<u>けがはなさそうですがね、この子には……。」</u>

わたしはそう言って、ポケットに昨夜の夜食のかんパンがあるのを思い出して、いっしょに出しました。

イ<u>しばらく、二人ははっとしたように顔を見合わせていましたが、</u>

「ええでしょう、車に乗せてつかえ。駅に救護所あるでしょうから。ごちそうさんです。」

ウ<u>「願います。」</u>

わたしはそう言うと、せっかく取りに帰った名札をわたすのも忘れて、大急ぎで帰りました。とちゅうで名札のことをまた思い出しましたが、もう追いかけるひまはありませんでした。

わたしは大急ぎでテントに帰ったのですが、もう食事が始まっていました。わたしは、どこへ行っていたのかと聞かれて、兵長にしかられ、ひどくぶたれました。なぜか、エ<u>わたしは赤ちゃんのことを話しませんでした。</u>いくら説明しても、それは、兵隊のわたしが、勝手な行動をとっただけのことなのですから。戦争ということが、こんな悲しいものであることを、オ<u>そのとき</u>初めて知りました。

（東京書籍 新編新しい国語 6年(上) 今西祐行）

上の文章を読んで、答えましょう。

(一) 何のために、「わたし」はその赤ちゃんをだいて、駅の方へ走ったのですか。(15)

（　　　　　　　　　　）

(二) どこへ行っても赤ちゃんをわたせそうな人など歩いていないのは、どうしてですか。(15)

（　　　　　　　　　　）

(三) ア――を、ふつうの言い方の文に書きかえましょう。(15)

（　　　　　　　　　　）

(四) イ――は、どうしてですか。次の中から選んで○を付けましょう。(15)

（　）急なたのみにおどろき、どう答えてよいか迷っていた。

（　）すぐに返事をすると、かんパンを欲しがっていると思われそうなので。

（　）何とかことわる理由がないか考えていた。

(五) ウ「願います。」と言った「わたし」の気持ちを考えて、答えましょう。(15)

（　　　　　　　　　　）

(六) エわたしは赤ちゃんのことを話しませんでしたとありますが、なぜ兵長にぶたれても話さなかったのですか。(15)

（　　　　　　　　　　）

(七) オそのときは、どんなときのことを指していますか。(10)

（　　　　　　　　　　）

ヒロシマのうた (6)

名前

それから、長い年月がたちました。

戦争が終わって、七年目のある日、わたしはラジオから聞こえてくる言葉に、はっとしました。それは「たずね人の時間」でした。

「……さんが、広島の練兵場で、赤んぼうを、リヤカーを引いていく家族の人に預けた海軍の兵士のかたを探しておられます。」

と言うのです。まさかと思いました。それに、初めのほうを聞きもらしているので、たずねている人の住所もわかりません。

でもわたしは、もうすっかり忘れていたあの日のことを、急にまざまざと思い出しました。ミ子ちゃんと呼ばれていた赤んぼうのお母さんの死に顔は、はっきりと目にうかびました。初め、何だかあのお母さんが、探しているようなさっかくを起こしました。だが、アそんなことがあるはずがありません。もしかすると、あのリヤカーを引いていった人だろうか。でもわたしは、あのときミ子ちゃんをたのんだ人の顔は、どうしても思い出せませんでした。

イそれから三日間、ラジオのたずね人の時間を熱心に聞きました。くり返し放送するかもしれないと思ったからです。しかし、二度と聞くことができませんでした。

わたしはふと、あのとき、お母さんの胸からもぎ取った名札を、あのころの手帳といっしょにだいじに持ち続けていたことを思い出しました。長い間かかって、それを探し出すと、わたしは放送局へ行って、たずねてきている人の住所を教えてもらいました。たずねている人の名前は女の名で、住所は島根県になっていました。

あるいは、全くわたしには関係のないことかもしれないとも思いましたが、とにかく、あのときの様子を書いて、もしやわたしのことではないでしょうかと手紙を出しました。すると、すぐに返事が来ました。それには意外なことが書いてありました。

（東京書籍 新編新しい国語 6年(上) 今西祐行）

上の文章を読んで、答えましょう。

(一) 「わたし」が、ラジオから聞こえてくる言葉に、はっとしたのは、どうしてですか。(15)

（　　　　）

(二) ラジオのたずね人の時間を聞いたときの「わたし」について、当てはまるものを二つ選んで、○を付けましょう。(10×2)

（　）赤んぼうのことを、たのんだ人の顔は、思い出せなかった。
（　）「あの日」のことは、一度も忘れたことはなかった。
（　）すっかり忘れていた「あの日」のことを急に思い出した。
（　）たずねている人がだれだか、すぐにわかった。

(三) アそんなこととは、どんなことですか。(15)

（　　　　）

(四) 「わたし」は、イ――で、何が知りたかったのでしょう。(15)

（　　　　）

(五) 「わたし」へのたずね人は、くり返し放送されましたか。(10)

（　　　　）

(六) 「わたし」の行動について、（　）に当てはまる言葉を[　]から選んで書き入れましょう。(5×5)

胸の（　　）だいじに（　　）いた、お母さんの（　　）を（　　）かかって探し出した。放送局でたずねている人の住所を聞き、（　　）を書いて（　　）を出した。

[持ち続けて・長い間・あのときの様子・たずねている人・手紙・名札]

ヒロシマのうた　(7)

　――こんなに早く、あなた様からご返事いただけるとは夢にも考えていませんでした。果たして、あのときの兵隊さんが生きていらっしゃるかどうか、また、たとえお元気であっても、あのときのことなど、覚えていて、返事をくださるかどうか、それほど当てにもしていなかったぐらいです。でも、どうしても、あのときの、赤んぼうをだいてかけていらっしゃった兵隊さんのことを思うと、だまっていられなくて、放送局にお願いしたのでした。

　あのとき、わたしたちは、それほど気にもしないで、まるで荷物のように赤ちゃんを預かりましたが、駅に行っても、どこへ行っても、赤んぼうは引き取ってもらえませんでした。わたしたちは、遠い親類をたよって、*廿日市まで行くところでした。その廿日市へ行っても、だれも相手にしてくれる人はありませんでした。

　そのうちに、

ア『この子はきっと、ヒロ子の生まれ変わりよね。』そんなことを考えるようになりました。と申しますのは、あのとき、わたしたちは目の前で自分たちの赤んぼうをなくしたところだったのです。それで、名前も同じヒロ子にして、今まで育ててきました。

　ところが、今年の二月、主人がとつぜん、血をはいて死んだのです。主人は*広の*工しょうに勤めていまして、あのピカドンの光には全然当たっていないのです。工場から帰ってくると、家も何もかもなかったのです。それなのに、七年もたっているというのに、原爆症で白血病だったのです。

　主人に急に死なれて、わたしたちは暮らせなくなったのです。今、主人の里の、広島と島根の県境のこの村に来ているのですが、どうしてこの子を育てていったものか迷ったあげく、あの日のことを思い出し、もしや、この子の本当の身内のかたが見つからないものかと、たずね人に出したわけでございます……。

*廿日市　現在の広島県廿日市市。広島わんの西岸にある。
*広　広島県呉市の地名。
*工しょう　昔、陸軍や海軍に所属して兵器などを製造した工場。

（東京書籍　新編新しい国語　6年(上)　今西　祐行）

上の文章を読んで、答えましょう。

(一) 赤んぼうを預けた兵隊さん探しを放送局にお願いしたのは、だれだったのですか。(15)
（　　　　　　）

(二) 赤んぼうを預かった夫婦は、はじめどうしたのですか。(15)
（　　　　　　）

(三) 夫婦は結局、赤んぼうをどうしたのですか。(15)
（　　　　　　）

(四) ここでは、「ヒロ子」が二人出てきます。だれとだれですか。(10×2)
（　　　　　　）（　　　　　　）

(五) なぜ、ア『この子はきっと、ヒロ子の生まれ変わりよね。』のように思ったのですか。(10)
（　　　　　　）

(六) 夫婦の主人の方は、どうなったのですか。(10)
（　　　　　　）

(七) おくさんはなぜ、放送局にたのんで兵隊さんを探そうとしたのか、（　）に当てはまる言葉を入れて答えましょう。(5×3)
主人に急に死なれて（　　　　）なくなったので、子どもの本当の（　　　　）を探して、子どもを（　　　　）もらおうと考えた。

名前

ヒロシマのうた (8)

名前

「ありがとうございました。ありがとうございました。ミチちゃんは元気で、助かったのですね。」

わたしは[ア]思わず独り言を言って、ひとりで手紙に頭を下げました。

それにしても、遠くにはなれているわたしは、どうすればいいのか分かりませんでした。わたしはすぐにもとんでいって、ミチちゃんに会ってみたいと思いました。でも、わたしも勤め人です。そう勝手に休むわけにもいきません。

わたしはすぐ返事を書きました。夏まで待ってください。夏になったら、きっと休みをもらって、広島へ行きます。広島でお会いして、いろいろわたしにできることなら相談いたしましょう。そういう返事を出しました。

その年の夏、ちょうどあの日のように朝からぎらぎらと暑い日、広島の駅で、わたしたちは会いました。赤いズックぐつに、セーラー型のワンピースを着ている一年生というのが、目印でした。わたしは、白いワイシャツにハンチング、こん色のズボンというのが目印の約束でした。すぐに分かりました。

「橋本(はしもと)さんですね。」

「はい、あの……。」

「ぼく、稲毛(いなげ)です……。」

ふしぎな気持ちでした。あと何を話したらいいのか分かりませんでした。広島の町はすっかり変わっていました。ミチちゃんは、はずかしそうに、何を言ってもだまって、お母さんのそでにかくれていました。

「ああ、この子は何も知らないのだな。幸せだな。」

わたしは最初に、そう思いました。

(東京書籍 新編新しい国語 6年(上) 今西(いまにし)祐行(すけゆき))

上の文章を読んで、答えましょう。

(一) [ア]思わず独り言を言って、ひとりで手紙に頭を下げました。とありますが、「わたし」の気持ちを書きましょう。(15)

(　　　　)

(二) 「わたし」は、どうしたいと思いましたか。(15)

(　　　　)

(三) 「わたし」がすぐにミチちゃんに会いに行けなかったのは、どうしてですか。(10)

(　　　　)

(四) 「わたし」は、どんな返事を書きましたか。□に言葉を入れてまとめましょう。(5×4)

□□になったら□□をもらって□□へ行き、会って□□しましょう。

(五) ミチちゃんは、どんな服装で来ましたか。(10)

(　　　　)

(六) それぞれ、何という名前か書きましょう。(5×2)

わたし＝(　　　　)

ミチちゃんを育てた人＝(　　　　)

(七) 大人たちが話している間の、ミチちゃんの様子をぬき書きしましょう。(10)

(　　　　)

(八) ミチちゃんは、このお母さんをどう思っているでしょうか。次の中から選んで○を付けましょう。(10)

(　) お母さんを他人のように感じて、少しえんりょしている。

(　) 本当のお母さんではないので、少しはずかしそうにしている。

(　) 戦争の時のことは知らず、本当のお母さんだと思っている。

ヒロシマのうた

(9)

　その日、初めて、わたしはあの日死んでいったミ子ちゃんのお母さんの話をしました。とちゅうまでいっしょうけんめいに聞いていたお母さんは、急にぼろぼろとなみだを流しだして、

「ええ、もう、今日お会いするまでに、決心したのです。ヒロ子はやっぱりわたしの子です。だれが何と言ったって、あげるものですか。」

　ミ子ちゃんをだれかに預けたいという相談をするために来たはずのお母さんは、そう言って、泣きじゃくるのです。

「そのお母さんは、ほんとうにえらいお母さんですわ。ア<u>わたしははずかしい</u>。目の前で、死なせてしまったのですものね。そのかたに代わって、わたしは、今度こそ、ほんとうにヒロ子のお母さんになります。遠い所から来ていただいて、すみませんでした。でも、こうしてお話をうかがえたので、決心できたのです。」

　わたしたちは、ミ子ちゃん――いいえ、ヒロ子ちゃんです、ヒロ子ちゃんのいない所で話し合いました。ヒロ子ちゃんは、本当のお母さんだと思っているのですから。

　ヒロ子ちゃんとお母さんは、その日の夕方の汽車で、また島根の方へ帰りました。わたしたちは、ヒロ子ちゃんが中学を卒業したときに、また会う約束をしました。そのときまで、何もヒロ子ちゃんには打ち明けないことにしました。

　イ<u>わたしは、ちょっとさびしい気がしました</u>。半日しか会えなかったから無理もありませんが、ヒロ子ちゃんと、何もお話ができなかったからです。二人が汽車に乗ってから、プラットホームに売っていた、パイナップルの氷がしを一ふくろ買って、ヒロ子ちゃんにわたしました。そのとき、
ウ<u>「おおきに（ありがとう）。」</u>

と言ったきりでした。

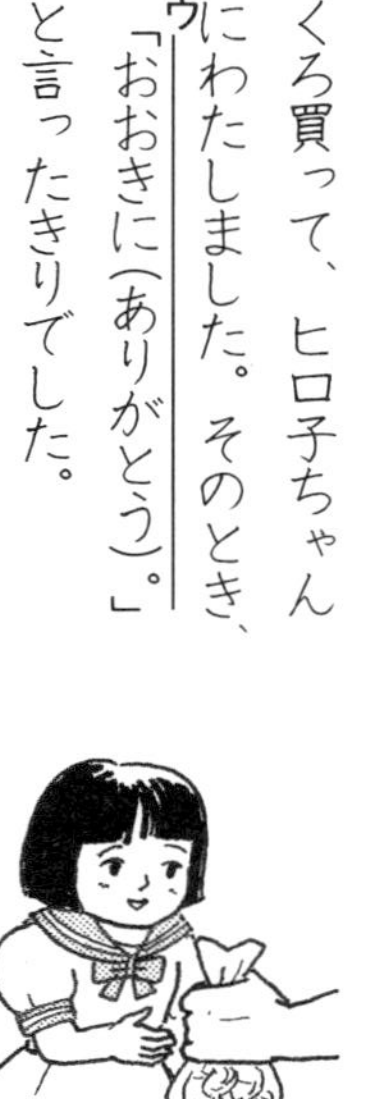

（東京書籍　新編新しい国語　6年(上)　今西祐行）

名前

上の文章を読んで、答えましょう。

(一) 「わたし」とお母さんは、何のために会ったのですか。 (10)

（　　　　　　　　　　）

(二) 「わたし」は、お母さんにどんな話をしましたか。 (10)

（　　　　　　　　　　）

(三) お母さんはなぜ、イ<u>わたしははずかしい。</u>と思ったのですか。 (10)

（　　　　　　　　　　）

(四) 「わたし」の話を聞いて、お母さんはどんな決心をしたのですか。文中から探して□に合う字数で書きましょう。 (15)

□□□□、□□□□□□□
□□□□□□□□□□□。

(五) 「わたしたち」は、なぜヒロ子ちゃんのいない所で話したのですか。 (15)

（　　　　　　　　　　）

(六) 「わたし」が次にヒロ子ちゃんに会うのは、いつですか。 (10)

（　　　　　　　　　　）

(七) イ――は、どうしてですか。 (15)

（　　　　　　　　　　）

(八) ヒロ子ちゃんがウ<u>「おおきに（ありがとう）。」</u>と言ったのは、どうしてですか。次の中から選んで、○を付けましょう。 (15)

（　）遠いところから自分に会いに来てくれたから。

（　）自分が赤ちゃんのときに助けてくれたから。

（　）パイナップルの氷がしを買ってくれたから。

ヒロシマのうた ⑽

名前

そのときの、何かヒロ子ちゃんの暗いかげが、いつまでもわたしは気になりました。すると、追っかけるように手紙が来て、これはまた悲しいことが書いてありました。

今いる島根の家は、死んだ主人の家で、主人の母、ヒロ子ちゃんの義理のおばあさんに当たる人が、ヒロ子のことが気に入らないのだというのです。死んだ本当の孫のことを思うにつけても、何かとヒロ子ちゃんに当たるのだというのです。そして、とうとうある日、「おまえは拾われた子のくせに……。」というようなことを、ヒロ子ちゃんに言っておこったのだそうです。

「やはり、本当のことを、もう言ったほうがいいのでしょうか……。」

お母さんの手紙には、こう書いてありました。

ア それはわたしにも分からないことでした。広島で初めて会ったときの感じでは、はっきりしなくても、何かヒロ子ちゃんも感じていることがあるようにも思われました。ヒロ子ちゃんをよそにやりたいというお母さんの弱気が、ヒロ子ちゃんにもびん感に感じ取られていたのにちがいありません。わたしは、できれば、いなかの家を出て、ヒロ子ちゃんと二人で暮らすことができないものだろうかと思い、そのことを書き送りました。

すると、その年の暮れ、ヒロ子ちゃん親子は、広島に出て、小さな洋裁学校に住みこみで働けるようになったという手紙が来ました。イ わたしはほっとしました。それからも二度三度手紙が来ましたが、その手紙もだんだん短くなって、しまいには来なくなりました。わたしもいつかヒロ子ちゃんのことを、忘れていくようでした。

ところが、今年の春、何年ぶりかで手紙が来ました。ヒロ子ちゃんが中学を卒業したのでした。そして、ぜひ一度会って、ヒロ子のお母さんの話などしてやってほしいとありました。

（東京書籍　新編新しい国語　6年(上)　今西祐行）

上の文章を読んで、答えましょう。

(一) 義理のおばあさんは、ヒロ子に何と言ってしまったのですか。□に合う字数で書きましょう。 ⑮

□□□□□□□□□ のくせに

(二) ヒロ子ちゃんの暗いかげの原因は何だったと思いますか。二つ以上書きましょう。 ⑳

（　　　　）

(三) アそれは、どんなことですか。 ⑮

（　　　　）

(四) 「わたし」はお母さんに、どんな内容の手紙を送ったのですか。 ⑮

（　　　　）

(五) どんなことを知って、イわたしはほっとしたのですか。 ⑮

（　　　　）

(六) ① ヒロ子ちゃんが中学を卒業した時、どんな手紙が届きましたか。 (10×2)

（　　　　）

② ①の手紙を書いたのは、だれですか。

（　　　　）

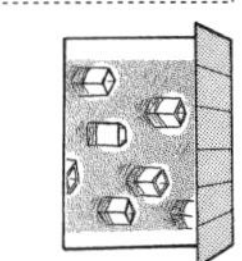

ヒロシマのうた (二)

名前

そうして、今年の夏、わたしはまた広島を訪ねることになったのです。わたしは原爆(げんばく)の記念日を選びました。ヒロ子ちゃんはもう十五才でした。中学を卒業して、お母さんが働いているその洋裁学校で、洋裁の勉強をしているのでした。もうすっかりむすめさんのように大きくなっていました。

わたしは記念日を選んだことを、後かいしていました。記念のいろいろな行事は、何かわたしたちの思い出とかけはなれたもののようにしか思えなかったからです。

その日、わたしはいよいよヒロ子ちゃんに、死んだお母さんのことを話す約束をして、ア二人で一日、町を歩き回ったのです。でも、どこにも、そして、いつまでたっても、そのきっかけができないままに、つかれてしまいました。

夕方、わたしたちは一けんの食堂に入りました。その食堂の裏は、川に面していました。暑いので、わたしたちはその川の見える窓の近くに席をとりました。

「ヒロ子ちゃん、もう洋服ぬえるのかい？」

「いいえ、今、ワイシャツやってるんです。」

そんな話を始めながら、ふとわたしは窓の外を見ました。何だか、イ赤いものが、川上から流れてくるのです。

「あっ、あれ。」

と言うと、

「とうろう流しです。去年もやっていました。きれいですよ。」

ヒロ子ちゃんが教えてくれました。去年、わたしも、広島のとうろう流しのことを新聞で読んで知っていました。原爆ぎせい者の戒名(かいみょう)を書いたとうろうを、川に流しているのです。

わたしは、ウそうだ、今話さなければならないのだと思いました。

（東京書籍　新編新しい国語　6年(上)　今西祐行(いまにしすけゆき)）

上の文章を読んで、答えましょう。

(一) また広島を訪ねることになった「わたし」について答えましょう。(15×4)

① 何のために広島を訪ねたのですか。
（　　　）

② どんな日を選んで広島へ来たのですか。
（　　　）

③ この日を選んだことを「わたし」は、どう思っているのですか。
（　　　）

④ ③のように思ったのは、どうしてですか。
（　　　）

(二) どうしてア二人で一日、町を歩き回ったのですか。次の中から選んで○を付けましょう。(10)

（　）ヒロ子ちゃんと二人で歩くのが、とても楽しかった。

（　）町の中には、見てまわりたい所がたくさんあった。

（　）死んだお母さんのことを話すきっかけができなかった。

(三) イ赤いものは、なんですか。(15)
（　　　）

(四) 「わたし」が、ウそうだ、今話さなければならないのだと思ったきっかけは何ですか。(15)

□□□□□□を見たこと。

80

ヒロシマのうた ⑿

名前

わたしはやっと、ポケットに持っていた布の名札を取り出して、

「ヒロ子ちゃん、これ何だか知ってる？」

と聞きました。

広島市横川町二ー三
長谷川　清子　A型

と書いた、うすよごれた小さな名札です。

「何ですか、それ。」

ふしぎそうに、ちょっと指先でさわってみたりしました。わたしは、じっと窓の外のとうろうを見ながら、あの日のヒロ子ちゃんのお母さんの話をしました。ヒロ子ちゃんは、だまって聞いている様子でした。ヒロ子ちゃんが、わっと泣きだしたりしたらどうしようと、わたしは心配でした。でも、ふと、ヒロ子ちゃんの顔を見て、わたしはほっとしました。ヒロ子ちゃんは、その名札を胸の所におさえて、わたしの方を見ると、にっこり笑って、

「あたし、お母さんに似てますか？」

と言うのです。

うれしいのやら、かわいそうなのやら、わたしのほうがすっかりなみだぐんでしまいました。

ヒロ子ちゃんは強い子でした。どんなことにも負けていませんでした。

お母さんが心配するといけないから、といって、わたしたちは、それからすぐ洋裁学校に帰りました。食堂を出て、橋をわたろうとすると、とうろうを見る人たちでいっぱいでした。そこを通り過ぎて、ちょっと暗い所になりました。

「会ってみたいな……。」

ぽつんとヒロ子ちゃんが独り言のように言いました。勝ち気なヒロ子ちゃんは、そのとき、こっそり泣いていたのかもしれません。

（東京書籍　新編新しい国語　6年(上)　今西　祐行）

上の文章を読んで、答えましょう。

(一) 布の名札は、だれの名札だったのですか。(15)

（　　　　）

(二) 「わたし」は、ヒロ子ちゃんにどんな話をしたのですか。(15)

（　　　　）

(三) 話しながら「わたし」は、どんなことを心配していましたか。(15)

（　　　　）

(四) 話を聞いて、ヒロ子ちゃんはどうしましたか。（　）に当てはまる言葉や文を入れましょう。(5×4)

お母さんの（　　）を（　　）の所におさえて、

「（　　　　）」

と「わたし」ににっこり（　　）たずねた。

(五) なぜ「わたし」は、ア すっかりなみだぐんでしまったのですか。次の中から選んで○を付けましょう。(15)

（　）ヒロ子ちゃんが泣き出したので、もらい泣きをしてしまった。

（　）お母さんの話を聞いても、たえて明るくふるまっているヒロ子ちゃんに感動した。

（　）「お母さんに似ていますか？」と言ったので、とてもうれしくなって、うれし泣きをした。

(六) ヒロ子ちゃんは、だれに「会ってみたいな……。」と言ったのでしょう。(20)

（　　　　）

ヒロシマのうた

(13)

名前

その日は、わたしも洋裁学校の一部屋にとめてもらいました。わたしが起きると、ヒロ子ちゃんのお母さんが出てきて、

「ゆうべ、あの子はねないんですよ。」

と言うのです。

「やっぱり。」（ア）

と、わたしが心配そうに言うと、

「いいえねえ、あなたにワイシャツを作ってたんですよ。見てやってください。」

そう言って、うれしそうに、紙に包んだワイシャツを、こっそり見せるのです。

「ないしょですよ。見せたなんて言ったら、しかられますからね。」

そっと広げてみると、そのワイシャツのうでに、小さな、きのこのような原子雲のかさと、その下に、S・I（エス・アイ）と、わたしのイニシャル（頭文字（かしら））が水色の糸でししゅうしてあるのです。

「よかったですね。」

「ええ、おかげさまで、もう何もかも安心ですもの……。」（イ）

お母さんはそう言って、笑いながらも、そっと目をおさえるのでした。（ウ）

わたしはその日の夜、広島駅で、汽車が出るときに、窓からそれを受け取りました。（エ）わたしはそれを胸にかかえながら、いつまでも十五年の年月の流れを考え続けていました。

汽車はするどい汽笛を鳴らして、上りにかかっていました。

（東京書籍　新編新しい国語　6年（上）　今西（いまにし）祐行（すけゆき））

上の文章を読んで、答えましょう。

(一) 「やっぱり。」（ア）と言った「わたし」は、どんなことを心配していたのですか。 (20)

（　　　）

(二) ヒロ子ちゃんは、ねないで何をしていたのですか。 (15)

（　　　）

(三) ヒロ子ちゃんは、どんな気持ちをこめてワイシャツを作ったのだと思いますか。ヒロ子ちゃんの言葉で書いてみましょう。 (15)

（　　　）

(四) 「ええ、おかげさまで、もう何もかも安心ですもの……。」（イ）と言ったお母さんは、ヒロ子ちゃんのことを、どう思ったのでしょうか。次の中から選んで○を付けましょう。 (20)

（　）悲しさに負けないで、強く生きていってくれる。

（　）死んだお母さんの親せきに、ひきとってもらえる。

（　）洋裁の仕事で、ひとりだちができる。

(五) そっと目をおさえる（ウ）とは、どういうことですか。次の中から選んで○を付けましょう。 (15)

（　）目がいたくなったので、おさえた。

（　）うれしくてなみだが出てきた。

（　）笑いそうになるのをおさえた。

(六) それ（エ）は、何を指していますか。 (15)

（　　　）

宮沢賢治 (1)

宮沢賢治は、自分の理想とする世界を求めて激しく燃え続けた。太陽のような人であった。人間も動物も自然も一つになって、心を通い合わせることのできる「まことの幸せ」がどこかにありはしないかと、生がいをかけて探そうとした。

そのためには、自分の肉体がどうなってもいいと考えた。教師になって、自分の理想を説き、自ら農民になって土に生きる者の悲しみを知ろうとした。しかし、理想と現実はあまりにもちがい過ぎた。宗教に学んでも、自然のふところにとびこんでも、賢治の激しい思いをとげることはできなかった。それならば、せめて童話の中で自分の夢を実現したいと、身をけずる思いで作品を書き続けた。

賢治童話の舞台は、目の前の林や野原であったり、風のふく山の中であったり、星のかがやく夜空であったり、いつもわたしたちの身近にある場所だ。それでいて、わたしたちをたちまちふしぎな世界へ運びこんでくれる。まるで昔話のように、人も動物も精霊＊もいっしょになって登場する。

「ざしき童子のはなし」という短い童話がある。だれもいない家の中で、ほうきを使う音が聞こえてきたり、子供たちが遊んでいると、いつのまにか一人増えていたりする話だ。こんなそぼくな話でも、幸せを呼ぶざしき童子に住みついてほしいと願う農民の思いがいきいきと伝わってくる。

「グスコーブドリの伝記」には、だれもが幸せになれる理想社会を願って、自分がそのぎせい者になろうとするブドリの姿がえがかれている。それは、教師をやめ、厳しい生活に苦しむ農民のために働きたいと思い続けた賢治のア<u>あこがれの生活</u>であった。

ねこやかっこうやたぬきや野ねずみたちの協力によって、満足な演奏をすることができた「セロ弾きのゴーシュ」は、動物に人間以上の愛情を感じることのできた賢治ならではの童話である。

そんな動物たちの命を何とも思わず、自分の飼い犬さえも物としか見ることのできない都会の紳士。うわべだけは気取っていても、自分では何もできないおく病者。そういう人間を、はらはらどきどきするふしぎさでこらしめたのが、「注文の多い料理店」である。

このほかにも「どんぐりと山猫」、「水仙月の四日」、「鹿踊りのはじまり」、「雪渡り」、「風の又三郎」など、賢治の童話は数多くある。賢治の童話には、豊かな自然の生命が、みずみずしい詩人の目と土のにおいのする言葉でえがかれ、独特の味わいがある。

＊精霊　山や川、草や木などに宿るたましいのこと。

(東京書籍　新編新しい国語　6年(下)　西本鶏介)

宮沢(みやざわ)　賢治(けんじ)　(1)

名前

「宮沢賢治」(1)を読んで、答えましょう。

(一) 賢治が生がいをかけて探そうとしたものは何ですか。文中からぬき出して六文字で答えましょう。(10)

□□□□□□

(二) (一)で答えたことの内容を書きましょう。(10)

（　　　　）

(三) 賢治は、自分の理想とする世界を見つけるために、どんなことをしようとしましたか。(15)

（　　　　）

(四) 現実の世界で理想を見つけられなかった賢治は、どこで自分の夢を実現しようとしたのですか。(10)

（　　　　）

(五) 賢治の童話の舞台は、いつもどんな所だったのですか。(10)

（　　　　）

(六) 「ざしき童子のはなし」からは、だれのどんな思いが伝わってきますか。(12)

（　　　　）

(七) アあこがれの生活は、どんなことですか。(15)

（　　　　）

(八) 賢治の童話には、何がどのようにえがかれていますか。（　）に当てはまる言葉を入れましょう。(6×3)

（　　　　）が、みずみずしい（　　　　）と（　　　　）のする言葉でえがかれている。

宮沢賢治

(2)

名前

賢治は、一八九六年（明治二十九年）、岩手県の花巻に生まれた。宮沢家は、祖父の時代から、この町で質屋と古着商を営んでいて、賢治は、このゆう福な家のあととりとして育てられた。父は熱心な仏教の信者で、賢治も幼いときからお経を唱えることができたという。

賢治は、植物や石ころを集めるのが大好きな少年であった。*盛岡中学校へ通うようになると、独りで岩手山へ登り、植物や鉱石を採集しながら、自然の厳しさと豊かさを学んだ。

中学を卒業しても、賢治には自然の魅力が忘れられなかった。このまま家にいて、父の仕事を手伝おうという気持ちが起きてこないのだ。そのころ、たまたま読んだ宗教の本に深く感動した賢治は、店のあとをつぐより、いつか世の中のためになる仕事がしたいと考えるようになった。

一九一五年（大正四年）、賢治は、*盛岡高等農林学校へ進学することを父から許された。中学時代に続き、野山をかけめぐり、地質や土の科学調査と実験に打ちこんだ。

賢治は、学校にもどると実験室に閉じこもり、持って帰った石のかけらや土をけんび鏡で調べた。単調な仕事にあきてくると、賢治は仕事のことを忘れて、石や土のふしぎな模様をながめた。

（命のないものでも、こんなにすばらしい美しさをもっている。）

それは、美しい空想となって、どこまでも広がっていく。

（この美しさを文章にすることができたら、どんなにすてきだろう。）

賢治は、急に童話が書いてみたくなった。その気持ちを詩につづりたくなった。童話の中では、現実にできないことがいくらでもできる。現実には見えないものまで見ることができる。動物も人間も自由に言葉がかわせる。だれもが仲良く暮らせる理想的な世界だって作ることができる。こうして、賢治は童話を書き始め、心につのる思いを詩に書いた。

その後、一九二一年（大正十年）、*稗貫農学校の教師になったが、童話や詩を書けば書くほど、厳しい自然の中で生きる農民たちへの熱い思いがわいてくる。

（教師として、生徒たちをりっぱに育てることも大切な仕事である。だが、それだけで、本当の農民の苦しみは分からない。雨が降れば、大水で田んぼが流され、日照りが続けば、いねがかれるのをじっと見ているほかにどうすることもできない人たち。その人たちのことを思うと、このまま教師をしてはいられない。その人たちといっしょになって働き、その人たちのために、今すぐ役立たなくてはならないのだ。）

そう思うと、もうがまんができなかった。一九二六年（大正十五年）、賢治は、校長や両親の止めるのをふりきって、きっぱりと教師をやめ、自ら農民として生きることを決心した。

（東京書籍　新編新しい国語　6年（下）　西本鶏介）

*盛岡中学校　現在の盛岡第一高等学校。

*盛岡高等農林学校　現在の岩手大学農学部。

*稗貫農学校　現在の花巻農業高等学校。

宮沢（みやざわ）賢治（けんじ） (2)

名前（　　　　）

「宮沢賢治」(2)を読んで、答えましょう。

(一) 宮沢家は、どんな家だったのですか。(10)（　　　　）

(二) 賢治は、どんなことが大好きな少年でしたか。(10)

（　　　　）

(三) 中学生のときには、どんなことをして、そこから何を学びましたか。(10)

（　　　　）

(四) 中学を卒業した賢治は、どんな仕事をしたいと考えましたか。(10)

（　）店のあとをついで、父の仕事を手伝う。

（　）植物や鉱石を採集して、自然に親しめる仕事

（　）世の中のためになる仕事

(五) 賢治は、石や土の模様をながめながら、どんなことを思ったのですか。文中から□に合う字数でぬき書きしましょう。(15)

□□□□□□□□□、□□□□□□□□□

□□□□□□□□□。

(六) 賢治が急に童話を書いてみたくなったのは、どうしてですか。(10)

（　　　　）

(七) 賢治は、童話の中では、どんな世界が作れると考えたのですか。(15)

（　　　　）

(八) 賢治は、どんな思いから教師をやめたのでしょうか。（　）の中に当てはまる言葉を入れましょう。(5×4)

（　　　　）たちをりっぱに育てるだけでは、本当の（　　　　）の苦しみは分からない。

農民といっしょに（　　　　）、農民のために今すぐ（　　　　）なくてはならないと考えた。

宮沢賢治

(3)

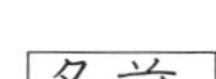

名前

賢治は、北上川のほとりの、林に囲まれたおかの上の家に、独りで住むことにした。この家は、妹のとし子が静養をしていた所である。とし子がなくなった後、ずっと空き家になっていた。

賢治は、大工さんにたのんで、いたみかけた土台を取りかえ、階下の部屋を造りかえてもらった。ここへ農民たちを集めて、新しい未来について話し合おうというのだ。二階は書さいにして、農作業のできない日は、読書をしたり文章を書いたりすることにした。

賢治は、この家にこしてくると、さっそくあれた土地を切り開いて畑を作り、なす、かぼちゃ、きゅうり、トマトなどのなえを植えた。朝は暗いうちに起き出し、夜おそくまでどろまみれになって働いた。食べる物といえば、げん米とみそしると野菜ぐらいなもので、肉類はいっさい口にしなかった。ふろに入る代わりに、いど水で体をふいた。

こんな暮らしをしていると、農民たちの苦労が痛いほどによく分かる。賢治にとっては、これまでのどんな生活よりもすばらしいものに思えてくる。この生活からは、人間のみにくい欲望はいっさいわいてこない。自然のふところにだかれて、宗教の教えを守り、農民たちのためにつくすだけである。

ある日、農学校の卒業生が、この家に訪ねてきたとき、賢治は破れたシャツ一枚でねむっていた。うでは、*ぶゆにくわれてはれあがり、足首には、くわで切った傷口があった。それなのに包帯もせず、ヨードチンキがぬってあるだけだ。

(どうして、こんなにまでして、自分自身を苦しめるのだろうか。)

卒業生は、賢治の変わり果てた暮らしぶりに胸がいっぱいになった。やがて、目を覚ました賢治に、卒業生が言った。

「先生、その傷口からばいきんでも入ったらどうするのです。」

すると、賢治は、わざと傷口をたたいてみせ、

「だいじょうぶ。おかげで、わたしも一人前の農民になることができそうだ。初めは、一時間も働くと体が痛くてたまらなかったが、今じゃ何時間働いても平気です。」

と言った。

独りの生活に慣れてくると、賢治は、考えてきたことをいよいよ実行に移した。新しい住まいを事務所にして、「羅須地人協会」という会を作った。この会は、農民たちの勉強会で、多くのしゅうかくをあげるための科学的知識を学び、それぞれが作った工芸品や野菜の種を交かんし、余ったものは共同で売り出し、その利益で本やレコードを買い、おたがいに楽しい生活を送ろうというのである。

(これまでのように、ただ働くだけの農業ではなく、だれもが生きがいを持ち、文学や音楽のことを話し合い、ドリームランドのような農村生活になったら、どんなにか幸せだろう。)

*ぶゆ　はえに似た二、三ミリのこん虫。人や動物の血をすう。

(東京書籍　新編新しい国語　6年(下)　西本鶏介)

宮沢（みやざわ） 賢治（けんじ） (3)

名前

「宮沢賢治」(3)を読んで、答えましょう。

(一) 賢治は、独りで住むことにしたおかの上の家の、一階(階下)と二階の部屋を、それぞれ何に使おうとしましたか。(10×2)

一階（　　　　）

二階（　　　　）

(二) 賢治は、その家にこしてくると、畑を作り、毎日どんな生活をしましたか。三つ書きましょう。(10×3)

（　　　　）

（　　　　）

（　　　　）

(三) (二)の生活は、賢治にとって、どんな生活だったのでしょうか。次の中から選んで○を付けましょう。(10)

（　）農民たちの苦労が痛いほど分かり、がまんできなかった。

（　）つらい生活だけど、何とかがまんしなければならなかった。

（　）人間のみにくい欲望はいっさいわいてこない、すばらしい生活だった。

(四) 農学校の卒業生が訪ねてきたときの賢治の様子について書きましょう。(5×2)

服装（　　　　）

体の様子（　　　　）

(五) 賢治は、(四)のような自分のことを、何と言っていますか。□に当てはまる文字を入れましょう。(10)

わたしも□□□□□□□□□□□□□□□□□。

(六) 賢治は「羅須地人協会」で何を目指したのでしょうか。（　）に当てはまる言葉を入れましょう。(5×4)

これまでのように、（　　　　）の農業ではなく、だれもが（　　　　）を持ち、（　　　　）のことを話し合い、（　　　　）のような農村生活をする。

宮沢　賢治

(4)

名前

賢治は、集まってきた農家の青年たちに、これからの農村の在り方を力強く語り、農業に必要な科学知識や土の改良法などをくわしく教えた。ときどき、レコードコンサートを開いたり、みんなで楽器を演奏したりした。そればかりか、あちこちの村に無料の肥料相談所を作り、少しでもしゅうかくが増えるように指導した。

そして、どんなにつかれていても、家にもどると机に向かい、童話や詩を書いた。

賢治の書くものは自然の心であり、自然がつぶやく言葉そのものであった。自然が賢治に語りかけ、賢治はそれをそのまま作品に書いた。賢治には、動物でも草木でも、石でさえも、何を考えているのかすぐ分かった。いつでも宇宙の力を感じ、星のおしゃべりや風のささやきが聞こえるのだ。賢治は、人間が自然と心を通わせ、宇宙を支える小さな命となってこそ、農業も宗教も、いきいきとした、美しくてたのもしいものになると考えた。

しかし、賢治の理想は高過ぎた。みんなに新しい農民社会を願う気持ちはあっても、賢治のように行動するところまではいかなかった。「羅須地人協会」に集まってくる青年たちはだんだん少なくなり、二年数か月で協会はつぶれた。こうなれば、夢は後回しにして、とりあえず農民たちの手助けをするしかない。

(そういう努力を積み重ねていけば、いつか、みんなも自分の夢の実現に力を貸してくれるときが来るにちがいない。)

賢治は、前にもまして農民たちのために働いた。満足な食事もせず、一日じゅう村から村へと走り回っていては、どんなにじょうぶな人でも病気をしないほうがふしぎだ。ひどい風雨の中で働き続けたのが原因でかぜをひき、ついに胸の病気になってしまった。一九二八年(昭和三年)のことであった。

こうして、体を悪くした賢治は、久しぶりに両親のもとへもどり、その後二年余り、りょう養した。

一九三一年(昭和六年)、体が回復した賢治は、石灰を作る工場の技師になった。土を改良するのに役立つ石灰に関心を持ったからだ。しかし、ここでもあまり熱心に働き過ぎて、また病にたおれてしまった。

(東京書籍　新編新しい国語　6年(下)　西本　鶏介)

宮沢（みやざわ）　賢治（けんじ）　(4)

名前

「宮沢賢治」(4)を読んで、答えましょう。

(一)　賢治が農家の青年たちに、少しでもしゅうかくが増えるように指導したことを二つ書きましょう。(10×2)

（　　　　）

（　　　　）

(二)　賢治は家にもどると、どんなにつかれていても、何をしましたか。(10)

（　　　　）

(三)　賢治は、どんなことを童話や詩に書きましたか。次の中から選んで○を付けましょう。(10)

（　）農村のあり方や農業のやり方について。

（　）自分が農業をしている体験。

（　）自然が自分に語りかけてきたこと。

(四)　賢治は、人間と自然がどうなればよいと考えたのですか。(15)

（　　　　）

(五)　羅須地人協会が二年数か月でつぶれてしまったのは、どうしてですか。（　）に当てはまる言葉を入れましょう。(5×3)

賢治の（　　　　）たちは、賢治のように（　　　　）が高過ぎたため、集まってきた（　　　　）するところまでは、いかなかった。

(六)　羅須地人協会がつぶれたあと、賢治はどのように考えましたか。(15)

（　　　　）

(七)　賢治が石灰を作る工場の技師になったのは、どうしてですか。(15)

（　　　　）

宮沢賢治 (5)

名前

再び故郷に帰った賢治は、もう起きて働くことはできなかった。それでも、まくら元にある手帳に自分の思いを書きつづった。

この「雨ニモマケズ」の詩には、自分へのいましめをこめながら、農民の幸せを願い続けた賢治の気持ちが強く現れている。

雨ニモマケズ
風ニモマケズ
雪ニモ夏ノ暑サニモマケヌ
丈夫ナカラダヲモチ
慾ハナク
決シテ瞋ラズ
イツモシヅカニワラッテヰル
一日ニ玄米四合ト
味噌ト少シノ野菜ヲタベ
アラユルコトヲ
ジブンヲカンジョウニ入レズニ
ヨクミキキシワカリ……

その後、病しょうにあった賢治は、詩や童話の原こうに手を入れたり、訪ねてくる農民があれば、その話を熱心に聞いたりした。

一九三三年（昭和八年）は、何十年に一度という豊作の年であった。九月十七日から祭りが始まり、町は人出でにぎわった。

祭りが明けた二十日の夜、賢治は、肥料の相談にやってきた農民と長い間話し合った。ところが、その次の日、高い熱が出て急に容態が悪くなり、ついに帰らぬ人となった。まだ三十七才の若さであった。

賢治の一生は短かった。しかし、その命は、自分の理想に向かって激しく燃え、そして消えていったのである。生きている間の賢治は、地方の名もない詩人であり、童話作家であった。それが今や、日本のすぐれた文学者として、名前を知らない人はいないだろう。その詩や童話は、わたしたちの心の中に生きており、これからも生き続けていくにちがいない。

「世界が全体（に）幸福にならないうちは個人の幸福はありえない。」と、賢治は言った。賢治は、この理想を実現するため、自ら農民として生きながら詩や童話を書いた。宇宙にあるすべてのものが仲間になることを願い、だれもが幸せになれる新しい世界を求めて、自然と心ゆくまで語り合う独自の文学を作り出したのだ。そして、賢治は、みごと宇宙にかがやく小さな星となったのである。

（東京書籍　新編新しい国語　6年(下)　西本鶏介）

宮沢賢治 (5)

名前

「宮沢賢治」(5)を読んで、答えましょう。

(一) 「雨ニモマケズ」の詩には、賢治のどんな気持ちが現れていますか。 (15)

(　　　)

(二) 病気で寝こんでしまった賢治は、病しょうでどんなことをしていましたか。二つ書きましょう。 (5×2)

(　　　)

(　　　)

(三) 賢治は、死ぬ前の日に、どんなことをしましたか。 (15)

(　　　)

(四) 賢治が死んだ年は、どんな年でしたか。□に当てはまる文字を文中からぬき書きしましょう。 (15)

□□□□□□□□□□□□□

(五) 賢治について、当てはまるものに○、そうでないものに×を付けましょう。 (5×5)

(　) 賢治は、いつも自分が楽をしてぜいたくな生活ができることを願っていた。

(　) 賢治は、自分のことよりも農民の幸せを願っていた。

(　) 賢治は、生きている間に、日本のすぐれた文学者として認められていた。

(　) 賢治は、自分の理想を実現するために詩や童話を書いた。

(　) 賢治は、農民たちの指導はしたが、自ら農民として生きることはなかった。

(六) 賢治が求めていたものとは何だったのでしょうか。(　)に当てはまる言葉を入れましょう。 (10×2)

(　　　)が仲間になり、

(　　　)新しい世界。

美月の夢　(1)

名前

──将来の夢。

美月は、黒板に書いてある作文のタイトルをむねの中でつぶやいた。

──夢、かあ。

行ってみたい所なら、たくさんある。サバンナ、砂ばく、白夜の街。見たいものは、オーロラ、ピラミッド、海の中の青の世界。そして野生の動物……。（ア）

窓から入ってきた風が、作文用紙をひらりとめくった。外は、いい天気。だれもいない校庭に春の光が降り注いでいる。

美月は、地平線まで続く草原に立っている自分の姿を想像した。大きな空の下を、思いきり走る。風が、体の形をとらえて流れていく。聞こえるのは、風の音と自分の鼓動だけ……。

ぼうっとしていたら、とつ然声が飛びこんできた。後ろの席のヒロの声だ。

（イ）「それ、夢って言わないぜ。」

美月はぎくっとした。自分のことを言われたのかと思ったからだ。でも、すぐにヒロのとなりの翔太が答えた。

「なんで？　だって、ほんとに百メートル泳げるようになりたいんだよ。」

「それは、目標。将来の夢っていうのは、計画のこと。」

「計画？」

「そ。おれの計画は、陸上の選手になって、そのあとは体育の先生。翔太はさ、ビルや橋を造る人になりたいって言ってたろ。そういうの書くんだよ。」

「そっか、職業か。そうだよなあ。」

二人はおしゃべりをやめて、また作文を書き始めたみたいだった。

美月は、まだなんにも書いていない作文用紙を見た。（ウ）頭の中に広がっていた草原の風景が、しゅるしゅると消えていく。

（教育出版　ひろがる言葉　小学国語　6年（上）　長崎　夏海）

上の文章を読んで、答えましょう。

(一) 美月が見たいと思っているものを、四つ書きましょう。(5×4)

(　　)(　　)(　　)(　　)

(二) ア……は、何を表していますか。(10)

(　　)

(三) 美月は、どこから校庭を見ていますか。(10)

(　　)

(四) 校庭の様子がびょう写してある部分を二つ、ぬき書きしましょう。(5×2)

(　　)(　　)

(五) 美月は、①どこで、②何をしている、自分の姿を思いうかべていますか。(5×2)

① (　　)
② (　　)

(六) イ──は、だれが、だれに言った言葉ですか。(5×2)

(　　)が(　　)に言った。

(七) ヒロの将来の夢は何ですか。(10)

(　　)

(八) ウ──は、どのようなことを言っているのでしょうか。(　)に当てはまる言葉を［　］から選んで書き入れましょう。(5×4)

頭の中で(　　)していた世界から、(　　)を(　　)という(　　)にひきもどされた。

［書く・想像・走る・現実・草原・作文］

美月の夢 (2)

名前

――職業か……。

例えば、じゅう医さん。動物園の飼育係にコックさん……。どれも、やってみたい仕事だ。でも、興味があるだけで、「絶対にこれ」っていうほどではないから、ア夢とは言えない。

――つまり……。

わたしには、将来の夢がないってこと？

夢がない将来なんて、イ……。

作文用紙を見ていたら、ウ行と行の間が、どんどん広がっていくような気がした。それと反対に、体はどんどんしぼんでいくような……。

先生の「あと十分。」という声で、美月は、はっとした。とにかく今は、急いで書いてしまうしかない。

『わたしの夢は、じゅう医さんになることです。わたしは、動物が好きで』

ここで止まってしまった。続きが書けない。

このあとに何を書けばいいのかというアイデアは、うかぶ。

飼育委員でにわとりとチャボとうさぎの世話をしていること。テレビで見た、傷ついたライオンのかいほうをしていたボランティアの人たちのこと。動物病院に、皮ふ病になってしまったのらねこを連れて行ったら、「のらねこ割引」で安くみてくれたこと。エそういうことを書けばいい。

それなのに、オやっぱり書けなかった。

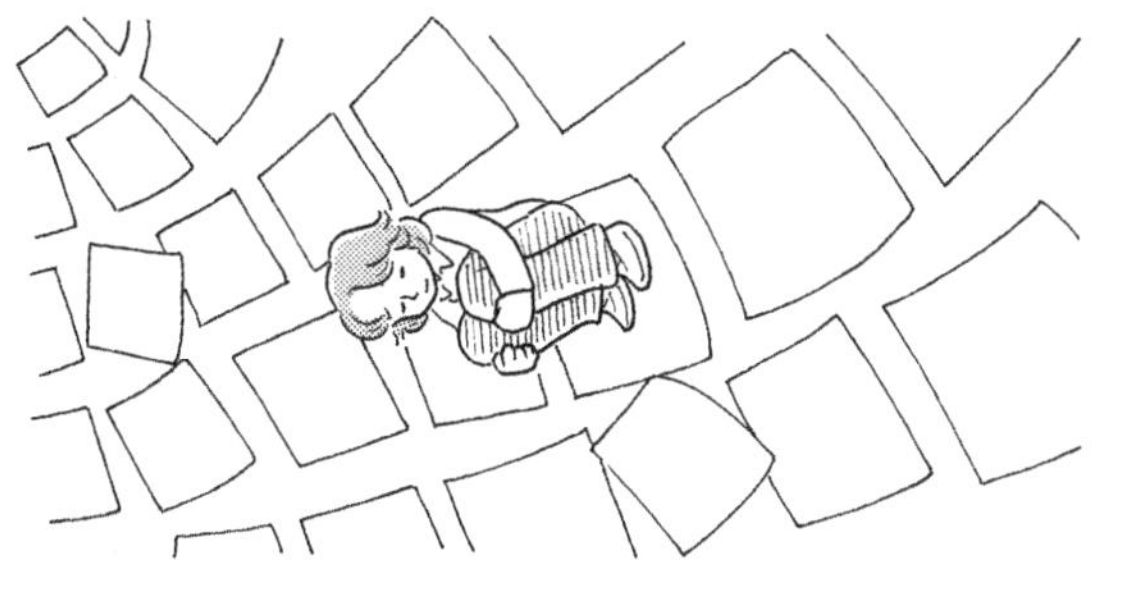

（教育出版　ひろがる言葉　小学国語　6年(上)　長崎　夏海）

上の文章を読んで、答えましょう。

(一) なぜ、ア夢とは言えないと思ったのですか。(10)

(　　　　　　　　)

(二) イ……に、言葉を入れるとすれば、次のどれがよいでしょうか。二つ選んで○を付けましょう。(10×2)

(　) うれしい
(　) がっかりだ
(　) 悲しい
(　) 楽しい

(三) ウ――は、どんな状態になっていることを表していますか。次のどちらかを選んで○を付けましょう。(15)

(　) 書きたいことがいっぱい出てきた。
(　) だんだん書けなくなってきた。

(四) 美月は、はっとして、どうしようと思ったのですか。(10)

(　　　　　　　　)

(五) エそういうこととは、どういうことを指しているのでしょうか。三つ書きましょう。(10×3)

(　　　　　　　　)
(　　　　　　　　)
(　　　　　　　　)

(六) なぜ、オやっぱり書けなかったのですか。(15)

(　　　　　　　　)

川とノリオ

（1）

名前

町外れを行く、いなかびたひと筋の流れだけれど、その川はすずしい音をたてて、さらさらと休まず流れている。日の光のチロチロゆれる川底に、茶わんのかけらなどしずめたまま。

春にも夏にも、冬の日にも、ノリオはこの川の声を聞いた。

母ちゃんの生まれるもっと前、いや、じいちゃんの生まれるもっと前から、川はいっときの絶え間もなく、アこの音をひびかせてきたのだろう。山の中で聞くせせらぎのような、なつかしい、昔ながらの川の声を――。

早春

あったかい母ちゃんのはんてんの中で、ノリオはイ川のにおいをかいだ。

母ちゃんの手が、せっせと動くたびに、はんてんのえりもともせわしくゆれて、ほっぺたの上のなみだのあとに、川風がすうすうと冷たかった。

川っぷちの若いやなぎには、銀色の芽がもう大きかった。

赤んぼのノリオのよごれ物を洗う、あったかい母ちゃんの背中の中で、ノリオは川のにおいをかいだ。土くさい、春のにおいをかいだ。

＊

ウすすきのほが、川っぷちで旗をふった。ふさふさゆれる三角旗（さんかくばた）を。すすきの銀色の旗の波と、真っ白いのぼりに送られて、ノリオの父ちゃんは、行ってしまった。

暗い停車場の待合室で――父ちゃんのかたいてのひらが、いっときもおしいというように、ノリオの小さい足をさすっていたっけ。

父ちゃんを乗せていった貨物列車の、馬たちの飼い葉のすえ＊たにおい。

すすきはそれからも川っぷちで、白くほほけ＊た旗をふり、――母ちゃんとノリオは橋の上で、夕焼け空をながめていた。暮れかけた町の上の広い広い空。母ちゃんの日に焼けた細い手が、きつくきつくノリオをだいていた。

ぬれたような母ちゃんの黒目に映って、赤とんぼがすいすい飛んでいった。川の上をどこまでも飛んでいった。

＊すえる　食物がくさって、すっぱいにおいがする。

＊ほほける　けばだつ。「ほおける」ともいう。

（教育出版　ひろがる言葉　小学国語　6年（上）　いぬい　とみこ）

上の文章を読んで、答えましょう。

（一）この川のイメージに当てはまるのは、次のうち、どんな川でしょうか。一つ選んで○を付けましょう。（10）

（　）ゆったりと流れるとても大きな川

（　）はげしく音をたてて流れる急流

（　）静かに流れる小さな川

（二）アこの音は、文中でどのように表現されていますか。その文をぬき書きしましょう。（10）

（　　　　　）

（三）ノリオを背負って、母ちゃんは川で何をしているのですか。（10）

（　　　　　）

（四）ノリオがかいだイ川のにおいとは、どんなにおいですか。（15）

（　　　　　）

（五）ノリオと別れたくないという父ちゃんの気持ちがよく分かるところをぬき書きしましょう。（15）

（　　　　　）

（六）ウすすきのほが、川っぷちで旗をふった。から、この場面はいつの季節か答えましょう。（10）

（　　　　　）

（七）（六）で答えた季節が分かる言葉を、「すすき」のほかに、もう一つ書きましょう。（10）

（　　　　　）

（八）父ちゃんを戦場に送り出した母ちゃんの気持ちが表れているところを二つ書きましょう。（10×2）

（　　　　　）

（　　　　　）

※「川とノリオ」の教材は、大阪書籍の十七年度版6年生国語教科書にも掲載されています。

川とノリオ

(2)

名前

また早春

（おいで、おいで。つかまえてごらん。
　わたしは、だあれにもつかまらないよ。）

川の水がノリオを呼んでいる。白じらと波だって笑いながら。

ノリオの新しいくりのげたが、片一方、ぷっかりと水にういた。じいちゃんの手作りのくりの木のげた……。

げたは、ぷっかぷっか流れだす。くるくる回って流れていく。ノリオの知らない川下さして。

ノリオは、もう片方のくりのげたも、夢中で川の上に投げてやった。げたは、新しい裏を見せて、仲間のあとを追っかけていく。くるくる、かっぷりことうかんだまま。

（おいで、おいでよ。おまえもおいで。
　ア<u>わたし</u>は、だあれにもつかまらないよ。）

川はますます白い波をたてて、やさしくノリオに呼びかける。

ノリオのはだしの片足が、ポチャリとすき通った水に入る。ひやっと冷たい三月の水。

冬ズボンのすそをたくし上げて、ノリオは川をわたりだす。三月の川の冷たさに、キャッキャッと一人笑いながら。

川はいつのまにか笑いをやめて、ひたひたとノリオを取り巻いた。あとからあとから流れ寄せる銀色の水のまん中で、ノリオは、はっと立ちすくむ。

ザアザアとおし寄せてくるこわい川。川は今ノリオをおし流して、川下へさらっていくのではないか。ノリオのくりの木のげたのように。

おびえてわあっと泣きかける時、だれかの手がノリオの体をひっとらえ、安全な川っぷちの砂の上に、ノリオは無事に引き上げられる。

（教育出版　ひろがる言葉　小学国語　6年（上）　いぬい　とみこ）

上の文章を読んで、答えましょう。

（一）ノリオのげたは、どんなげたですか。 (10)

（　　　　　）

（二）ノリオは、げたをどうしたのですか。 (10)

（　　　　　）

（三）今は何月ですか。 (10)

（　　　　　）

（四）ア<u>わたし</u>とは、だれのことですか。 (10)

（　　　　　）

（五）川がやさしく感じられる表現を、二つぬき書きしましょう。 (10×2)

（　　　　　）

（　　　　　）

（六）川の感じが急に変わるのは、どこからですか。その最初の文をぬき書きしましょう。 (15)

（　　　　　）

（七）ノリオが川の変化に気づく場面は、どのように書かれていますか。文中から□に合う字数でぬき書きしましょう。 (15)

□□□□、□□□□□□□□

（八）やさしい川は、どんな川に変わったのですか。 (10)

（　　　　　）

川とノリオ

(3)

名前

流したはずのくりのげたも、ちゃんと二つ、川から取りもどされ、ノリオは小さいおしりの*はたに、母ちゃんのおしおきをうんともらう。

(ノリオ、ノリちゃん、この悪ぼうず。今度川へなんぞ入ったら、このおしりに*やいとをすえてやろ……。)

ア川はしばらくだまっている。

泣いている子供なんか知らないよ、というように、大根のかれっ葉をうかべながら、すましこんでさらさら流れていく。

母ちゃんは「ハイキュウ」に呼ばれていった。

ノリオは、塩っからいなみだのつぶを、ひりひりする手のこうでふいてしまった。

イ川はまた、キラキラ笑いだす。笑ってノリオにささやきかける。

(おいで、おいでよ。つかまえてごらん。
おまえのげたのふね、流してごらん。)

げたはまた、くるくる流れていき、もう一度川の中に立ちすくんだノリオの体は、不意にまた現れた母ちゃんの手で、川っぷちの砂の上に連れもどされる。おしりのはたのおしおきも、もう一度。

……………………

川と、ノリオと、母ちゃんの、こんなひと続きのウ「追いかけっこ」は、戦いの日の間続いていた。

母ちゃんは日に日にやつれていったが、ノリオは何も知らなかった。あったかい春の日ざしを浴びて、川と一日じゅう遊んで暮らす、ノリオは小さい神様だった。金色の光に包まれた、幸せな二才の神様だった。

*はた　はし
*やいと　おきゅう

(教育出版　ひろがる言葉　小学国語　6年(上)　いぬい　とみこ)

上の文章を読んで、答えましょう。

(一) 川に流したげたを取りもどしたのは、だれですか。(10)

(　　　)

(二) 母ちゃんはノリオをどうしたのですか。次の中から選んで○を付けましょう。(15)

(　) 川に入ったらいけないとしかった。
(　) よくやったねとほめてやった。
(　) 楽しく遊べてよかったと喜んだ。

(三) ア「川はしばらくだまっている。」ことから、ノリオのどんな様子が思いうかびますか。(15)

(　　　)

(四) イ「川はまた、キラキラ笑いだす。」ことから、ノリオのどんな様子が思いうかびますか。(15)

(　　　)

(五) ウ「追いかけっこ」とは、どんなことですか。(　)に当てはまる言葉を入れましょう。(5×5)

ノリオが(　　)を流し、(　　)の中に入って遊ぶ。こわくなって(　　)と(　　)が川っぷちに連れもどし、(　　)をする。

(六) 母ちゃんは、どうなっていきましたか。(10)

(　　　)

(七) ノリオにとって毎日の生活は、どんな生活だったのでしょうか。(10)

(　　　)

川とノリオ

(4)

名前

夏

悲しそうな役場のサイレンが、＊とぎれとぎれにほえだすと（ア）、この町にはなにごともなくっても、ノリオたちは、穴倉に入らなければならない。

せみの声も川の音も聞こえない、しめっぽい防空ごうの暗やみで、ノリオは出たいと、ぐずって泣いた。

ふとおしつけた母ちゃんのむねが、とっきんとっきん、鳴っていたが、ノリオは穴倉の息苦しさに、暴れて出たいと泣きたてた。

母ちゃんと、やっと出て見た青空には、不思議なものが生まれていた。キラリ、キラリ、遠くなる光の点（イ）。そのあとに、＊せんに見た父ちゃんのたばこのけむりのような、白い筋がスルスルと生まれていた。

さざ波のあとのようにいく筋か、空の果てに並んでいるのもあった。

「＊B29（ビー）……。」

小声で母ちゃんが言う。

ノリオは空の不思議な雲と、頭きんの中の母ちゃんの引きしまった横顔を見比べていた。なぜかせみの声はやんでいて、川の音だけがはっきりと聞こえていた（ウ）。

＊とぎれとぎれにほえだす　とぎれとぎれに鳴るサイレンは、空襲警報（くうしゅうけいほう）の合図。

＊せんに　前に

＊B29　アメリカ軍のばくげき機。

（教育出版　ひろがる言葉　小学国語　6年（上）　いぬい　とみこ）

上の文章を読んで、答えましょう。

(一) 悲しそうな役場のサイレンとは、何を知らせるサイレンですか。(10)

(　　)

(二) ほえだすと（ア）は、どういうことですか。(15)

(　　)

(三) 穴倉とは、何のことですか。(10)

(　　)

(四) 防空ごうの中の様子を三つ書きましょう。(5×3)

(　　)

(　　)

(　　)

(五) ノリオは、穴倉の息苦しさに、どうしましたか。(10)

(　　)

(六) キラリ、キラリ、遠くなる光の点（イ）は、何ですか。(10)

(　　)

(七) B29を見ている母ちゃんの心の状態が表れている部分をぬき書きしましょう。(15)

(八) なぜかせみの声はやんでいて、川の音だけがはっきりと聞こえていた（ウ）。ことから分かる、辺りの様子を選んで○を付けましょう。(15)

(　) とてもにぎやかになっている。

(　) 静まりかえっている。

(　) 時々、さがわしくなる。

川とノリオ (5)

名前

八月六日

母ちゃんが、お米一しょう＊とかえてきたノリオの黒いゴムぐつを、川はたぷたぷ流していった。

ノリオのまっさら＊の麦わらぼうしも、川はぷかぷか流していった。ノリオの黒いパンツまで、川は流してしまったが、ア すぐにそんな物を取りもどして、ノリオのおしりにおしおきする母ちゃんが、今日は、来なかった。

イ
黒いゴムぐつは帰ってこない。
麦わらぼうしも帰ってこない。
黒いパンツも、行ったきり……

＊

ノリオは遊びつかれていた。

朝のうち、ウ ドド……ンとひびいた何かの音に、一ぺんだけじいちゃんに連れもどされたほかは、一日じゅう川の中にノリオはいた。

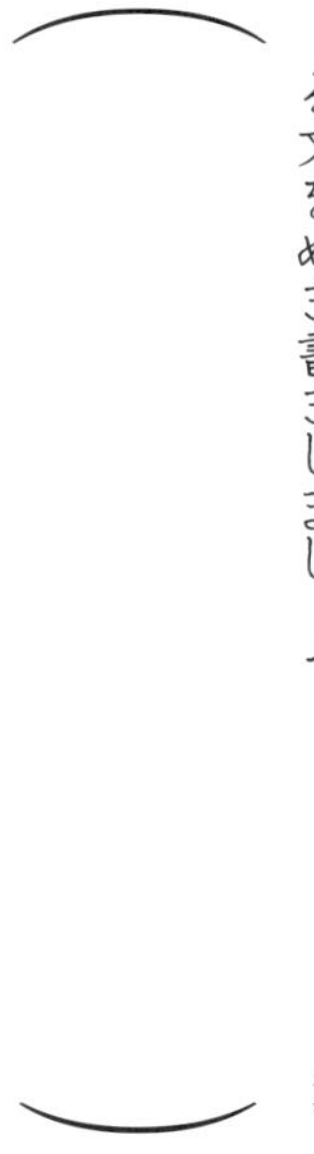

ねむたく、暗いような目の前に、赤や青の輪がぐるぐるする。

夕暮れの川はまぶしかった。

ノリオは生ぬるい水の中を、つかれはててジャブジャブわたりながら、ザアザア高まる川音の中に、ただ、母ちゃんを待っていた。

なにもかも、よくしてくれる母ちゃんのあの手。ぴしゃり、とおしりをぶつ、あったかいあの手……

＊

夜が来て、ノリオは家へ帰ったが、母ちゃんはもどってはいなかった。

エ
近所の人が、せわしく出入りする。
おそろしそうな、人々のささやきの声。

ノリオの家の母ちゃんは、この日の朝早く汽車に乗って、ヒロシマ＊へ出かけていったという。

黒いきれを垂らした＊電灯の下に、大人たちの話が続いていた。

＊一しょう　しょうは容積の単位。一しょうは約一・八リットル。
＊まっさら　新品
＊ヒロシマ　広島
＊黒いきれを垂らす　戦争中は空襲に備えて、電灯の光が外にもれないようにしていた。

（教育出版　ひろがる言葉　小学国語　6年（上）　いぬい　とみこ）

上の文章を読んで、答えましょう。

(一) ノリオは川で何をしていますか。 (15)

（　　　　）

(二) ア――から分かることを、次の中から選んで○を付けましょう。 (15)

（　）母ちゃんはいつも、川で遊ぶノリオを見守ってくれていた。
（　）母ちゃんはいそがしいので、ノリオにかまっているひまはなかった。
（　）ノリオはいつも、だれもいない所で遊んでいた。

(三) イの「帰ってこない」から、どんなことが連想できますか。 (15)

（　　　　）

(四) ウ ドド……ンとひびいたのは、何の音だったのでしょう。 (15)

（　　　　）

(五) 夕暮れの川の中にポツンと一人でいるノリオの姿が思いうかべられる部分をぬき書きしましょう。 (15)

□□□□□□□□□□□□、
□□、□□□□□□□□□□。

(六) エ――の近所の人の様子から、どんなことが分かりますか。 (10)

（　　　　）

(七) ノリオの母ちゃんが原爆で死んだことが分かる文をぬき書きしましょう。 (15)

（　　　　）

川とノリオ

(6)

名前

おぼんの夜（八月十五日）

前に死んだ、ばあちゃんの仏だんに、ア新しいぼんぢょうちんが下がっている。

じいちゃんはきせるをみがいている。ジューッと焼けるくさいやにのにおい。

ときどき、じいちゃんの横顔が、イへいけがにのように、ぎゅっとゆがむ。ごま塩のひげがかすかにゆれて、ぽっとり、ひざにウしずくが落ちる。

＊

母ちゃんのもどってこないノリオの家。

じいちゃんがノリオの雑すいをたいた。

ぼうっと明るい*くどの火の中に、げた作りのじいちゃんの節くれだった手が、ぶるぶるふるえて、まきを入れる。

ぼしゃぼしゃと白くなった、じいちゃんのかみ。

エノリオは、じいちゃんの子になった。たばこくさいじいちゃんにだかれてねた。

また秋

あらしが過ぎた。

川っぷちの雑草のしげみのかげで、こおろぎが昼間も、リリリリと鳴いた。

すすきがまた、銀色の旗をふり、父ちゃんが戦地から帰ってきた。

オ父ちゃんは小さな箱だった。

じいちゃんが、カう、うっと、きせるをかんだ。

川が、さらさらと歌っていた。

冬

こおりつくようななまり色の川。川っぷちを走る空っ風が、ひびにしみる。

電線はヒューンと泣いているが、ノリオの家のあひるっ子は、元気だぞ。

ノリオの家の白い二羽のあひるは、川の中で泳ぎの競争だ。

なまり色の中のキ生きた二点。

じいちゃんは工場へ通っている。弁当を持って、毎日、空っ風の中を。

*くど　かまど

（教育出版　ひろがる言葉　小学国語　6年（上）　いぬい　とみこ）

上の文章を読んで、答えましょう。

（一）ア新しいぼんぢょうちんは、だれのためのものでしょう。（10）

（　　　　）

（二）イ――のときの、じいちゃんの気持ちを書きましょう。（10）

（　　　　）

（三）ウしずくは何ですか。（10）

（　　　　）

（四）ノリオと二人きりになったじいちゃんの、年老いた様子が分かるところを、二つぬき書きしましょう。（10×2）

（　　　　）

（　　　　）

（五）エ――は、どういうことですか。（10）

（　　　　）

（六）オ――は、どういうことですか。（10）

（　　　　）

（七）カ――のときの、じいちゃんの気持ちを、次の中から選んで〇を付けましょう。（10）

（　）とても腹がたったので、きせるをかんだ。

（　）つらく悲しくて、言葉も出ない。

（　）とてもおどろいて思わず、う、うっと言った。

（八）キ生きた二点は、何のことですか。（10）

（　　　　）

（九）「冬」の場面で、〔例〕のように、ノリオとじいちゃんの悲しい心の様子を映し出している表現があります。二つ書き出しましょう。（5×2）

〔例〕　こおりつくようななまり色の川。

（　　　　）

（　　　　）

川とノリオ (7)

名前

＊

川っぷちにはもう青いいぬふぐりがさいて、タカオが父ちゃんと自転車で通る。

タカオは自転車の後ろで笑ってたぞ。ア大きな、たのもしそうな、タカオの父ちゃん。

ノリオは、川っぷちのかれ草の中で、もうじき来る春を待っている。

また、八月の六日が来る

さらさらとすずしいせの音をたてて、今日もまた川は流れている。川の底から拾ったびんのかけらを、じいっと目の上に当てていると、イノリオの世界はうす青かった。

ギラギラ照りつける真夏の太陽も、銀色にキラキラ光るだけ。

＊

いくたびめかのウあの日がめぐってきた。まぶしい川のまん中で、母ちゃんを一日じゅう、待ってたあの日。そしてとうとう母ちゃんが、もどってこなかった夏のあの日。

ドド……ンという遠いひびきだけは、ノリオも聞いたあの日の朝、母ちゃんはヒロシマで焼け死んだという。ノリオたちがなんにも知らないまに。

じいちゃんが、母ちゃんを探して歩いた時、暗いヒロシマの町には、死がいから出るりんの火が、いく晩も青く燃えていたという。折り重なってたおれた家々と、折り重なって死んでいる人々の群れ……。子供を探す母ちゃんと、母ちゃんを探す子供の声。

そして、ノリオの母ちゃんは、とうとう帰ってこないのだ。

エじいちゃんも、ノリオもだまっている。

年寄りすぎたじいちゃんにも、小学二年のノリオにも、何が言えよう。

（教育出版　ひろがる言葉　小学国語　6年（上）　いぬい　とみこ）

上の文章を読んで、答えましょう。

(一) ア大きな、たのもしそうな、タカオの父ちゃんを、ノリオはどんな気持ちで見ていたでしょうか。(10)

（　　　　）

(二) 八月六日は、何があった日ですか。二つ書きましょう。(10×2)

（　　　　）（　　　　）

(三) イノリオの世界はうす青かった。とは、どういうことでしょうか。(10)

（　　　　）

(四) ウあの日とは、どんな日ですか。文中から二つぬき書きしましょう。(10×2)

（　　　　）（　　　　）

(五) じいちゃんがあの日、暗いヒロシマの町で見たものを、（　）に言葉を入れて書きましょう。(6×5)

死がいから出る（　　　　）

折り重なってたおれた（　　　　）

折り重なって死んでいる（　　　　）

子供を探す（　　　　）と、

母ちゃんを探す（　　　　）の声

(六) どうしてエじいちゃんも、ノリオもだまっているですか。(10)

（　　　　）

川とノリオ (8)

名前

（教育出版　ひろがる言葉　小学国語　6年（上）　いぬい　とみこ）

＊

ア ノリオは、青いガラスのかけらを、ぽんと川の水に投げてやった。すぐにまぶしい日の光が、ノリオの世界に返ってきて、ノリオは仕事を思い出す。

じいちゃんの工場（こうば）のやぎっ子の干し草かりが、ノリオの仕事だ。

青々しげった岸辺の草に、サクッ、サクッとまた、かまを入れだすと、桜の木につないだやぎっ子が、ミエエ、ミエエとノリオを呼んだ。

母ちゃんやぎを呼ぶような、やぎっ子の声。

草いきれのひどいかり草の上で、ノリオはやぎっ子と、取っ組み合う。上になり、下になり、転げ回る。青い空を映しているやぎの目玉。

＊

白い日がさが、チカチカゆれて、子供の手を引いた女の人が、葉桜の間を遠くなった。

ザアザアと音を増す川のひびき。

イ ノリオは、かまをまた使いだす。

サクッ、サクッ、サクッ、母ちゃん帰れ。

サクッ、サクッ、サクッ、母ちゃん帰れよう。

川は、日の光を照り返しながら、いっときも休まず流れ続ける。

上の文章を読んで、答えましょう。

(一) ア「ノリオは、青いガラスのかけらを、ぽんと川の水に投げてやった」とき、ノリオは何を思っていたと思いますか。(15)

（　　　　）

(二) ノリオの仕事は何ですか。(15)

（　　　　）

(三) 上の場面は真夏ですが、季節がわかる言葉を文中から二つ書きましょう。(10×2)

（　　　　）（　　　　）

(四) なぜノリオには、やぎっ子の声が母ちゃんやぎを呼ぶような声に聞こえたのでしょうか。(15)

（　　　　）

(五) 「草いきれ」とは、何でしょうか。次の中から選んで〇を付けましょう。(10)

（　）草のいいにおい
（　）草のふんわりとしたやわらかさ
（　）草からおこる、むっとした熱気

(六) イ「サクッ、サクッ、サクッ」は、何の音ですか。(10)

（　　　　）

(七) ノリオの母ちゃんに対する思いが強く表れているところをぬき書きしましょう。(15)

（　　　　）

田中正造

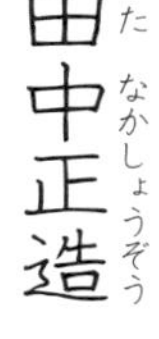

(1)

名前

2

渡良瀬川は、栃木県北西部の足尾の山々を源にして、栃木・群馬を流れ、茨城県古河市に入り、埼玉県栗橋近くで利根川に合流する。川は、長い間に、上流のよく肥えた土を運んで、沿岸の村々に自然のめぐみをあたえてきた。春は菜の花が一面に広がり、麦やいねもおどろくほど実りがよく、川沿い、ぬまべりには、林や森が続いていた。ところが、この豊かな地方の様子がしだいに変わってきた。渡良瀬川の流れは青白くにごり、おびただしい魚が、白い腹を見せて、川やぬまにうかぶ。洪水は年々激しくなり、そのたびに耕地はやせおとろえ、不作が続き、農民の暮らしはどん底に落ちこんでいく。これは銅山のためである。

足尾銅山が発見されたのは、江戸時代の初めである。明治政府ができると、今は廃坑と変わりのないこの銅山は民間にはらい下げられるが、一八七七(明治十)年、これをゆずり受け、みるみる生き返らせた人がいた。古河市兵衛である。市兵衛は、資本を使い、外国の新しい機械や数千の鉱夫をつぎこんだ。

新しい時代に入って、銅は、電線そのほか、電気機器の材料として、重要な産物であった。ヨーロッパの商社からの注文も、ぐんぐん増えていった。銅の輸出が増えることは国家の利益であるとして、明治政府は鉱山事業を助けている。このため、足尾銅山は東洋一をほこるようになり、古河市兵衛は、銅山十二、銀山八、金山一を持ち、「明治の鉱山王」といわれる大実業家となった。

足尾精錬所のえんとつは、天に向かってけむりをはき、銅の生産は増え続けた。そのかわり、周りの山林は、おしげもなく切りたおされ、見わたすかぎりの岩山に変わっていった。これは、ほり進める坑道の支えに使う坑木として、あるいは何千の労働者の宿舎や設備のために、木を切っていくからである。また、ほり出した鉱石をろで焼き、銅を取り出すときの燃料といえば、このころはまき・木炭であったためである。精錬所のはき出す有毒ガスも森林をからした。たびたび山火事も起こった。こうして、はだかの岩山は広がり、谷はすてられる廃石でうずまった。

水源地があれては、地下にしみ入った水を支えることができない。洪水が激しくなるのはこのためで、しかもそのたびに、鉱毒をふくんだ水が、渡良瀬川沿岸の村々をおおった。

(教育出版　ひろがる言葉　小学国語　6年(下)　来栖　良夫)

田中正造（たなかしょうぞう） (1)

名前

「田中正造」(1)を読んで、答えましょう。

(一) 渡良瀬川は、沿岸の村々にとってはどんな川でしたか。 (10)

（　　　）

(二) 渡良瀬川がどのように変わってきたのか、（　）に当てはまる言葉を□から選んで書きましょう。 (4×5)

渡良瀬川の流れは（　　　）、おびただしい（　　　）が、（　　　）、川やぬまにうかぶ。（　　　）は年々激しくなり、そのたびに（　　　）はやせおとろえていった。

洪水　耕地
青白くにごり
魚　死んで

(三) 渡良瀬川が(二)のように変わってきて、農民の暮らしはどうなりましたか。 (10)

（　　　）

(四) 明治時代になって、銅の輸出が増えたのは、なぜですか。 (10)

（　　　）

(五) 明治政府は、なぜ鉱山事業を助けたのですか。 (10)

（　　　）

(六) 銅山の周りの山林の木は、切りたおされて何に使われたのか、[例]にならって、あと二つ書きましょう。 (10×2)

[例] 労働者の宿舎や設備を作る材木。

（　　　）

（　　　）

(七) 森林をからしたのは、何ですか。 (10)

（　　　）

(八) 洪水の原因は何ですか。次の中から選んで○をしましょう。 (10)

（　）台風や大雨が続いた。　（　）山林を切ったりからしたりして、水源地があれた。

（　）川はばがせまく、流れが急なため、少しの水でもすぐはんらんする。

田中正造

(2)

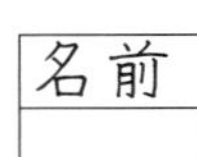

名前

4

一八九八(明治三十一)年九月、この時も、渡良瀬川の毒水が沿岸一帯をひたした。すでに草かり場さえ、不毛の地と変わっている。くわも、竹も、立ち木もかれていく。貧しい親は、子供を小学校へ通わすこともできなくなった。

「いっそ村をすてて、北海道へでも移住しようか。それとも、田中さんに助けてもらえるだろうか。」

「こうなったら、なんとしても東京の政府へうったえよう。」

と、みの、すげがさの農民たちは、群馬県渡瀬村の雲龍寺へ集まってきた。

この寺は、栃木・群馬・埼玉・茨城四県連合の鉱業停止請願事務所になっていた。九月二十六日の朝早く、およそ一万の農民が、南へ向かって動きだした。これは三回めの上京請願で、被害地の人たちは「おし出し」といったが、そのおし出しも、たいていは、とちゅうで憲兵や警官に追い散らされ、人数を減らしてしまうのがふつうだった。今度も野宿を重ね、埼玉県をこえ、東京府下淵江村*へ入った時は、二千四、五百人になっている。

このころ、かぜぎみの田中正造は、東京の旅館で横になっていたが、続けざまに入る電報を見て、人力車をやとい、夜道もかまわず走らせた。二十八日のしら明けのころ、淵江村へ入ると、騎馬憲兵隊が、ひづめの音をひびかせながらすれちがっていった。おし出しの農民たちは、正造を見かけると、声をあげて群がってきた。

「待ってくれ。このまま東京へおし出せば、けが人も出よう。みなさん、ここは田中正造にお任せいただけぬか。」

正造は、手をふってさけんだ。

「みなさんに代わって、私が必ず鉱毒のありさまを政府に伝えましょう。政府がなお対策をおこたるようなことがあれば、国会で追きゅうするだけでなく、私はみなさんといっしょに行動する。二度とはおとどめしない。」

「田中さん、私たちは、死ぬかくごで村を出てきたのですぞ。」

「わかっている。その命をしばらく正造に預けてくださらんか。今日のところは、代表を残して、おひきとりいただきたい。」

すわりこんだ農民たちも、立ちはだかる憲兵や警官らも、なみだをうかべて、正造のうったえに聞き入っていた。

*淵江村　今の東京都足立区保木間。

(教育出版　ひろがる言葉　小学国語　6年(下)　来栖良夫)

田中正造（たなかしょうぞう） (2)

名前

「田中正造」(2)を読んで、答えましょう。

(一) 渡良瀬川の鉱毒をふくんだ水で、沿岸一帯はどのようになっていますか。文中の言葉四文字で答えましょう。 (10)

(二) 貧しい家の困っている様子がわかる文をぬき出して書きましょう。 (15)

（　　　）

(三) 困った農民たちは、どんな行動をとろうとしたのですか。 (10)

（　　　）

(四) 「おし出し」とは、どういうことですか。 (15)

（　　　）

(五) 「おし出し」は、たいていは、とちゅうでどうなるのですか。 (15)

（　　　）

(六) 「おし出し」を知らせる電報が届いたとき、田中正造は、どこで何をしていましたか。 (5×2)

どこで（　　　）

何を（　　　）

(七) 田中正造は「おし出し」の農民たちに、何をすると、農民に約束したのですか。 (15)

（　　　）

(八) 政府がなお対策をおこたるようなことがあれば、田中正造は何をどうすると、農民に約束したのですか。 (10)

（　　　）

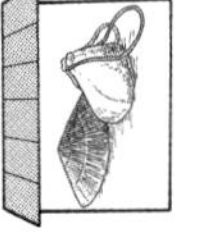

田中正造

(3)

名前	

新聞も、第三回の上京請願の模様を大きく取り上げたが、政府の対策は<u>はかばかしくなかった</u>。[ア] 被害地のある村では、幼い子供が、同じような病状で十三人も死んだ。すでに村をすてた者もある。

一九〇〇(明治三十三)年二月、田中正造が、国会で、

「鉱毒が人を殺している。しかも大臣らは、請願に出てきた者に面会も許さない。」

と、ほえるようにさけんでいる時、<u>事件</u>[イ]は利根川べりで起こった。

十二日の夜ふけ、寒風のふきさらす渡良瀬川べりの村々の寺から、かねの音がひびきわたり、雲龍寺のけいだい目がけて集まる人の数が増えた。船を積んだ大八車を引っぱる者もいる。<u>これ</u>[ウ]は、警官に橋板を引きはがされ、船をおさえられ、身動きできなくなることがたびたびあったからである。「なむあみだぶつ」と書いた旗を持った者もいる。馬にまたがった一人がさけんだ。

「おれたちは、憲法にうたわれている請願の権利を実行するまでだ。さあ進もう。」

十三日朝の出発の時に、二千五百人ほどであった一行は、一時間余りで、一万二千人にもふくれあがり、昼過ぎに、群馬県川俣の利根川のわたし場へさしかかった。この時、東京へ向かう農民を防ごうと待ち受けた警官二、三百人が、ときの声をあげておそいかかってきた。農民たちは、田畑をにげ回った。しかも、栃木県界村*の助役野口春蔵ら六十八人は、裁判所へ送りこまれた。

国会での田中正造の質問演説も、あのほえるようなさけびではなくなった。顔には、つかれの色がありありと見えた。

「関東平野のまん中を不毛の砂ばくとし、そこの人間が助けてくれと請願に出るとなぐりつけ、しかも、犯罪人だと言って引っぱっていく。人間の生きる土地をほろぼして、国家が立ち行くか。今や、日本は亡国となった。政府には、それがわからないのである。」

総理大臣山県有朋は、正造のこの質問に、次のような文書で答えた。

「あなたの質問は、少しも要領を得ない。よって、答弁しない。右のように答弁する。」

*界村　今の佐野市の一部。

(教育出版　ひろがる言葉　小学国語　6年(下)　来栖良夫)

田中正造（たなかしょうぞう）(3)

名前

「田中正造」(3)を読んで、答えましょう。

(一) アはかばかしくなかった。とはどういう意味ですか。次の中から選んで○をしましょう。(10)

（　）ばかげていない。　（　）進んでいる。　（　）効果が上がらない。

(二) 被害地のある村では、どんな被害が起こっていますか。(15)

（　　）

(三) イ事件とは、どんなことですか。(15)

（　　）

(四) イ事件は、いつ起こりましたか。(完全解答10)

（　）年（　）月（　）日

(五) ウこれは何を指していますか。(15)

（　　）

(六) 国会で田中正造が演説をしているときの様子は、イ事件の前と後で変わりました。それぞれ正造の様子がわかる所を書き出しましょう。(5×2)

（　　）

↓（事件後）

（　　）

(七) ① 総理大臣は、正造の質問にどのような形で答えましたか。(10)

（　　）

② どのような内容でしたか。(15)

（　　）

田中正造

(4)

名前

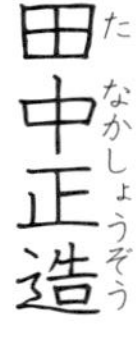

6 一九〇一(明治三十四)年十月、田中正造は、辞表を出して、国会を去った。続けて六回の選挙に当選し、十年にわたって鉱毒事件をうったえ、すでに六十才になろうとしている。

このころになると、婦人団体・宗教団体・新聞記者など、いろいろな人が、鉱毒の被害地の人たちを救う運動を盛り上げている。その十二月九日の夜、正造は、『万朝報』の記者幸徳秋水を訪ねている。

「もはや、ア私に残された道は一つである。幸徳さん、あなたはすぐれた文章家だ。私の下手な文ではおそれ多い。あなたに書いてもらいたい。」

イ「田中さん、それはいけない。やめてください。」

若い新聞記者は、おどろいて手を上げたが、正造は石のように動かない。目には、なみだが光っている。秋水も断りきれず、その夜、正造の下書きをもとにして書き上げた苦心の文章こそは、天皇への直訴状であった。直訴の罪は重く、これが江戸時代であったら死罪はまぬがれず、このころでも不敬罪に問われて、どうなることかわからない。正造は、死をかくごしたのである。

十二月十日午前十一時過ぎ、国会の開院式を済ませ、ウ皇居へお帰りになる明治天皇のお馬車が、貴族院の横合いへさしかかった時だった。黒のもん服、はかま、たびはだしの老人が、

「お願いがございます。」

とさけびながら、直訴状を右手にかかげ、お馬車を目がけて走り寄ってきた。紅白の旗のついたやりをかかげて、天皇のお馬車を守る騎兵の一人が、馬の向きを変え、やりをふるってさえぎろうとして、そのまま馬もろともどっとたおれた。老人も、重なるようにのめっていく。そこを、警官がとりおさえた。

「大変だ。田中さんが、陛下に直訴をされたぞ。」

「それで、お命は無事か。」

と、うわさはたちまち乱れ飛んだ。

明くる日、エ正造は、しょんぼりと旅館へもどってきた。政府は、正造を「正気ではない。」としてしゃく放した。つまり、直訴は失敗に終わったわけである。

しかし、この事件は日本じゅうをおどろかした。新聞は、いっせいに十日のできごとと、正造の直訴文をかかげ、鉱毒事件を伝えた。

世論はわきたち、鉱毒問題の演説会が開かれるたびに、多くの人が集まった。被害地の視察にくり出す者もいた。

明治政府も、ようやく「鉱毒調査会」を作り、足尾銅山には、

「鉱毒を取り除くように。」

と命令し、また、渡良瀬川と利根川の合流点に近い栃木県谷中村をとりつぶし、ここを遊水池に変えることにした。洪水のとき、川底の鉱毒をおし出す水をたくわえるダムがあれば、鉱毒が広がらずにすむ、というのである。

(教育出版 ひろがる言葉 小学国語 6年(下) 来栖 良夫)

田中正造（たなかしょうぞう）

(4)

名前

「田中正造」(4)を読んで、答えましょう。

(一) このころになると、鉱毒の被害地の人たちを救う運動は、どのようになってきましたか。(10)

（　　　　）

(二) ア私に残された道は一つとありますが、どんなことですか。(10)

（　　　　）

(三) 幸徳秋水は、なぜイ「田中さん、それはいけない。やめてください。」と言ったのですか。(15)

（　　　　）

(四) 幸徳秋水が正造のたのみを断りきれなかったのは、どうしてですか。次の中から選んで○をしましょう。(15)

（　）すぐれた文章家だと言われ、たよりにされているから。

（　）自分も正造の考えに賛成だから。

（　）死をかくごしている正造のかたい決意がわかったから。

(五) ウ黒のもん服、はかま、たびはだしの老人は、だれですか。(10)

（　　　　）

(六) なぜ、エ正造は、しょんぼりと旅館へもどってきたのですか。(10)

（　　　　）

(七) 正造の直訴は、その後の鉱毒事件にどのようにえいきょうしましたか。（　）に当てはまる言葉を［　］から選んで書きましょう。(5×6)

新聞が、いっせいに（　　　　）をのせ、（　　　　）をとり上げて伝えた。

鉱毒問題の（　　　　）には、多くの人が集まり、（　　　　）の視察にくり出す者もいた。

（　　　　）も、ようやく「鉱毒調査会」を作り、足尾銅山に、「（　　　　）を取り除くように。」と命令した。

演説会	鉱毒	直訴文	鉱毒事件	被害地	明治政府

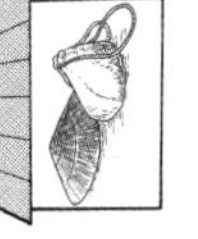

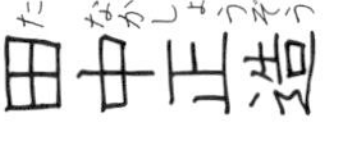

田中正造

(5)

名前

7

もともと谷中村は、豊かな水田の広がった所だったが、村を囲む堤防もくずれていた。栃木県は何もしてくれない。それどころか、村の人や田中正造らが修理に取りかかると、法律違反だといって、人夫を連れた役人がのりこんで、つきくずしていく。これは、早くあきらめて、田畑や屋しきを始末して出てゆけということである。

「谷中村をとりつぶしたところで、足尾銅山に完全な設備をしないかぎり、鉱毒事件は終わらない。」

と、正造は、東京や被害地をかけ回り、裁判を起こしたりして、谷中村の立て直しをはかろうとしたが、思うに任せなかった。

「国会議員をやめてからは、田中さんも落ちぶれたものだ。」

と、かげ口をたたく者もいた。

谷中村の人たちも、思い思いに立ちのいた。戸数四五〇戸の村も、一九〇七(明治四十)年には、わずか十六戸と、ここに移り住んで村人と生死をともにし正義をつらぬこうという「下野の百しょう」だけになった。栃木県では、法律の名で、残る十六戸もとりつぶした。それでもこの人たちは、仮小屋を造って住みつき、村をはなれようとはしなかった。

被害地の視察に出たおれた正造が、栃木県吾妻村のある農家へ運びこまれたのは、一九一三(大正二)年の八月二日である。

「山や川を元に回復することができれば、正造は死なぬ。それができなければ、正造は山や川とともにほろびる。私を気づかう前に、人の住める土地を取りもどしてくれ。」

かけつけた農民たちに語る七十一才の正造の体は、あせにまみれた。

やがて九月四日、正造の死を知らせる雲龍寺のかねがひびいていった。正造の残していったものは、すげがさ一つ、ずだぶくろ一個である。ふくろには、『新約聖書』一冊と、日記三冊、それに鼻紙が少し入っていた。

田中正造のなきがらは、数万の農民に見送られて、土へもどっていった。

(教育出版　ひろがる言葉　小学国語　6年(下)　来栖　良夫)

田中正造(たなかしょうぞう) (5)

名前

「田中正造」(5)を読んで、答えましょう。

(一) 栃木県は、谷中村をとりつぶし、遊水池を作るために、谷中村の人々をどうしたかったのですか。

（　　　）(15)

(二) 村の人や田中正造らは、何の修理に取りかかりましたか。

（　　　）(10)

(三) 村の人や田中正造らが(二)の修理に取りかかるのに対して、栃木県はどんな行動をとりましたか。

（　　　）(15)

(四) 正造は、鉱毒事件を終わらせるためには、どうすることが必要だと考えたのですか。

（　　　）(15)

(五) 谷中村から立ちのかず、最後まで残ったのは、どんな人たちですか。

（　　　）(15)

(六) 十六戸の農家に対し、栃木県はどうしましたか。

（　　　）(10)

(七) 田中正造について、当てはまるものには○、当てはまらないものには×をしましょう。(5×4)

（　）谷中村のたてなおしに力をつくしたが、思うようにいかなかった。

（　）たおれるまで被害地の視察などにかけまわっていた。

（　）田中正造の生活は、それほど貧しくはなく、豊かなほうであった。

（　）田中正造のなきがらは、数人の農民に見送られて、さびしく土へもどっていった。

ボランティアしあおうよ (1)

名前

　わたしは、生まれた時から脳性まひという障害で、自分の力でできることがとても限られている。この文章も、ワープロに顔を近づけ、鼻の先で一つ一つのキーをたたいて書いている。手が思うように動かせないからだ。わたしが毎日をちゃんと生きていくには、車いすをおしてくれたり、食事を食べさせてくれたり、着がえを手伝ってくれたりする人が必要になる。そのため、小さいころから、ボランティアと呼ばれる人たちとの出会いが多かった。

　養護学校の高等部を卒業し、親もとをはなれて大学のりょう生活を始めてからは、まさに、毎日の生活がボランティアの手で支えられていたんだ。

　入学したばかりのころは、周りに知っている人がだれもいなくて、食事へ行くにしろ、おふろへ行くにしろ、初対面の人に、

「すみませんけど、手伝ってもらえますか。」

と、声をかけた。

　声をかけられた人のほとんどは、障害をもつ人間と接するのは初めてだったので、聞き取りにくいわたしの言葉はなかなか伝わらなかった。でも、身ぶり手ぶりを交えて、やってほしいことを説明していると、言っている意味がわかるまで何度でも聞き返して、手を貸してくれた。

　ボランティアの基本は、目の前の人やそれまで知らなかった人とかかわって、応えんしたり手助けしたりすることだと思う。

　わたしも一人きりでは、いろいろなことが思うようにできずに困ってしまう。でも、手助けしてくれる人がいれば、車いすで行きたい所へ出かけられ、食べたいものが食べられる。

　手助けを必要としているわたしのような人の、「自分はこうしたい。」という声にこたえ、力やちえを貸してくれる人は、この文章を読んでいるみんなの中にも大勢いるにちがいない。それは、困っている人を助けたい、周りの人を喜ばせたいという人間らしさの現れだ。

（教育出版　ひろがる言葉　小学国語　6年(下)　松兼　功）

上の文章を読んで、答えましょう。

(一)「わたし」は、どんな障害をもっているのですか。(10)

(　　　　　　　　)

(二)「わたし」が、小さいころから、ボランティアとの出会いが多かったのは、どうしてですか。(15)

(　　　　　　　　)

(三)大学生活を始めたころ、食事やおふろなどに行くとき、どうしましたか。(15)

(　　　　　　　　)

(四)声をかけられた人のほとんどは、どうしてくれましたか。(15)

(　　　　　　　　)

(五)ボランティアの基本は、何だと述べていますか。文中からぬき書きしましょう。(15)

(　　　　　　　　)

(六)文中からわかる「わたし」の行動を二つ選んで、○を付けましょう。(15×2)

(　)鼻の先でワープロのキーをたたいて文章を書く。

(　)車いすから立ち上がって歩く練習をしている。

(　)ボランティアにたよらず、できるだけ何でも自分でしようとする。

(　)身ぶり手ぶりを交えて、やってほしいことを何度も説明する。

ボランティアしあおうよ (2)

名前

　ただ、最初はボランティアをする側もされる側も、どうすればいいのかわからずにとまどったり、ちゃんとやってもらえるのか不安だったりするはずだ。そんなとまどいや不安に向き合って、おたがいをわかり合おうとすることが、ボランティアのスタートラインなんだ。

　だけど、相手からたのまれる「こうしてほしい。」を待っているだけでは、すてきなボランティアにはなれないだろう。

　ホームに続く駅の階段の下で、辺りを見回しているわたしに、

「お手伝いしましょうか。」

と、向こうから声をかけてきた人がいた。わたし一人ではホームまで行けないと思い、立ち止まってくれたんだ。車いすで暮らしていると、行きづらい所がまだまだたくさんあるけれど、ア そんなすてきな人に出会うたびに、本当に心強くなる。

　「ボランティア」という言葉は英語だが、もとを正せば「自由意志」を意味するラテン語だ。日本では、長い間、まちがって「奉仕（ほうし）」と訳されてきたけれど、この語源からもわかるとおり、心のアンテナをのばして、どうすれば相手が喜んでくれるか、その場の情況（きょう）を少しでもいい方向へもっていけるかを、自分からすすんで考えることが大切なんだ。災害にあって困っている人を助けたり、いろいろな大会やもよおしなどを自主的に運営したりすることも、みんな同じことだ。

（教育出版　ひろがる言葉　小学国語　６年(下)　松兼（まつかね）　功（いさお））

上の文章を読んで、答えましょう。

(一) ボランティアをする側とされる側のそれぞれに、最初はどんなとまどいや不安がありますか。（10×2）

ボランティアをする側（　　　）

ボランティアをされる側（　　　）

(二) 何が、「ボランティアのスタートライン」になるのでしょうか。（10）

（　　　）

(三) ア そんなは、何を指していますか。（10）

（　　　）

(四) 「すてきなボランティア」をする人とは、どんな人でしょうか。（　）に当てはまる言葉を、［　］から選んで書きましょう。（8×5）

（　　　）からたのまれることを（　　　）だけではなく、（　　　）をのばして どうすれば相手が（　　　）くれるか、自分から（　　　）ことができる人。

［喜んで・心のアンテナ・待っている　いい方向・すすんで考える・相手］

(五) 「ボランティア」という言葉について、次の問いに、答えましょう。（10×2）

① 日本では、長い間、まちがって、何と訳されてきましたか。

（　　　）

② もとを正せば、どんな意味ですか。

（　　　）

ボランティアしあおうよ (3)

名前

ある日、わたしの親しくしているO君というボランティアが、「転職のことで相談にのってほしい。」と言ってきた。そこで、お店で食事をしながらO君の話を聞くことにした。

席に着くと、O君はいつものように、はしでわたしに食べさせ始めた。とちゅうでわたしがトイレに行きたくなると、O君はトイレの前で車いすからわたしをだきかかえ、中へ入ってくれた。わたしも食事の間に、O君の仕事に対する迷いや希望を聞き、自分なりの意見を言っていた。

わたしたちの横を通りかかった女性の店員さんは、O君に、

「あなた、よくやってあげてえらいわね。」

と笑いかけた。

すると、O君は苦笑いしながら、

「いや、ちがうんですよ。ぼくがボランティアしているんじゃなくて、ア ぼくのほうがボランティアされているんです。」

と答えた。

O君は体に障害があるわたしに手を貸し、わたしは仕事のことでなやんでいるO君の気持ちを少しでもやわらげようとしていた。つまり、O君とわたしは、おたがいのできることでボランティアしあっていたんだ。

ボランティアとは、決して一方的にあたえるものではない。するほうとされるほうが、おたがいのやさしさ、情熱、ちえのキャッチボールを続けていくことなんだ。

そうしてボランティアしている中で、ボランティアしている人自身に喜びや生きがいも生まれてくるし、一人一人がすてきな人間に成長していくのだと思う。

（教育出版　ひろがる言葉　小学国語　6年(下)　松兼　功）

上の文章を読んで、答えましょう。

(一) O君は、わたしに何の相談をしたのですか。(15)

（　　　　）

(二) O君は、お店の中で、わたしにどんなことをしてくれましたか。二つ書きましょう。(10×2)

（　　　　）

（　　　　）

(三) わたしはO君に、どんなことをしてあげましたか。(15)

（　　　　）

(四) ア ぼくのほうがボランティアされているんです。とは、どういうことですか。(15)

（　　　　）

(五) ボランティアとは、どんなものだと述べられていますか。次の中から選んで○を付けましょう。(15)

（　）一方的に相手の世話をしてあげることで、自分にも何かをしてもらおうと思ってはいけない。

（　）一方的にあたえるものではなく、するほうとされるほうが、おたがいのやさしさ、情熱、ちえのキャッチボールを続けていくこと。

（　）世話をしてあげるのだから、それに対する報しゅう(お金)はきちんと要求すればよい。

(六) ボランティアをしている中で、その人はどうなっていくと述べられていますか。二つ書きましょう。(10×2)

（　　　　）

（　　　　）

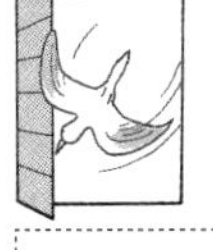

あの坂をのぼれば (1)

名前

―あの坂をのぼれば、海が見える。

少年は、朝から歩いていた。*草いきれがむっと立ちこめる山道である。顔も背すじもあせにまみれ、休まず歩く息づかいがあらい。

―あの坂をのぼれば、海が見える。

アそれは、幼いころ、*そいねの祖母から、いつも子守歌(こもりうた)のように聞かされたことだった。うちのうらの、あの山を一つこえれば、海が見えるんだよ、と。

その、山一つ、という言葉を、少年は正直にそのまま受け止めていたのだが、それはどうやら、しごく大ざっぱな言葉のあやだったらしい。現に、今こうして、とうげを二つ三つとこえても、まだ海は見えてこないのだから。

それでも少年は、*じゅ文のように心に唱えて、のぼってゆく。

―あの坂をのぼれば、海が見える。

のぼり切るまで、あと数歩。半ばかけだすようにして、少年はそのいただきに立つ。

しかし、見下ろす行く手は、またも波のように、下ってのぼって、その先の見えない、長い長い山道だった。

少年は、がくがくする足をふみしめて、もう一度気力をふるい起こす。

―あの坂をのぼれば、海が見える。

少年は、今、どうしても海を見たいのだった。細かく言えばきりもないが、やりたくてやれないことの数々の重荷が背に積もり積もったとき、少年は、磁石が北を指すように、真っすぐに海を思ったのである。自分の足で、海を見てこよう。山ひとつこえたら、本当に海があるのを確かめてこよう、と。

―あの坂をのぼれば、海が見える。

しかし、まだ海は見えなかった。はうようにしてのぼってきたこの坂の行く手も、やはり今までと同じ、果てしないのぼり下りのくり返しだったのである。

*草いきれ　日差しを受けた草原から発する、むっとするような熱気。
*そいね　寄りそってねること。
*じゅ文　まじないの言葉。

(学校図書　みんなと学ぶ小学校国語　6年(上)　杉(すぎ)　みき子)

上の文章を読んで、答えましょう。

(一) アそれは、どんなことですか。文中からぬき書きしましょう。(15)

□□□□□□□□、
□□□□□。

(二) 「あの坂」は、どこにあると聞かされていたのですか。(10)

(　　　　　　　　)

(三) 少年は、祖母のお話をどのように受けとめていたのでしょうか。次の中から選んで〇を付けましょう。(15)

(　) 山を一つだけこえれば、本当に海が見える。
(　) 海が見えるかどうか、はっきりわからない。
(　) 海が見えるなんて全く信じられない。

(四) 山一つこえたら、海は見えたでしょうか。(15)

(　　　　　　　　)

(五) 山一つこえたあと、少年はどうしましたか。次の中から選んで〇を付けましょう。(15)

(　) 山一つこえたのだから、そこでひき返した。
(　) とうげを三つこえたところで、先へ行くのをやめた。
(　) 海を見ようと歩き続けた。

(六) 少年が苦労して山道をのぼっている様子が分かるところを、三つぬき書きしましょう。(10×3)

(　　　　　　　　)
(　　　　　　　　)
(　　　　　　　　)

あの坂をのぼれば (2)

名前

もう、やめよう。

急に、道ばたにすわりこんで、少年は*うめくようにそう思った。こんなにつらい思いをして、坂をのぼったりおりたりして、いったい何の得があるのか。この先、山をいくつこえたところで、本当に海へ出られるのかどうか、分かったものじゃない……。

額ににじみ出るあせをそのままに、草の上にすわって、通りぬける山風にふかれていると、何もかも、どうでもよくなってくる。じわじわと、疲労がむねにつき上げてきた。

日はしだいに高くなる。これから帰る道のりの長さを思って、重いため息をついたとき、少年は、ふと、ア生き物の声を耳にしたと思った。

声は、上から来る。ふりあおぐと、すぐ頭上を、光が走った。つばさの長い、真っ白い大きな鳥が一羽、ゆっくりと羽ばたいて、先導するように次のとうげをこえてゆく。

──あれは、海鳥だ！

少年はとっさに立ち上がった。海鳥がいる。海が近いのにちがいない。そういえば、あの坂の上の空の色は、確かに海へと続く*あさぎ色だ。

今度こそ、海に着けるのか。

それでも、ややためらって、行く手を*見はるかす少年の目の前を、ちょうのようにひらひらと、白い物がまい落ちる。手のひらをすぼめて受け止めると、それは、雪のようなひとひらの羽毛だった。

──あの鳥の、おくり物だ。

ただ一片の羽根だけれど、イそれはたちまち少年の心に、白い大きなつばさとなって羽ばたいた。

──あの坂をのぼれば、海が見える。

少年はもう一度、力をこめてつぶやく。

しかし、そうでなくともよかった。今はたとえ、この後三つの坂、四つの坂をこえることになろうとも、必ず海に行き着くことができる、行き着いてみせる。

白い小さな羽根を手のひらにしっかりとくるんで、ゆっくりと坂をのぼってゆく少年の耳に

──あるいは心のおくにか──

かすかな*しおざいのひびきが聞こえ始めていた。

*うめく　苦しくて、低い声をもらす。
*あさぎ色　緑がかったうすい水色。
*見はるかす　ずっと遠くの方まで見わたす。
*しおざい　海の水が満ちてくるときに起こる波の音。

（学校図書　みんなと学ぶ小学校国語　6年（上）　杉みき子）

上の文章を読んで、答えましょう。

(一) 少年が「もうやめよう」と思ったのは、どう考えたからですか。二つ書きましょう。(10×2)

（　　　　）

（　　　　）

(二) 草の上にすわった少年は、どんな気持ちになっていますか。次の中から選んで○を付けましょう。(15)

（　）ひと休みしたら、また先へ行こう。

（　）つかれてきて、もうどうでもよい。

（　）このまま、ここでいつまでも休んでいよう。

(三) この場面は、一日のうちのいつですか。次の中から選んで○を付け、また、それがわかる所を文中からぬき書きしましょう。(10×2)

（　）朝早く　（　）昼前　（　）夕方

(四) ア生き物は何だったのですか。(15)

（　　　　）

(五) ア生き物を見て、少年はどう思いましたか。(15)

（　　　　）

(六) イそれはたちまち少年の心に、白い大きなつばさとなって羽ばたいた。とは、どういうことでしょうか。(15)

（　　　　）

夢に向かって —モンゴメリー伝記— (1)

名前

　学校にいる間も、教員として働き始めてからも、かの女は自分の作品を雑誌社に投こうし続けていましたが、その多くはあっけなく返送されてしまいました。しかし、モードはあきらめませんでした。ア それはかん単にあきらめられるような夢ではなかったのです。

　そして、そんなモードが、とうとう自分の書いた原こうに対する報しゅうを受け取る日がやって来ました。ある週の月曜日に、子ども向けの雑誌社から、モードの原こうを採用し、原こう料を支はらうという通知がとどきました。同じ週の水曜日には新聞社から、土曜日にはまた別の、一流と評価されている雑誌社から、うれしい知らせが続きました。この成果にとても興奮したモードは、初めて手にした原こう料で好きな詩人の詩集を五冊買い、町の写真店で記念写真をとりました。

　周囲にも評判が広がり、中にはわかいかの女の成功をうらやむ人も出てきました。しかし、モードはこう思っていました。

《一つの成功のかげにどれだけの落胆があるかということを人は知らない。成功だけを見て、すべてが思いのままになっていると考えてしまうのだ。》

　モードは、その後も自分の詩や短編が新聞や雑誌にけいさいされるたびに大喜びしましたが、書き続けるのはかん単なことではありませんでした。

　ベルモントという町にふ任した時、モードは農家に下宿しましたが、教師としていそがしい毎日を送っていたモードが作品を書くためについやせる時間は限られていました。朝の六時に起き、いちばん厚手のコートを着こんでブーツをはき、手ぶくろをはめて机に向かいました。出勤前の一時間、マイナス三十度近い寒さの中で作品を書き続けたのです。モードが過こくな状きょうでけん命に努力していたことなど、人々はイ つゆほども知りませんでした。そのころに採用されたものは、モードがそうして生み出した作品のほんの一部にしか過ぎなかったのです。


上の文章を読んで、答えましょう。

(一) ア それは、どんな夢だったのでしょうか。次の中から選んで○を付けましょう。 ⑩

（　）教員として一生けんめい働いて成功する。

（　）たくさんの報しゅうを受け取る。

（　）自分の作品が雑誌や新聞にけいさいされる。

(二) モードの原稿を採用したところを、早い順に三つ書きましょう。 (5×3)

① （　　　　）
② （　　　　）
③ （　　　　）

(三) モードは初めての原こう料を何に使いましたか。二つ書きましょう。 (15×2)

（　　　　）

（　　　　）

(四) 教師としていそがしいモードは、どのようにして作品を書きましたか。（　）に当てはまる言葉を入れましょう。 (5×6)

朝の（　　）に起き、厚手の（　　）を着こんで（　　）をはき、（　　）をはめて、（　　）近い寒さの中で、（　　）の一時間に作品を書いた。

(五) イ つゆほども知りませんとは、どういうことでしょうか。次の中から選んで○を付けましょう。 ⑮

（　）全く知らなかった。

（　）ほんの少ししか知らなかった。

（　）知らないことは何もなかった。

夢に向かって ―モンゴメリー伝記― (2)

名前

モードは、以前から物語の筋書きや登場人物などを思いついたときにメモをするノートを作っていました。ある日、短編小説を書くつもりでそのノートをパラパラとめくり、数年前に書いたメモを見つけました。

㋐《年配の夫婦が孤児院に男の子を申しこむ。ところが手ちがいで女の子が連れて来られる。》

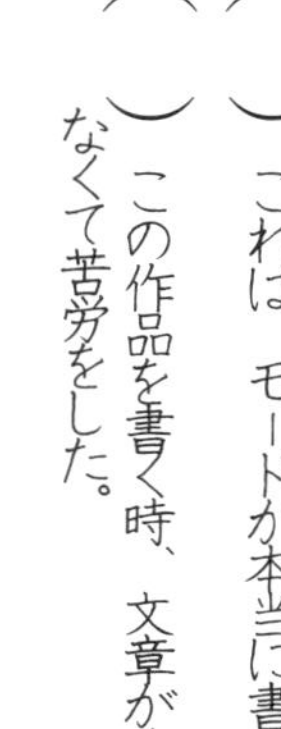

モードはこのメモから一人のヒロイン*をイメージ*しました。それは最初から生命を持っているかのように生き生きとしたイメージでした。このメモから生まれた少女が、あの有名な少女アンです。

アンは、当時の物語によく出てくる模はん的な「良い子」ではなく、大人がしかめつらをするような「生身の女の子」です。そして、そのすがたはモードの子ども時代とどこか似ていました。モードはこのみ力的なヒロインの命を短い連さいでちぢませてはいけない、と思いました。いよいよ初めての長編小説に挑戦するときが来たのです。

一九〇四年の晩春、雨上がりの窓辺のテーブルについて、モードはアンの物語に取りかかりました。夕日が真っ白なページにやさしい光を投げかけていました。これまでとちがい、文章はすらすらと、ごく自然にわいてきました。子ども時代のエピソード*や、キャベンディッシュの風景を散りばめて、モードは新しい世界を作り上げました。それは編集者を喜ばすための作品ではなく、モード自身が本当に書きたかった物語でした。

一九〇八年、ついに『赤毛のアン』はL・Cページ社から刊行されることになりました。そしてそれは書店にならぶと、またたく間にベストセラー*となりました。子どもから大人の男性まで、世界じゅうのさまざまな読者からモードのもとにファンレターがとどきました。アンと、そしてモードの夢が世界じゅうの人々に受け入れられたのです。この時モードは三十四才、プリンス＝エドワード島には初夏のさわやかな風がふいていました。

*ヒロイン　小説などの女性の主人公。
*イメージ　頭の中に思いうかべるすがたや様子。
*エピソード　人や物事についての、あまり知られていない話。
*ベストセラー　ある期間に、いちばんよく売れた本など。

（学校図書　みんなと学ぶ小学校国語　六年（上））

上の文章を読んで、答えましょう。

(一) モードはノートに、どんなことをメモしていましたか。二つ書きましょう。(10×2)

（　　　）（　　　）

(二) ㋐のメモから生まれた作品の名前を、五文字で書きましょう。(10)

『□□□□□』

(三) (二)の作品について、次の問いに答えましょう。

① 主人公はどんな少女だったのか、二つ書きましょう。(10×2)

（　　　）
（　　　）

② モードが、この物語を書き始めたのは、何才ごろのことですか。(10)

（　　　）

③ 何年に刊行されましたか。(10)

（　　　）

④ 書き始めてから刊行されるまで、何年かかりましたか。(10)

（　　　）

(四) 「赤毛のアン」について当てはまるものを、次の中から二つ選んで○を付けましょう。(10×2)

（　）これは編集者を喜ばすための作品だった。
（　）この作品はすぐにベストセラーになった。
（　）これは、モードが本当に書きたかった物語だ。
（　）この作品を書く時、文章がすらすらと出てこなくて苦労をした。

山へ行く牛

(1)

名前

「今年だけは、おけちゃんをかんにんしたって ほしいねんけど(ほしいんだけど)。」

おけちゃんというのは、母牛に付けたニックネームだった。母牛は、空腹になると、空のかいば*おけをコトコト鳴らしてさいそくすることを知っていた。ほうっておくとおけがこわれてしまうので、人がかけつけていくと、牛は、おけを帽子のようにかぶって、ンモウと鳴いた。

そのことから、いつの間にか、母牛は「おけかぶり」と呼ばれていた。

じいさんの目がア三角になった。

イ「なんでや。」

「おけちゃんは、去年山から帰ってきて、じきにちびを産んだんやで。それから田植えや。やせてしりの骨がとんがるほど働いて、また山行きやもん、休む時があれへんやないか(ないじゃないか)。」

「――」

ウ「好きで行くのやないよってに。」

じいさんはだまっていた。

島子の父が戦争に行ったのは、ちょうど去年の今ごろだった。駅まで見送りに行った時、父は初めてぐちをこぼした。

エ「好きで行くのやない。大きな声で言えんが、この年になって、子供を置いていくのは、つらいわ。」

島子は、母のもんぺ*にしがみつきながら、その言葉をはっきりと聞いた。じいさんもそばにいた。

「なんぼう(いくら)牛でも、親子が別れ別れになるのやで。今年の冬だけは、うちに置いてやって。たのむわ、じいちゃん。」

「山へ行くのが、牛の仕事や。」

芳太郎じいさんは、再び指を動かし始めた。

「働くのが仕事じゃ。それに、こっちはいやでも、山では、北村はんの家族があてにして待っとる。今は非常時や。戦争には勝たんならん。おけのやつは、うちの牛であっても、北村はんのものでもある。いや、日本の牛でもあるのやで。えか島子。」

なんだかはぐらかされたような気がしたが、島子はだまった。戦争に勝つためというのなら、もう言葉はなかった。

*かいばおけ　牛や馬などに食べさせる草やわらなどを入れるおけ。

*もんぺ　作業をするときなどにはく、おもに女性用のズボンのようなもの。足首の所がしめてある。

(学校図書　みんなと学ぶ小学校国語　6年(下)　川村　たかし)

上の文章を読んで、答えましょう。

(一) おけちゃんという母牛のニックネームは、どうしてついたのですか。(15)

(　　　)

(二) ア目が三角とは、どんな目ですか。次の中から選んで〇を付けましょう。(10)

(　)やさしい目　(　)おこったような目

(　)悲しそうな目

(三) イ・ウ・エは、それぞれ、だれの言葉ですか。(5×3)

イ(　　)　ウ(　　)

エ(　　)

(四) 島子のお父さんは、今、どうしていますか。(10)

(　　　)

(五) 島子は、じいさんに何をたのんでいるのですか。(15)

(　　　)

(六) 島子が(五)のことをたのんでいる理由を、次から二つ選んで〇を付けましょう。(10×2)

(　)休む間もなく働いているから、休ませたい。

(　)山へ行くのが牛の仕事だとは思わない。

(　)空腹になると、かいばおけを鳴らすのでかわいそうだ。

(　)子どもを産んですぐだから、親子でいっしょにいさせてやりたい。

(七) 島子が最後にじいちゃんに言い返せなかったのは、どうしてですか。(15)

(　　　)

山へ行く牛

(2)

名前

返事の代わりに、島子は、自分の顔を牛の前に差し出した。けれども、母牛は、もう鼻をおしつけようとはしなかった。島子はほおずりして、
ア「さよなら。」
と言った。

両手を放して、何気なく牛の顔を見た島子は、イ思わずつきとばされたようによろめいた。牛は、目にいっぱいのなみだをためて、真っすぐに自分を見ていたのだ。気のせいではなかった。こぼれていくなみだが、赤毛の上をほろほろと伝った。目がしらの下の毛が、黒くにじんでいる。牛は泣いていた。

島子の目の前が、さあっと白くぼやけた。島子もまた、ぼろぼろとなみだをこぼした。母牛を連れてきたことを、島子は、今になって激しくくやんだ。くちびるをかみしめてもかみしめても、なみだがしたたり落ちた。

「ほな、芳太郎じいさんや、母さんによろしくな。」

北村さんの声で我に返った時、牛はもう、鼻木をとられて歩きだしていた。牛の長い行列が、とうげの道を下りていく。島子の牛は、そのしんがりになっていた。

「さあ、帰るとするか。」

辰次郎はんの声がしたが、島子はまだぼんやり立っていた。近所のおかみさんがかたをだきに来た時、島子ははじかれたように、「おけちゃん」の後を追った。

「北村のおっちゃーん。あんねえ（あのねえ）——まるまるの大根だけはやらんといてなあ。のどにつまって息でけへんのやで（できないのよ）。」

曲がりくねって下りていく牛のいちばん後ろで、北村さんが、

「おーっ、分かったぞう。」

と手を挙げるのが見えた。そして、牛がマアーッとかん高く鳴き立てるのが聞こえた。島子は、ウにぎりこぶしを作ったまま、石のように立っていたが、二度めに母牛の声が聞こえた時、自分もまた牛になっていた。

エマアーッ。

それは、ありったけの、胸の底からふき上がってくる、どうしようもない熱いさけび声だった。

（学校図書　みんなと学ぶ小学校国語　6年(下)　川村　たかし）

上の文章を読んで、答えましょう。

(一) 母牛にほおずりして、ア「さよなら。」と言った島子の気持ちを書きましょう。 (15)

(　　　　)

(二) 島子はなぜ、イ思わずつきとばされたようによろめいたのですか。 (15)

(　　　　)

(三) 島子が泣きだしたことを、「なみだ」という言葉を使わずに表現されているところがあります。その文をぬき書きしましょう。 (15)

(　　　　)

(四) この場面に出てくる人を四人書きましょう。 (5×4)

(　　)(　　)
(　　)(　　)

(五) 「しんがり」とは、どういう意味ですか。次の中から選んで○を付けましょう。 (10)

(　)いちばん前　(　)まん中　(　)いちばん後ろ

(六) ウ——から、島子のどんな心の状態がわかりますか。次の中から選んで○を付けましょう。 (15)

(　)母牛を連れてきたことをくやみ、行かせたくないという気持ちがこみあげている。
(　)悲しすぎて、声も力も出なくなって、まるで、心が石のようになっていた。
(　)もう一度だけ牛の声が聞きたくて、じっと耳をすまして待っている。

(七) エマアーッ。は、だれの声ですか。 (10)

(　　　　)

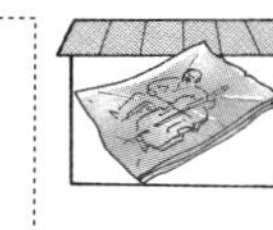

Ｏじいさんのチェロ　(一)

ゆるんでいた弓を張って、松やにをぬってから、Ｏじいさんは、大きく息を吸うと、チェロをひき始めたの。

「＊バッハだわ。」

ママが急に顔をかがやかせたわ。ちょっとむずかしい感じの曲だったけれど、力強くて、元気が出てくるタイプの音色だった。

本当にすてきなの。まるで、大きなホールのコンサートみたい。

救えんトラックさえ来ないような、取り残されちゃった町の、きたない広場の真ん中で、たった一人で演奏しているようには、ぜんぜん見えなかったわ。

「あんなことをやったら、殺されちゃうよ！」

マーヤおばさんがさけんだの。

「チェロをひいてる年寄りなんて、殺すもんですか。」

ママはそう言ったけど、わたしは(ア)そうは思わなかった。

だって、Ｏじいさんの演奏を聞くと、わたしたちは、おこってることや、こわがってることをわすれちゃうのよ。

音楽は、救えんトラックと同じように、生きる勇気をわたしたちにくれるのだもの。それを知ったら、敵はぜったい演奏をやめさせようとするはずよ。

Ｏじいさんが演奏するのは、水曜日だけじゃなかったわ。それから毎日、四時になると、Ｏじいさんがチェロを持って、広場に出てくるようになったの。

ある日、Ｏじいさんは、演奏中に足がつっちゃったの。チェロをいすに立てかけて、よたよたとかべに近寄ると、つった足を、さすってたわ。

そのとき、ババババババンって、ばく発の音がたくさん聞こえて、広場が全部、けむりで真っ黒になってしまったの。

しばらくして、けむりがなくなると、Ｏじいさんは無事だったけれど、チェロはばらばらになっちゃってたわ。

いやになっちゃう。

これから、何を楽しみに生きていけばいいの？

＊バッハ　ドイツの作曲家。（一六八五〜一七五〇年）

（大阪書籍　小学国語　6年（上）　ジェーン＝カトラー　タケカワ　ユキヒデ訳）

名前

上の文章を読んで、答えましょう。

(一)　Ｏじいさんは、だれの曲をひき始めたのですか。(10)

（　　　　）

(二)　Ｏじいさんは、どんな状きょうでチェロをひいているのでしょうか。（　）に当てはまる言葉を、［　］から選んで書き入れましょう。(5×5)

今は（　　　　）中で、この町は（　　　　）も来ない。その町の（　　　　）の真ん中で、（　　　　）四時になると演奏をしていた。

［救えんトラック・戦争・毎日・平和・取り残され・水曜日・きたない広場］

(三)　Ｏじいさんのチェロの演奏を聞いて、「わたし」には、どのように思えたのですか。(15)

（　　　　）

(四)　(ア)そうは、どういうことですか。(15)

（　　　　）

(五)　音楽は、わたしたちに何を与えてくれるものだと言っていますか。文中の五文字で答えましょう。(15)

□□□□□

(六)　広場でばく発がおこった時、Ｏじいさんが無事だったのは、どうしてですか。(10)

（　　　　）

(七)　チェロは、どうなりましたか。(10)

（　　　　）

O[オ]じいさんのチェロ (2)

名前

次の日、しわくちゃな、小さな茶色の紙ぶくろを見つけたら、ひらめいたの。それに絵をかいて、Oじいさんにあげようって。

パパの重い辞典の下に一晩(ひとばん)置いて、しわをのばしたわ。

それから、パパの葉まきの箱にたいせつにしまっておいた、もう短くなっちゃってるクレヨンの中から、気に入ったのを選んだの。そして、破かないように気をつけながら、その紙ぶくろに、コンサート用の衣しょうでチェロをひいている、Oじいさんの絵をかいたの。Oじいさんに向かって投げられているきれいな花も、もちろん、たくさんかいたわ。

かき終わると、Oじいさんの部屋までそっと行って、静かに、ドアの下からその絵を差し入れたの。そして、走って帰ったわ。

その日の四時ちょうどに、またまた、Oじいさんがいすを持ってアパートから出てきたの。みんなすごくおどろいたわ。

Oじいさんは、窓からのぞいているわたしを見ると、ア軽くおじぎをして、笑いかけてくれたの。そして、コートのポケットからイ小さい、光っているものを取り出したの。ねえ、信じられる？　それはハーモニカだったのよ。

それから毎日一時間、Oじいさんは、広場でハーモニカをふいてくれている。

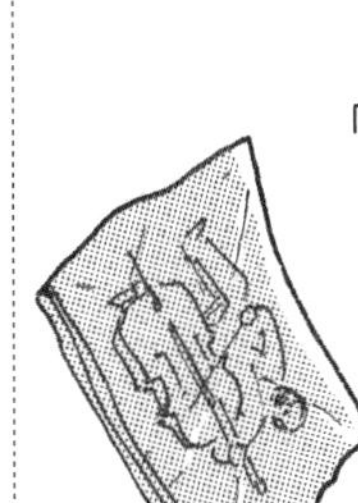

ハーモニカがかなでるメロディーは、悲しくて、やさしいの。

音は小さくて、堂々としたチェロの音とは全然ちがう。

「それでも、あれはバッハなのよ。」

ママは喜んでる。

音楽があれば、わたしたちは、がんばれるの。

そう、Oじいさんのハーモニカは、わたしたちに生きる勇気をくれるのよ。

（大阪書籍　小学国語　6年(上)　ジェーン＝カトラー／タケカワユキヒデ訳）

上の文章を読んで、答えましょう。

(一) 「わたし」はOじいさんに、どんな絵をかいてあげたのですか。 15

(　　　　)

(二) その絵は、何にかいたのですか。 15

(　　　　)

(三) 絵はOじいさんに、どのようにしてわたしましたか。次の中から選んで○を付けましょう。 15

(　) いっしょうけんめいかいたと言って手わたした。

(　) 気づかれないように、Oじいさんの部屋のドアの下から差し入れた。

(　) パパにたのんで、わたしてもらった。

(四) Oじいさんはなぜ窓からのぞいているわたしに、ア軽くおじぎをして、笑いかけてくれたのですか。 15

(　　　　)

(五) イ小さい、光っているものとは、何ですか。 10

(　　　　)

(六) Oじいさんはハーモニカで、どんな曲をふいたのですか。 10

(　　　　)

(七) ハーモニカのメロディーは、どんなメロディーですか。 10

(　　　　)

(八) Oじいさんのハーモニカは、わたしたちに何をくれたのですか。 10

(　　　　)

冬きたりなば

名前

そんなことで追い返されるわけにはいかない。博士は熱意をこめて説明した。

「冬でも使えますとも。たとえば、この電気毛布はいかがでしょう。原子力電池であたたかく過ごせます。また、冬の化粧品としては……。」

だが、住民たちはやはり手をふった。

「わたしたちの星では、冬になると、みな冬みんに入るのです。ですから、その間は、何も必要ないのです。」

「そうでしたか。地球にはそんな習慣がないため、気がつかなくて失礼しました。……しかし、春になってすぐお使いになれるよう、今お買いになっておいては、いかがでしょう。」

「じつは、そうしたい気持ちです。しかし、冬に備えて、収穫物をすべて貯蔵してしまいました。代金としておはらいするために、それをまた引っぱり出すのは、たいへんな作業なのです。」

博士はうなずき、助手と相談した。

「どうしたものだろう。良心的な住民たちのようだが。」

「信用してもいいように思えます。」

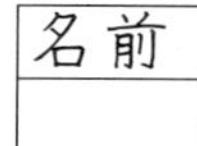

「わたしもそう思う。しょうらい性のある星だし、こんな住民のいる星はめったにない。また、品物を持ち帰るのはつまらないことだ。まさか、代金をふみたおして、星ごとにげてしまうこともできまい。」

「ええ。大戦争をやって、住民が自滅してしまうほど、まだ、ここの文明は高くないようです。」

エヌ博士は、あらためて住民たちにこう提案した。

「では、品物は今おわたししておくことにしましょう。代金については、あとでもよろしいことにいたしましょう。来年の春になったら、またまいります。その時に、この星の特産物ではらっていただければ、けっこうです。」

「それだと助かります。来年の春でしたら、かならずおはらいします。」

住民たちは喜びの声をあげ、約束をした。うそや計略のにおいは、感じられなかった。目的ははたせたようだ。これだけはっきり話がまとまれば、スポンサーたちも満足してくれるだろう。

博士は船内のすべての品物をわたした。

「では、また来年。今度は、もっとたくさん運んできますよ。」

「ぜひ、そうお願いします。わたしたちも、お待ちしています。ごきげんよう。」

住民たちの別れのあいさつに送られて軽くなった宇宙船は再び空へ、さらに大気けん外の空間へともどった。エヌ博士は、窓からふり返りながら言った。

「いい連中だったな。来年に会うのが楽しみだ。……そうだ、いちおう、あの星の軌道を計算しておいてくれ。今度おとずれる場合に、時期がずれたらこまる。早すぎて、冬みんから目覚めるのを待つのでは大変だ。」

「はい。」

助手は観測器具と取り組み、その計算をはじめた。しかし、なかなか報告をしなかった。

「どうしたのだ。複雑なのか。」

「複雑ではありませんが、ア<u>あまりいい答えではないようです。</u>着陸前に調べておくべきでした。」

「いったい、問題点はどこにあるのだ。」

「あの星の軌道は、細長いだ円軌道です。わたしたちの太陽系におけるすい星のように、これからは太陽から遠ざかる一方です。暗い極寒の中で、すべてがこおりつく状態に入ります。冬みんでもしなければ、どうにもしようがないでしょう。」

「つまり、冬が長いというわけだな。」

「そういう結論になりましょう。」

「太陽のそばにもどって、春がおとずれるまで、どのくらいかかるのだ。」

「そうですね。地球の時間にかんさんしますと、ざっと五千年ほど……。」

＊軌道　月や天体が動く、決まった道筋

＊だ円　横または縦に長い円

＊すい星　ほうき星。ガス体の尾を引いて、ほうきの形に見える。

（大阪書籍　小学国語　6年(上)　星新一）

冬きたりなば

名前

「冬きたりなば」を読んで、答えましょう。

(一) エヌ博士たちは、この星に何をしにきたのですか。 (10)

（　　　　）

(二) 住民たちが、電気毛布や冬の化粧品は不要ないと言ったのは、どうしてですか。 (15)

（　　　　）

(三) 住民が、今すぐ代金を払えないのは、どうしてですか。 (10)

（　　　　）

(四) 博士は、どんな約束で品物をわたしましたか。 (15)

（　　　　）

(五) 博士が(四)のように決めた理由について、（　）に当てはまる言葉を［　］から選んで書き入れましょう。 (5×7)

この星の住民は（　　　　）できそうだし、（　　　　）もある。

品物を（　　　　）のは、つまらないことだ。

（　　　　）をふみたおして、星ごと（　　　　）しまうことも、（　　　　）を

やって住民が（　　　　）してしまうこともないだろう。

［ 代金・収穫物・自滅・しょうらい性・良心的・大戦争・作業・にげて・文明・持ち帰る ］

(六) ア<u>あまりいい答えではないようです。</u>とは、どういうことでしょうか。 (15)

次の中から選んで○を付けましょう。

（　）この星の冬は、すべてがこおりつく状態になってしまう。

（　）この星の軌道の計算は、とても複雑で難しい。

（　）この星に来年の春がおとずれるまでは、地球時間で五千年ほどかかってしまう。

南極のペンギン (1)

名前

ビシッ、ビシッ、ビリッ、ビリッ、ビリビリビーッ。

氷の割れる音が辺りに鳴りひびく。不気味な音が絶え間なく聞こえる。その音におびえて、犬ぞりの犬たちが遠ぼえをする。

波の形のままこおったような氷が連なっている。そんな氷原が、行けども行けども続く。

犬ぞり隊のコリン隊長が、ピッケルで氷原をたたきながら前に進む。かれはこしに、三メートルくらいある長いさおを差している。クレバス(氷山の割れ目)に落ちても、このさおが支えになって、転落しないですむようにだ。

コリン隊長はしんちょうに、少しずつ前に進む。その後に、雪上車と犬ぞりが続く。ぼくは犬ぞりをおし、氷の上を歩いていた。

ここは南極大陸だ。

北極から帰って半年後、またさつえいのため南極へ行った。この旅で、ブリザードの本当のおそろしさを思い知った。

北極よりさらに厳しい寒さのため、南極に生息している生き物は、アザラシとペンギンだけだ。でも、各国の観測基地があり、ここで働いている人間はいる。ぼくらはニュージーランド政府の許可を得て、この国がもっているスコット基地の世話になった。

南極に着いてすぐサバイバル訓練を受けた。テントの張り方、食事やイグルーの作り方……。イグルーというのは、固い氷を切り出し、それを積み重ねて作る小さな穴ぐらだ。人間が一人入れる。

こうした訓練のあと、ペンギンがたくさんいる場所へさつえいに行った。蔵原監督(くらはらかんとく)と、椎塚(しいつか)カメラマンとその助手、それにぼく。ニュージーランドの犬ぞり隊の隊員四人がぼくらについてくれた。

(大阪書籍　新しい国語　6年(上)　高倉(たかくら)　健(けん))

上の文章を読んで、答えましょう。

(一) ここはどこですか。次の中から選んで、○を付けましょう。(10)

(　) 北極　(　) 南極

(　) ニュージーランド

(二) 何のために、ここへ来たのですか。(10)

(　　　　)

(三) 氷原の様子がわかる文を、二つぬき書きしましょう。(10×2)

(　　　　)

(　　　　)

(四) 南極に生息している生き物を二つ書きましょう。(10×2)

(　　)(　　)

(五) コリン隊長が、こしに三メートルぐらいの長いさおを差しているのは、どうしてですか。(10)

(　　　　)

(六) 南極について当てはまるものを、次の中から二つ選んで、○を付けましょう。(10×2)

(　) 北極よりさらに寒さが厳しい。

(　) シロクマがすんでいる。

(　) ニュージーランドだけが、観測基地を持っている。

(　) クレバスがあって、転落する危険がある。

(七) さつえいに行ったとき、「ぼく」をふくめて、何人で行動していますか。(10)

(　　　　)

南極のペンギン

(2)

名前

雪上車一台と、十六ぴきの犬が引く二組のそりで出発した。犬ぞりには、テントや兵隊用のインスタント食品を積みこんだ。

海岸沿いの氷のでこぼこ道を進んだ。雪と氷のかがやく世界をひたすら走り、夕方になるとテントを張ってその中でねる。

探検隊のような生活をして三日目、ようやく目的地の近くまでたどりついた。

でも、ここに大きな大きな氷山の割れ目があった。

ア<u>もう前には進めない。</u>

あとは、海にせまってそそり立つ氷山をこえるしかなかった。

氷山を登り、とちゅうの斜面（しゃめん）のわずかな地にテントを張った。

ぼくらが食事を作っている間、蔵原監督（くらはらかんとく）たちは、氷山をこえて、ペンギンの様子を見に行った。その監督たちがよれよれになってもどってきた。

前の年に四十万びきいたペンギンが、一ぴきもいないというのだ。

ペンギンがいなければ、往復六日かかるこのテント暮らしはまったくむだになる。とはいえ、ここで暮らすかはペンギンの勝手だから、文句の言いようがなかった。

イ<u>ぼくらはおこるかわりに大笑いした。</u>

その夜のことだった。テントでねていると、外の風が強くなってきた。そのうち、テントがゆれはじめた。

ドッ、ドッ、ドッと地面が動くような音がする。テントがたおれるかもしれない。そう思いながらまたねむってしまった。あれはねむるというより、寒さで気を失う感じだった。

どのくらいたったのか、あっと目が覚めた。ねぶくろに入った自分の体が、氷の上をごろごろ転がっている。

テントもたおれている。

ゴーゴーとうなる風と、雪がふきつけ、ちょっと先さえ何も見えない。立ち上がろうとしたが、地面にたたきつけられた。うずくまるほかなかった。

（大阪書籍　新しい国語　6年(上)　高倉（たかくら）　健（けん））

上の文章を読んで、答えましょう。

(一) 犬ぞりには、何を積みましたか。 (10)

（　　　　）

(二) 目的地へ、何を探しに行くのでしょうか。 (10)

（　　　　）

(三) ア<u>もう前には進めない</u>のは、どうしてですか。 (15)

（　　　　）

(四) 目的地に行くためには、どうしなければなりませんか。 (10)

（　　　　）

(五) 監督たちがよれよれになってもどってきたのは、どうしてですか。 (15)

（　　　　）

(六) イ<u>ぼくらがおこるかわりに大笑いした</u>のは、どうしてですか。次の中から選んで○を付けましょう。 (15)

（　）監督たちが、よれよれになってもどってきた姿がおかしかったから。

（　）苦労してきたのがむだになるが、文句の言いようがなかったから。

（　）ペンギンが勝手に暮らす場所を変えたから。

(七) 目が覚めたとき、自分の体はどうなっていましたか。 (10)

（　　　　）

(八) 風と雪がふきあれている様子が表現されている文をぬき書きしましょう。 (15)

（　　　　）

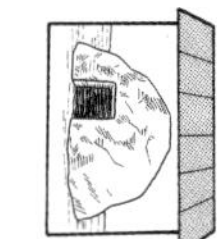

南極のペンギン

(3)

名前

南極のブリザードだ。

同じテントにねている椎塚カメラマンの名前を大声で呼んだ。すぐ横から返事が返ってきた。

「ねむっちゃだめだよっ。ねると死ぬぞっ。」

ぼくはさけんでいた。同じようなせりふを、映画の中で言ったことがあると思った。『八甲田山』のシーンだった。

雪と風はますます強くなった。ぼくのねぶくろが少しずつおされていく。その方向は昼間見た、切り立ったがけだった。あそこから落ちたら、もう命はない……。

蔵原監督たちはどうなっただろう。この雪あらしの中で、だれか死ぬかもしれない。

ア"ああ、人間って簡単に死ぬんだなあ。"

そんなことを考えていた。

椎塚カメラマンの名前を、何度も何度も大声で呼んだ。不安やねむけと戦うためだった。かれの返事が、ふきあれる風の中から、かすかに聞こえてきた。イそのたびに力づけられた。

四時間くらいして、ようやく風が弱くなってきた。とりあえず雪上車にげこんだ。ウそこに蔵原監督や隊員たちがいた。おたがいの無事をだき合って喜んだ。

雪あらしがおさまって、車が動きだした。みんなではくしゅし合った。えんえんと続く氷原を走り続けて、やっとスコット基地が小さく見えてきた。うれしかった。

スコット基地の建物にぼくらが入ったとき、急に明るい歌声がひびいた。基地の隊員全員が、歌を歌ってむかえてくれた。ぼくらの遭難が無線で伝わり、心配してくれていたのだ。みんな雪あらしのきょうふを知っているのだ。だから、エその歌声には心がこめられていた。

（大阪書籍 新しい国語 6年(上) 高倉健）

上の文章を読んで、答えましょう。

(一) ブリザードは、日本語で何と言いますか。中から言葉をさがして、四文字で答えましょう。 (10)

□□□□

(二) ぼくと同じテントでねていたのは、だれですか。 (10)

(　　　　)

(三) 風がとても強いことがよくわかる文を、一つぬき書きしましょう。 (10)

(　　　　)

(四) アは、だれがそう考えたのですか。 (10)

(　　　　)

(五) ぼくが椎塚カメラマンの名前を、何度も何度も大声で呼んだのは、なぜですか。 (10)

(　　　　)

(六) イそのたびは、どんなときですか。 (10)

(　　　　)

(七) ぼくといっしょに行動していた人たちは、ブリザードにあって、どうなりましたか。 (10)

(　　　　)

(八) スコット基地に入ったとき、歌声がひびいたのは、どうしてですか。次の中から選んで、〇を付けましょう。 (10)

(　) ちょうど、たん生祝いの会をしていた。

(　) ぼくたちの無事を喜んでくれた。

(　) 雪あらしのきょうふを歌でふき飛ばそうとしていた。

(九) ウそこ、エそのは、何を指していますか。 (10×2)

ウそこ (　　　　)

エその (　　　　)

南極のペンギン

(4)

食堂に行くと、基地のジョン隊長が自分で卵焼きを作って、ぼくらに出してくれた。[ア]これは特別なことだ。基地ではすべて、自分のことは自分でしなければならない。食事のしたくも、皿洗いも、トイレそうじも……。隊長自らその規則をやぶって、ぼくらの無事を祝ってくれた。

スコット基地の人たちが、何よりもたいせつにしているのは命だった。

数日後、ペンギンの群れを見たという情報が入った。基地から丸一日かかるその場所に、また出かけることにした。

そこには子どもを産むため、たくさんのペンギンが集まっていた。ぼくらが近づくと、顔を上げてギャッギャッとさわぎはじめた。

[イ]〝なんだ、なんだ。おかしなヤツらが来たぞ。〟

そんな鳴き方だった。

だが、ぼくらをおそれる様子はなかった。すぐに無視して、オスがメスの周りに石を積み上げはじめた。夫婦で巣作りをしているらしい。

見ているうちに、[ウ]おもしろいことに気づいた。その場に立ったまま、首だけ動かして石を積み上げるペンギンがいる。気に入った石があるまで、山坂（やまさか）をこえて探し回るペンギンもいる。石を横取りされて、けんかを始めるペンギンもいる。

まるで人間を見ているようだ。

いい加減なやつ。こだわるやつ。けんかっぱやいやつ、ひょうきんなやつ……。人間とそっくりだ。

〝命って似ているのかなあ。不思議だなあ。〟

ぼくは感心しながら、あきずにペンギンを見ていた。

（大阪書籍　新しい国語　6年(上)　高倉（たかくら）健（けん））

名前

上の文章を読んで、答えましょう。

(一) [ア]これは、どんなことですか。(15)

(　　　　)

(二) 隊長は、なぜ(一)のようにしたのですか。(15)

(　　　　)

(三) 基地には、どんな規則があったのですか。(15)

(　　　　)

(四) スコット基地の人たちが、何よりもたいせつにしているのは何ですか。(15)

(　　　　)

(五) [イ]なんだ、なんだ。おかしなヤツらが来たぞ。は、だれの言葉ですか。(10)

(　　　　)

(六) [ウ]おもしろいこととは、どういうことでしょうか。次の中から選んで○を付けましょう。(15)

(　) ペンギンが夫婦で巣作りをしている。

(　) 首だけ動かして石を積み上げるペンギンがいる。

(　) まるで人間を見ているように、いろいろなペンギンがいる。

(七) 上の言葉と、下のペンギンの行動を線で結びましょう。(5×3)

いい加減なやつ	・　・	石を横取りされて、けんかを始める。
こだわるやつ	・　・	首だけ動かして石を積み上げる。
けんかっぱやいやつ	・　・	気に入った石があるまで、山坂をこえて探し回る。

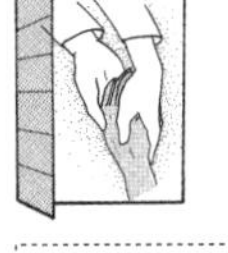

愛を運ぶ人　マザー＝テレサ（1）

名前

テレサは、一九一〇年に、現在のマケドニア*の首都であるスコピエという町に生まれました。小さな薬屋を営む両親のもとに、三人きょうだいの次女として生まれたのですが、四才のとき、父親にこんな質問をしたことがあります。

「お父さん、うちには貧しい人に効くお薬は、売っていないの。」

すると、父親はテレサにこう答えました。

「貧しい人、困っている人に効く薬はまだないんだよ。おまえが、そういうお薬を発明してくれると、うれしいね。」

そのテレサは、十二才のとき、一冊の本を読みました。それは、十二世紀のイタリアに生まれた、神に仕える修道者フランシスコについて書かれた本です。貧しい人や病気の人、特に、その当時流行したハンセン病のかん者のために、献身的に奉仕したフランシスコの文章にふれたとき、テレサは心にちかったのです。

わたしも、自分だけの楽しみや幸せのために生きるのではなく、フランシスコのように、すべての人々を愛し、神に一生をささげる生き方をしよう、と。

十八才になったテレサは、修道院に入り、インドのカルカッタにわたりました。そして、二十一才で正式の修道女になりました。その後、修道院の経営する女学校の先生となり、三十代には校長も務めることになったのです。

一九四七年、インドの独立の際、混乱の中でカルカッタは破かいされ、街には、家を失った人々や、うえた人、病気の人々が、あふれ出ました。同じ人間なのに、家族からも見捨てられ、道ばたで死んでいく貧しい人々――テレサは、この情景を見て、もうじっとしていられない気持ちにかられたのです。

三十八才で校長の仕事をやめると、テレサは、ア貧しい人々の街へと入っていきました。そして、まず、スラムの子どもたちのための学校や、孤児の家を作り始めたのです。そのテレサのもとには、十二名の修道女たちが次々にかけつけ、その仕事を手伝いました。

*マケドニア　旧ユーゴスラビアから独立した国

（大阪書籍　新しい国語　6年(下)　千葉茂樹）

上の文章を読んで、答えましょう。

（一）左のテレサについての年表の（　）に当てはまる言葉や数字を入れましょう。（5×8）

年令	ことがら
（　）才	父に「（　）に効く薬はないの」と聞いた。
十二才	（　）について書かれた本を読んだ。
（　）才	修道院に入った。
二十一才	（　）になった。
三十代	女学校の（　）になった。
（　）才	（　）の街へと入った。

（二）フランシスコは、どんなことをした人ですか。（15）

（　）

（三）テレサは、どんな生き方をしようと思ったのですか。（15）

（　）

（四）テレサがア――のようにしたきっかけは、どんな情景を見たからですか。（15）

（　）

（五）テレサは、まず、どんなことを始めましたか。（15）

（　）

愛を運ぶ人　マザー＝テレサ　(2)

名前

　わたしたち人間の本当の不幸は、貧しいことや、病気や空腹で死ぬことではない。本当に不幸なことは、貧しかったり病気だったりするために、だれからも相手にされないことだ。みんなから見捨てられて、さびしい思いに追いやられることが、いちばんつらい不幸なことだ。そうテレサは考えたのです。

　貧しい人や、病気の人、弱っている人たちに向かって、死んでいく最後の最後まで、手を差しのべることが、どんなにその人を幸せにするかしれないのです。今死にかけている人であっても、

「あなたには、もっともっと生きてほしい。あなたも、この世に望まれて生まれてきた、たいせつな人なのですよ。」

と、最後まではげましてあげること、それがたいせつなことなのです。たとえ一人でも二人でも、そうして救ってあげることがたいせつなのです。

　休けいの家に運ばれて、初めの日に死んでいったベンガル人*は、若い修道女に見守られながら死んでいきました。

「ありがとう。」（ア）

　ベンガル人は、たったそれだけを言い残すことができたのです。それでも、幸せだったといえる（イ）のではないでしょうか。なぜなら、もし道ばたで死んだとしたら、そのベンガル人の死を悲しんでくれる人は、だれもいなかったにちがいないからです。「ありがとう。」という言葉は、初めて人間としてあつかわれた貧しい人の、せいいっぱいの喜びの声だったのです。

　こうして、テレサが修道女たちと始めたこの休けい所は、いつか、「死を待つ人の家」と呼ばれるようになりました。しかし、この呼び名は、本当はちがいます。この家は、一九五二年八月に、正式に始まりました。そのとき、入り口には、「ニルマル・ヒルダイ」と書かれた看板がかけられたのです。それは、ベンガル語で「清い心の家」という意味です。

*ベンガル人　インドに住む民族の一つ。

（大阪書籍　新しい国語　6年(下)　千葉(ちば)茂樹(しげき)）

上の文章を読んで、答えましょう。

(一)　テレサは、人間にとっていちばんつらい不幸なことは、どんなことだと考えたのですか。(15)

（　　　　）

(二)　今死にかけている人に、どうしてあげることが、その人を救うことになるのですか。(15)

（　　　　）

(三)　ア「ありがとう。」は、ベンガルの人のどんな声だったと述べられていますか。(15)

（　　　　）

(四)　なぜ、イ幸せだったといえるのでしょうか。(15)

（　　　　）

(五)　テレサが始めた休けい所は、何と呼ばれるようになりましたか。(10)

（　　　　）

(六)　休けい所が(五)のように呼ばれるようになったのは、どうしてだと思いますか。(10)

（　　　　）

(七)　休けい所の看板に書かれた、正式な呼び名は何ですか。また、その意味は何ですか。(10×2)

看板の呼び名（　　　　）

意味（　　　　）

名前（　　　　　　　　　　　　　　）

 （原稿用紙（15マス×20行）141%拡大）

思考力・表現力・活用力を高め、
よりPISA型をめざした

全文読解力問題

カレーライス

（1）

名前

ぼくは悪くない。

だから、絶対に「ごめんなさい。」は言わない。言うもんか、お父さんなんかに。

「いいかげんに意地を張るのはやめなさいよ。」

お母さんはあきれ顔で言うけど、あやまる気はない。

先にあやまるのはお父さんのほうだ。

確かに、一日三十分の約束を破って、夕食が終わった後もゲームをしていたのは、よくなかった。だけど、セーブもさせないで、いきなりゲーム機のコードをぬいて電源を切っちゃうのは、いくらなんでもひどいじゃないか。

「何度言っても聞かなかったんだから、しょうがないでしょ。今夜お父さんが帰ってきたら、ちゃんとあやまりなさいよ。いいわね。」

お母さんはいつもお父さんのみかたにつく。

やあだよ、と言い返す代わりに、ぼくはそっぽを向いた。お父さんにしかられたのは、ゆうべ。丸一日たっても「ごめんなさい。」を言わなかったのは新記録だった。

「いい。今夜のうちにあやまって、仲直りしときなさいよ。あしたから『お父さんウィーク』なんだから、けんかしたままだとつまらないでしょ、ひろしだって。」

毎月半ばの一週間ほど、お母さんは仕事がいそがしくて、帰りがうんとおそくなる。その代わり、お父さんが夕食に合わせて早めに帰ってくる。それが「お父さんウィーク」だ。

「お父さん、ひろしがよくないことをしたらしかるけど、ひろしのことが大好きなのよ。分かるでしょう。今朝も『ひろしは、まだすねてるのか。』って、落ちこんでたのよ。」

ほら、そういうところがいやなんだ。ぼくはすねてるんじゃない。お父さんと口をききたくないのは、そんな子どもっぽいことじゃなくて、もっと、こう、なんていうか、もっと——。

「『特製カレーを食べれば、きげんも直るさ。』って張り切ってたから、晩ご飯の前におかし食べたりしないでよ。」

「またカレーなの。」

「文句言わないの。だったら自分で作ってみれば。学校で家庭科もやってるんでしょ。六年生になったのに、遊んでばかりで家のことちっともしないんだから、まったく、もう——。」

お母さんはいつだって、お父さんのみかただ。

それがくやしかったから、何があっても絶対にあやまるもんか、と心に決めた。

「お父さんウィーク」の初日、お父さんは、さっそく特製カレーライスを作った。

「ほら食べろ、お代わりたくさんあるぞ。」

と、ごきげんな顔で大盛りのカレーをぱくつく。

でも、お父さんは料理が下手だ。じゃがいもやにんじんの切り方はでたらめだし、しんが残っているし、何よりカレーのルウが、あまったるくてしかたない。

カレー皿に顔をつっこむようにしてスプーンを動かしていたら、お父さんが、

「まだおこってるのか。」

と、笑いながら言った。

（光村図書　国語　6年（上）創造　重松（しげまつ）清（きよし））

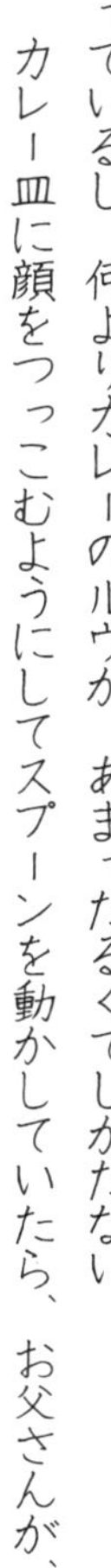

カレーライス (1)

名前

「カレーライス」(1)を読んで、答えましょう。

(一) ① この話の主人公は、だれですか。(6)

( )

② ほかに出てくる人は、だれですか。(6)

( )

(二) ① この話の内容にいちばん当てはまると思うもの一つに、○を付けましょう。(10)

( ) ぼくとお父さんがけんかして、お母さんがお父さんのみかたにつくので、はらをたてている。

( ) ぼくはお父さんにしかられたけど、絶対にあやまらない。

( ) ぼくはお父さんにしかられたので、いつあやまろうかと考えている。

② なぜ、それを選びましたか。選んだ理由を書きましょう。(10)

( )

(三) お父さんがひろしをしかったのは、なぜですか。(10)

( )

(四) ひろしが意地を張っているのは、どうしてですか。ひろしの言い分を書きましょう。(10)

( )

(五) ① 次のことがらで、「お父さんウィーク」に当てはまるものに○、そうでないものには×をしましょう。(6×3)

( ) お父さんが早めに帰ってきて、特製カレーを作って、お父さんとひろしがいっしょに食べる。

( ) お父さんが早めに帰ってきて、特製カレーを作って、ひろしが食べる。

( ) お父さんとひろしで特製カレーを作って、お父さんとひろしがいっしょに食べる。

② 「お父さんウィーク」というのは、何のことですか。(10)

( )

(六) ① ひろしは、お父さんが作ったカレーをどう思っていますか。(10)

㋐ ( ) ひろしは、お父さんが作るカレーをまずいと思っている。

㋑ ( ) ひろしは、お父さんが作るカレーを食べたくないと思っている。

② 選んだ理由を、本文の中からぬき出して書きましょう。(10)

( )

カレーライス (2)

名前

「ひろしもけっこう根気あるんだなあ。」

根気とは、ちょっとちがうと思う。どっちにしても、返事なんか、しないけど。

「この前、いきなりコードぬいちゃって、悪かったなあ。」

あっさりあやまられた。最初の予定では、これでぼくもあやまれば仲直り完了。——のはずだったけど、ぼくはだまったままだった。

「でもな、一日三十分の約束を守らなかったのは、もっと悪いよな。」

分かってる、それくらい。でも、分かってることを言われるのがいちばんいやなんだってことを、お父さんは分かってない。

「で、どうだ。学校、最近おもしろいか。」

ああ、もう、そんなのどうだっていいじゃん。言葉がもやもやとしたけむりみたいになって、むねの中にたまる。

知らん顔してカレーを食べ続けたら、お父さんもさすがにあきらめたみたいで、そこからはもう話しかけてこなかった。

「お父さんウィーク」の初日は、そんなふうに、おしゃべりすることなく終わった。

次の日の夕食も、カレー。ゆうべの残りを温め直して食べた。ふつうのカレーだと、一晩おくとこくが出ておいしくなるけど、特製カレーのあまったるさは変わらない。

「なあ、ひろし、いいかげんにきげん直せよ。しつこすぎないか。」

お父さんは、夕食のとちゅう、ちょっとこわい顔になって言った。

ぼくも本当は、もう仲直りしちゃおうかな、と思っていたところだった。でも、先手を打たれたせいで、今さらあやまれなくなった。ここであやまると、いかにもお父さんにまたしかられそうになったから——みたいで、そんなのいやだ。

「もしもうし、ひろしくうん、聞こえてますかあ。」

お父さんは手のひらをメガホンの形にして言ったけど、ぼくがだまったままなので、今度はまたおっかない顔にもどって、

「いいかげんにしろ。」

とにらんできた。

ぼくはかたをすぼめて、カレーを食べる。おいしくないのに、ぱくぱく、ぱくぱく、休まずに食べ続ける。

自分でも困ってる。なんでだろう、と思ってる。今までなら、あっさり「ごめんなさい。」が言えたのに。もっとすなおに話せてたのに。特製カレーだって、三年生のころまでは、すごくおいしかったのに。

二人でだまってお皿を片付けているとき、お父さんは、

「頭が痛いなあ。」

とつぶやいて、大きなくしゃみをした。

かぜ、ひいたんじゃないの——。

薬を飲んで、早くねたほうがいいんじゃない——。

言いたかったけど、言えなかった。

翌朝、自分の部屋から起き出したぼくと入れかわるように、お父さんは、

「悪いけど、先行くからな。」

と、朝食も食べずに家を出ていった。「お父さんウィーク」では、よくあることだ。会社から早く帰ってくる分、朝は一番乗りして、ゆうべできなかった仕事を片付けるのだ。

（光村図書　国語　6年（上）創造　重松　清）

カレーライス (1)(2)

名前

「カレーライス」(1)・(2)を読んで、答えましょう。

(一) この話の内容に当てはまるものに○、当てはまらないものには×を付けましょう。 (5×4)

(　　) お父さんがあやまったので、ぼくも仲直り完了した。

(　　) お父さんがあやまったのに、ぼくはあやまることができなかった。

(　　) お父さんがあやまらなかったので、ぼくもあやまることができなかった。

(　　) ぼくは仲直りしたかったのに、お父さんがちょっとこわい顔になったので、まだすなおにあやまれなかった。

(二) この話のはじめから(2)の終わり（お父さんが朝食も食べずに家を出ていったところ）までで、どのくらいの時間がたっていると思いますか。次の中から選んで○で囲みましょう。 (10)

一週間 ・ ほぼ一日 ・ 約五日 ・ 約三日 ・ 数時間

(三) ① 「お父さんウィーク」の初日、お父さんがぼくに、最後に話しかけた言葉を書きましょう。 (10)

(　　　　　　　　)

② その言葉を聞いて、ひろしはどうしましたか。 (10)

(　　　　　　　　)

(四) ぼくが困っていることは、どんなことですか。 (10)

(　　　　　　　　)

(五) お父さんが困っていることは、どんなことですか。 (10)

(　　　　　　　　)

(六) ① ひろしはどんな子どもだと思いますか。いちばんよく当てはまると思うものを一つだけ選んで、○で囲みましょう。 (10)

いたずら ・ あまえんぼう ・ やさしい ・ おくびょう ・ すなお ・ ごうじょう ・ つよい

② 選んだ理由を書きましょう。 (10)

(　　　　　　　　)

(七) 「なあ、ひろし。いいかげんにきげん直せよ。しつこすぎないか。」と言われて、あなたがひろしだったら、どうしますか。思ったことを書きましょう。 (10)

(　　　　　　　　)

カレーライス (3)

名前

お母さんはまだねている。これも、「お父さんウィーク」のいつものパターン。仕事がいそがしい一週間のうち、特にいそがしい何日かは、家に帰るのが真夜中の二時や三時になる。その代わり、次の日はふだんより少しだけゆっくり出勤すればいいのだという。

食卓には、目玉焼きと野菜いためのお皿が出ていた。黄身がくずれているから、お父さんが作ってくれたのだろう。朝は時間がないんだから、おかずなんか作らなくてもいいのに。目玉焼きぐらい、ぼくはもう作れるのに。

でも、お父さんは、

「火を使うのは危ないから。」

と、オーブントースターと電子レンジしか使わせてくれない。それがいつもくやしくて、でも、お父さんがねむい目をこすりながら、ぼくのために目玉焼きを作ってくれたんだと思うとうれしくて、でもやっぱりくやしくて、そうはいってもうれしくて――。「行ってらっしゃい。」を言わなかったから、急に悲しくなってきた。

朝食を終えて自分の部屋にもどったら、ランドセルの下に手紙が置いてあった。

「お父さんとまだ口をきいてないの。お父さん、さびしがっていましたよ。」

絵の得意なお母さんは、しょんぼりするお父さんの似顔絵を手紙にそえていた。

学校にいる間、何度も心の中で練習した。

お父さん、この前はごめんなさい――。

言える言える、だいじょうぶだいじょうぶ、と自分を元気づけた。

「うげえっ、そんなの言うのってかっこ悪いよ。」と自分を冷やかす自分も、むねのおくのどこかにいるんだけど。

夕方、家に帰ると、お父さんがいた。

「かぜ、ひいちゃったよ。熱があるから会社を早退して、さっき帰ってきたんだ。」

パジャマすがたで居間に出てきたお父さんは、本当に具合が悪そうだった。声はしわがれて、せきも出ている。

「晩ご飯、今夜は弁当だな。」

お父さんがそう言ったとき、思わず、ぼくは答えていた。

「何か作るよ。ぼく、作れるから。」

「えっ。」

「だいじょうぶ、作れるもん。」

お父さんは、きょとんとしていた。でも、いちばんおどろいているのは、ぼく自身だ。

「家で作ったご飯のほうが栄養あるから、かぜも治るから。」

なんて、全然言うつもりじゃなかったのに。

「いや、でも――。」

と言いかけたお父さんは、少し考えてから、まあいいか、と笑った。

「お父さんも手伝うから。で、何を作るんだ。」

答えは、今度も、考えるより先に出た。

「カレー。」

「だって、おまえ、カレーって、ゆうべもおとといも――。」

「でもカレーなの。いいからカレーなの。絶対にカレーなの。」

子どもみたいに大きな声で言い張った。

（光村図書　国語　6年（上）創造　重松清）

カレーライス (3)

名前

「カレーライス」(3)を読んで、答えましょう。

(一) 「お父さんウィーク」に当てはまるものに〇、そうでないものには×を付けましょう。(5×6)

- (　) 朝早く、お母さんは出勤する。
- (　) 朝、お母さんはねている。
- (　) お母さんはいそがしいので、毎日帰るのは真夜中になる。
- (　) お母さんが帰ってくるのが、真夜中になる日がある。
- (　) 朝ご飯は、お母さんが作っておいてくれる。
- (　) 朝ご飯は、お父さんが作ってくれる。

(二) 「カレーライス」(3)の話のはじめから終わりまで、どのくらい時間がたったと思いますか。次の中から選んで、〇で囲みましょう。(8)

一週間 ・ ほぼ一日 ・ 一か月くらい ・ 約二日 ・ 数時間

(三) 次の時の、ひろしの食事は何ですか。(5×4)

おとといの夕食 (　)

きのうの夕食 (　)

今日の朝食 (　)

今日の夕食 (　)

(四) ひろしが学校にいる間、何度も心の中で練習した言葉について、答えましょう。(8×4)

① その言葉を書きましょう。

(　)

② 練習しながらひろしが考えたことを、二つ書きましょう。

(　)

(　)

③ ①の言葉を、実際に言うことができましたか。(　)

(五) なぜひろしは、お父さんにカレーを自分で作ると言いはったのだと思いますか。(10)

(　)

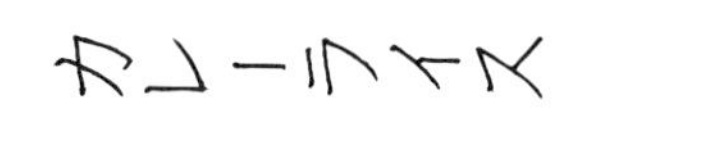

名前

　ほっぺたが急に熱くなった。

「じゃあ、カレーでいいか。」

　お父さんは笑って、台所の戸だなを開けた。

「おととい買ってきたルウが残ってるから、それ使えよ。」

　戸だなから取り出したのは――甘口。お子様向けの、うんとあまいやつ。お母さんが、

「ひろしはこっちね。」

と、ぼくの分だけ別のなべでカレーを作っていた低学年のころは、ルウはいつもこれだった。

「だめだよ、こんなのじゃ。」

　ぼくは戸だなの別の場所から、お母さんが買い置きしているルウを出した。

「だって、ひろし、それ『中辛』だぞ。からいんだぞ、口の中ひいひいしちゃうぞ。」

「何言ってんの、お母さんと二人のときは、いつもこれだよ。」

　お父さんは、きょとんとした顔になった。

「おまえ、もう『中辛』なのか。」

意外そうに、半信半疑できいてくる。

　ああ、もう、これだよ、お父さんってなあんにも分かってないんだから。

　あきれた。うんざりした。

　でも、

「そうかあ、ひろしも『中辛』なのかあ、そうかそうか。」

と、うれしそうに何度もうなずくお父さんを見ていると、なんだかこっちまでうれしくなってきた。


　二人で作ったカレーライスができあがった。野菜担当のお父さんが切ったじゃがいもやにんじんは、やっぱり不格好だったけど、しんが残らないようにしっかりにこんだ。台所にカレーのかおりがぷうんとただよう。カレーはこうでなくっちゃ。

　お父さんは、ずっとごきげんだった。

「いやあ、まいったなあ。ひろしももう『中辛』だったんだなあ。

　そうだよなあ、来年から中学生なんだもんなあ。」

と、一人でしゃべって、

「かぜも治っちゃったよ。」

と笑って、思いっきり大盛りにご飯をよそった。

　食卓に向き合ってすわった。「ごめんなさい。」は言えなかったけど、お父さんはごきげんだし、「今度は別の料理も二人で作ろうか。」と約束したし、残り半分になった今月の「お父さんウィーク」は、いつもよりちょっと楽しく過ごせそうだ。

「じゃあ、いただきまあす。」

　口を大きく開けてカレーをほお張った。

　ぼくたちの特製カレーは、ぴりっとからくて、でも、ほんのりあまかった。


（光村図書　国語　6年（上）創造　重松　清）

カレーライス (4)

名前

「カレーライス」(4)を読んで、答えましょう。

(一) この日に二人で作ったカレーライスに当てはまるものに○、そうでないものには×を付けましょう。 (5×6)

( ) ぼくの分だけ別のなべで作ったカレー
( ) お母さんと二人のときにいつも食べているカレー
( ) 野菜は不格好だけど、しっかりにこんだカレー
( ) 『甘口』カレー
( ) 『中辛』カレー
( ) ぴりっとからくて、ほんのりあまいカレー

(二) お父さんと仲直りできて、ひろしがよかったなあと思っていることを、例のように三つ書きましょう。 (10×3)

例 (お父さんがごきげんになった。)

( )
( )
( )

(三) ① ひろし(ぼく)が考えていることは、どれだと思いますか。次の中からいちばんよく当てはまるものを一つ選んで、○を付けましょう。 (5)

( ) これからもカレーを作ってあげる。
( ) これからも「お父さんウィーク」を楽しみたい。
( ) 大きくなったことをみとめられてうれしい。
( ) こんどは「ごめんなさい。」と言いたい。

② なぜ、それを選びましたか。理由を書きましょう。 (15)

( )

(四) このお話の最後に「ぼくたちの特製カレーは、ぴりっとからくて、でも、ほんのりあまかった。」と書いてありますが、なぜ作者はこのような終わり方をしたのだと思いますか。あなたの考えを書きましょう。 (20)

( )

風切るつばさ (1)

名前

それは、夕ぐれどきのいっしゅんの出来事だった。若いアネハヅルの群れが、キツネにおそわれたのだ。ツルの群れはパニックになる。気がつくと、一羽の仲間の命が失われていた。その一羽は、まだ幼い鳥だった。

モンゴルの草原の、うずまく風の中で、傷ついた群れは、無言の夜をむかえた。だれの心の中にも後かいがうずまいていた。あのとき、もっと早くにげていれば……。あのとき、すぐキツネに気づいていれば……。二度ともどらない命への思いは、どうどうめぐりを続け、くやしさだけがつのっていく。その思いのはけ口など、どこにもない。

「あのとき、だれか、はばたいたよな。」

だれかが口を開いた。

「クルルがカララにえさをとってやったときか？」

クルルはときどき、体の弱いカララに、とったえさを分けてやっている。

「キツネに気づかれたのは、そのせいだよ。」

「あんなときに、えさなんて分けるんじゃないよ。」

「おれは前から、あいつクルルが気になってたんだ。」

いかりの持っていき場が見つかったとばかりに、みな、口々にクルルにきびしい言葉をぶつけてくる。

(あのとき、はばたいたのはおれだけじゃない。キツネは、その前からねらっていたんじゃないのか。カララにえさをあたえたことと、ほんとうに関係があるのか。)

そんな言い訳などおしつぶされそうなふん囲気に、クルルはだまるしかなかった。

そのときからクルルは、まるで仲間殺しの犯人のようにあつかわれるようになった。だれ一人、かれの味方はいない。カララでさえ、だまってみんなの中に交じっている。仲間、友達、今まであたりまえだったものすべてが一変した。みな、かれに背を向け、口をきく者さえだれもいない。クルルの気持ちなど、だれ一人分かろうとしないのだ。

友達も仲間も何もかもが信じられない。たった一羽でいるしかなくなった、みじめな自分。クルルはそんな自分を責めた。風の中を飛ぶ自分のつばさの音すら、みっともない雑音に聞こえる。

「あのとき、どうして言い返さなかったんだ。みんなとうまくできない自分がくやしい。こんな自分がいやだ。自分の顔、自分のあし、自分のつばさ、みんないやだ。」

クルルはみんなと飛ぶことがつらくなってきた。

ある朝、クルルは飛べなくなっていた。いつものようにはばたいているのに、体がまい上がらないのだ。クルルは、ただじっと草原の片すみにうずくまるしかなかった。

(東京書籍　新編　新しい国語　6年(上)　木村(きむら)　裕一(ゆういち))

風切るつばさ (2)

名前

冬が近づいてくる。冬のモンゴルの草原は、零下（れいか）五十度の寒さにおそわれる。その前に、アネハヅルの群れはヒマラヤ山脈をこえてインドにわたっていくのだ。

冬を前にして飛べなくなったツルは、死ぬしかない。でもクルルには、そんなこと、どうでもよくなっていた。えさを食べず、ただじっとうずくまっていることだけが、おしつぶされそうな最後のプライドを保つ、ゆいいつの方法に思えた。

やがてツルの群れが、南に向かって飛んでいくのが見えた。第二、第三の群れもわたり始める。

白い雪がちらほらとまい始めたときだ。クルルの目に、南の空からまい降りてくる一羽の鳥が見えた。カララだ。カララは何も言わずにクルルのとなりに降り立った。クルルは、もしカララが「さあ、いっしょに行こう！」と言ったら、たとえ飛べたとしても首を横にふるつもりだった。「おれなんかいらないだろう。」とも言うつもりだった。でも、カララは何も言わなかった。ただじっととなりにいて、南にわたっていく群れをいっしょに見つめていた。

日に日に寒さが増してくる。（こいつ覚ごしてるんだ。）クルルの心が少しずつ解けていく気がした。（そうか、おれが飛ばないとこいつも……。）と思った、そのとき！

いきなりしげみからキツネが現れた。するどい歯が光り、カララに飛びかかる。

「あぶない！」

そのしゅん間、クルルはカララをつき飛ばすようにはばたいた。カララはそれを合図に飛び上がった。

「あっ……。」

気がつくと、クルルの体も空にまい上がっていた。目標を失ったキツネが、くやしそうに空を見上げている。

「おれ、飛んでる。」

クルルは思わずさけんだ。力いっぱいはばたくと、風の中を体がぐんぐんとのぼっていく。

風を切るつばさの音が、ここちよいリズムで体いっぱいにひびきわたった。

「わたれるぞ。これなら、あのそびえ立った山をこえることができるぞ。」

カララがふり向いて、

「いっしょに行ってくれるかい？」

と言った。

「もちろんさ。」

クルルも少し照れて笑ってみせた。

二羽のアネハヅルは、最後の群れを追うように、南に向かった。

つばさを大きくはばたかせ、どこまでもどこまでも……。

（東京書籍　新編　新しい国語　6年(上)　木村（きむら）裕一（ゆういち））

風切るつばさ

(1) (2) 解答用紙①

名前

「風切るつばさ」(1)・(2)を読んで、答えましょう。（解答用紙二枚）

(一) みんなは、キツネに気づかれたのは、クルルが何をしたせいだと言ったのでしょう。 (8)

(二) みんなはどんな気持ちから、クルルをせめるようになったのでしょうか。 (8)

(三) キツネにおそわれたのはクルルのせいだと、みんなに言われたときのクルルの気持ちを、クルルになったつもりで書きましょう。 (8)

(四) もし、あなたがこの仲間の中にいたら、あなたならどうしますか。みんなと同じような態度をとりますか。それとも、クルルの味方をしますか。理由もつけて、自分ならどうするか書きましょう。 (8)

(五) ① 一羽でいるしかなくなったクルルが、自分のことをどのように思ったのか、次の中からいちばん当てはまると思うものを一つ選んで、〇で囲みましょう。 (6)

たのもしい ・ なさけない ・ みじめ ・ ずうずうしい

みっともない ・ 自分がいや ・ 自分がかわいそう ・ まぬけ

② なぜ、それに〇をしましたか。理由を書きましょう。 (8)

風切るつばさ (1)(2) 解答用紙2

名前

「風切るつばさ」(1)・(2)を読んで、答えましょう。

(六) カララはどうして、みんなといっしょに行かずに、クルルのところへもどってきたのでしょうか。 (8)

(　　　　)

(七) カララから「いっしょに行こう」と言われても、クルルがことわるつもりだったのは、どうしてですか。次の中から三つ選んで、○を付けましょう。 (6×3)

(　) カララも、自分の味方をしてくれなかったから。

(　) 自分一人だけで飛んでいこうと思っていたから。

(　) 友達も仲間も信じられなくなり、もうどうなってもいいと思っていたから。

(　) ことわることが、自分のプライドを保つ最後の方法だと思っていたから。

(　) 仲間といっしょに飛んで行きたかったが、仲間はもういなかったから。

(　) 体の弱いカララといっしょだと、足手まといになると思ったから。

(八) 飛ばないつもりをしていたクルルの気持ちが変わってきたのは、どうしてですか。 (8)

(　　　　)

(九) ① 「あっ……。」と言ったのは、だれですか。 (6)

(　　　　)

② なぜ、そう言ったのですか。 (8)

(　　　　)

(十) この物語の主人公は、だれですか。 (6)

(　　　　)

あの坂をのぼれば

名前

――あの坂をのぼれば、海が見える。

少年は、朝から歩いていた。＊草いきれがむっと立ちこめる山道である。顔も背すじもあせにまみれ、休まず歩く息づかいがあらい。

――あの坂をのぼれば、海が見える。

それは、幼いころ、＊そいねの祖母から、いつも子守歌のように聞かされたことだった。うちのうらの、あの山を一つこえれば、海が見えるんだよ、と。

その、山一つ、という言葉を、少年は正直にそのまま受け止めていたのだが、それはどうやら、しごく大ざっぱな言葉のあやだったらしい。現に、今こうして、とうげを二つ三つとこえても、まだ海は見えてこないのだから。

それでも少年は、＊じゅ文のように心に唱えて、のぼってゆく。

――あの坂をのぼれば、海が見える。

のぼり切るまで、あと数歩。半ばかけだすようにして、少年はそのいただきに立つ。

しかし、見下ろす行く手は、まだも波のように、下ってのぼって、その先の見えない、長い長い山道だった。

少年は、がくがくする足をふみしめて、もう一度気力をふるい起こす。

――あの坂をのぼれば、海が見える。

少年は、今、どうしても海を見たいのだった。細かく言えばきりもないが、やりたくてやれないことの数々の重荷が背に積もり積もったとき、少年は、磁石が北を指すように、真っすぐに海を思ったのである。自分の足で、海を見てこよう。山ひとつこえたら、本当に海があるのを確かめてこよう、と。

――あの坂をのぼれば、海が見える。

しかし、まだ海は見えなかった。はうようにしてのぼってきたこの坂の行く手も、やはり今までと同じ、果てしないのぼり下りのくり返しだったのである。

もう、やめよう。

急に、道ばたにすわりこんで、少年は＊うめくようにそう思った。こんなにつらい思いをして、坂をのぼったりおりたりして、いったい何の得があるのか。この先、山をいくつこえたところで、本当に海へ出られるのかどうか、分かったものじゃない……。

額ににじみ出るあせをそのままに、草の上にすわって、通りぬける山風にふかれていると、何もかも、どうでもよくなってくる。じわじわと、疲労がむねにつき上げてきた。

日はしだいに高くなる。これから帰る道のりの長さを思って、重いため息をついたとき、少年はふと、生き物の声を耳にしたと思った。

声は、上から来る。ふりあおぐと、すぐ頭上を、光が走った。つばさの長い、真っ白い大きな鳥が一羽、ゆっくりと羽ばたいて、先導するように次のとうげをこえてゆく。

――あれは、海鳥だ！

少年はとっさに立ち上がった。

海鳥がいる。海が近いのにちがいない。そういえば、あの坂の上の空の色は、確かに海へと続く＊あさぎ色だ。

今度こそ、海に着けるのか。

それでも、ややためらって、行く手を＊見はるかす少年の目の前を、ちょうのようにひらひらと、白い物がまい落ちる。手のひらをすぼめて受け止めると、それは、雪のようなひとひらの羽毛だった。

――あの鳥の、おくり物だ。

ただ一片の羽根だけれど、それはたちまち少年の心に、白い大きなつばさとなって羽ばたいた。

――あの坂をのぼれば、海が見える。

少年はもう一度、力をこめてつぶやく。

しかし、そうでなくともよかった。今はたとえ、この後三つの坂、四つの坂をこえることになろうとも、必ず海に行き着くことができる、行き着いてみせる。

白い小さな羽根を手のひらにしっかりとくるんで、ゆっくりと坂をのぼってゆく少年の耳に――あるいは心のおくにか――かすかな＊しおざいのひびきが聞こえ始めていた。

＊草いきれ　日差しを受けた草原から発する、むっとするような熱気。

＊そいね　寄りそってねること。

＊じゅ文　まじないの言葉。

＊うめく　低い声をもらす。

＊あさぎ色　うすい緑がかった水色。

＊見はるかす　ずっと遠くまで見わたす。

＊しおざい　海の水が満ちてくると起こる波の音。

（学校図書　みんなと学ぶ小学校国語　6年（上）　杉みき子）

あの坂をのぼれば

名前

「あの坂をのぼれば」を読んで、答えましょう。

(一) このお話の登場人物や、出てくる生き物を全部書きましょう。(10)

(　　　　)

(二) ① 同じ文が、くり返し出てきます。その文を書き出しましょう。(10)

(　　　　)

② なぜ、その文がくり返し出てくるのだと思いますか。あなたの考えを書きましょう。(10)

(　　　　)

(三) ① このお話の主人公の気持ちが、ガラッと変わるところがあります。気持ちが変わるきっかけになった出来事は、何だったのでしょうか。(10)

(　　　　)

② なぜ、①の出来事によって気持ちが変わったのかを説明しましょう。(10)

(　　　　)

(四)

> もう、やめよう。
> 急に、道ばたにすわりこんで、少年はつぶやくようにそう思った。こんなにつらい思いをして、坂をのぼったりおりたりして、いったい何の得があるのか。この先、山をいくつこえたところで、本当に海へ出られるのかどうか、分かったものじゃない……。

と書かれていますが、あなたのこれまでの生活の中で、この少年のように思ったことがありますか。あれば、どんな時にそう思ったのか、読む人に分かるように書きましょう。思ったことがない人は、苦しい時、自分はどうしたのか、読む人に分かるように書きましょう。(10)

(　　　　)

(五) このお話のタイトルは「あの坂をのぼれば」ですが、「あの坂をのぼれば……」の「……」にあたる所に適当な言葉を入れて、この作品の作者が言いたかったことを書き表してみましょう。(10×2)
(二通り考えて書きましょう。)

あの坂をのぼれば(　　　　)

あの坂をのぼれば(　　　　)

(六) ① このお話の少年の目標は、何でしょうか。(10)

(　　　　)

② みなさんの生活には、六年生としての目標や、それに向けての日々の取り組みがありますね。六年生のあなたにとっての目標を、書きましょう。(10)

(　　　　)

南極のペンギン　(1)

名前

ビシッ、ビシッ、ビリッ、ビリッ、ビリビリビーッ。

氷の割れる音が辺りに鳴りひびく。不気味な音が絶え間なく聞こえる。その音におびえて、犬ぞりの犬たちが遠ぼえをする。

波の形のままこおったような氷が連なっている。そんな氷原が、行けども行けども続く。

犬ぞり隊のコリン隊長が、ピッケルで氷原をたたきながら前に進む。かれはこしに、三メートルくらいある長いさおを差している。クレバス（氷山の割れ目）に落ちても、このさおが支えになって、転落しないですむように。

コリン隊長はしんちょうに、少しずつ前に進む。その後に、雪上車と犬ぞりが続く。ぼくは犬ぞりをおし、氷の上を歩いていた。

ここは南極大陸だ。

北極から帰って半年後、またさつえいのため南極へ行った。この旅で、ブリザードの本当のおそろしさを思い知った。

北極よりさらに厳しい寒さのため、南極に生息している生き物は、アザラシとペンギンだけだ。

でも、各国の観測基地があり、ここで働いている人間はいる。ぼくらはニュージーランド政府の許可を得て、この国がもっているスコット基地の世話になった。

南極に着いてすぐサバイバル訓練を受けた。テントの張り方、食事やイグルーの作り方……。イグルーというのは、固い氷を切り出し、それを積み重ねて作る小さな穴ぐらだ。人間が一人入れる。

こうした訓練のあと、ペンギンがたくさんいる場所へさつえいに行った。蔵原監督と、椎塚カメラマンとその助手、それにぼく。ニュージーランドの犬ぞり隊の隊員四人がぼくらについてくれた。

雪上車一台と、十六ぴきの犬が引く二組のそりで出発した。犬ぞりには、テントや兵隊用のインスタント食品を積みこんだ。

海岸沿いの氷のでこぼこ道を進んだ。雪と氷のかがやく世界をひたすら走り、夕方になるとテントを張ってその中でねる。

探検隊のような生活をして三日目、ようやく目的地の近くまでたどりついた。

でも、ここに大きな大きな氷山の割れ目があった。

もう前には進めない。

あとは、海にせまってそそり立つ氷山をこえるしかなかった。

氷山を登り、とちゅうの斜面のわずかな地にテントを張った。

ぼくらが食事を作っている間、蔵原監督たちは、氷山をこえて、ペンギンの様子を見に行った。その監督たちがよれよれになってもどってきた。

前の年に四十万びきいたペンギンが、一ぴきもいないというのだ。

ペンギンがいなければ、往復六日かかるこのテント暮らしはまったくむだになる。とはいえ、どこで暮らすかはペンギンの勝手だから、文句の言いようがなかった。

ぼくらはおこるかわりに大笑いした。

その夜のことだった。テントでねていると、外の風が強くなってきた。そのうち、テントがゆれはじめた。

ドッ、ドッ、ドッと地面が動くような音がする。テントがたおれるかもしれない。そう思いながらまたねむってしまった。あれはねむるというより、寒さで気を失う感じだった。

どのくらいたったのか、やっと目が覚めた。ねぶくろに入った自分の体が、氷の上をごろごろ転がっている。

テントもたおれている。

ゴーゴーとうなる風と、雪がふきつけ、ちょっと先さえ何も見えない。立ち上がろうとしたが、地面にたたきつけられた。うずくまるほかなかった。


（大阪書籍　新しい国語　6年(上)　高倉　健）

南極のペンギン (1)

名前

「南極のペンギン」(1)を読んで、答えましょう。

(一) この話の登場人物を、出てくる順に全部書きましょう。 (28)

(二) 「ぼく」は、南極大陸へ何をしに行ったのですか。 (10)

(三) 南極大陸の氷原を進む時の、コリン隊長と「ぼく」の役割を書きましょう。 (10×2)

コリン隊長

「ぼく」

(四) ペンギンのさつえいに行ったことについて、答えましょう。 (10×3)

① 何人で行きましたか。

② 乗り物は何ですか。

③ 氷山のとちゅうの斜面のわずかな地にテントを張ったのは、出発して何日目ですか。

(五) 「ぼくらはおこるかわりに大笑いをした。」とありますが、なぜ大笑いをしたのだと思いますか。 (12)

南極のペンギン

(2)

名前

南極のブリザードだ。

同じテントにねている椎塚カメラマンの名前を大声で呼んだ。すぐ横から返事が返ってきた。

「ねむっちゃだめだよっ。ねると死ぬぞっ。」

ぼくはさけんでいた。同じようなせりふを、映画の中で言ったことがあると思った。『八甲田山』のシーンだった。

雪と風はますます強くなった。ぼくのねぶくろが少しずつおされていく。その方向は昼間見た、切り立つがけだった。あそこから落ちたら、もう命はない……。

蔵原監督たちはどうなっただろう。この雪あらしの中で、だれか死ぬかもしれない。

〝ああ、人間って簡単に死ぬんだなあ。〟

そんなことを考えていた。

椎塚カメラマンの名前を、何度も何度も大声で呼んだ。不安やねむけと戦うためだった。かれの返事が、ふきあれる風の中から、かすかに聞こえてきた。

そのたびに力づけられた。

四時間くらいして、ようやく風が弱くなってきた。とりあえず雪上車ににげこんだ。そこに蔵原監督や隊員たちがいた。おたがいの無事をだき合って喜んだ。

雪あらしがおさまって、車が動きだした。みんなではくしゅし合った。えんえんと続く氷原を走り続けて、やっとスコット基地が小さく見えてきた。うれしかった。

スコット基地の建物にぼくらが入ったとき、急に明るい歌声がひびいた。基地の隊員全員が、歌を歌ってむかえてくれた。ぼくらの遭難が無線で伝わり、心配してくれていたのだ。みんな雪あらしのきょうふを知っている。だから、その歌声には心がこめられていた。

食堂に行くと、基地のジョン隊長が自分で卵焼きを作って、ぼくらに出してくれた。これは特別なことだ。基地ではすべて、自分のことは自分でしなければならない。食事のしたくも、皿洗いも、トイレそうじも……。

隊長自らその規則をやぶって、ぼくらの無事を祝ってくれた。

スコット基地の人たちが、何よりもたいせつにしているのは命だった。

数日後、ペンギンの群れを見たという情報が入った。基地から丸一日かかるその場所に、また出かけることにした。

そこには子どもを産むため、たくさんのペンギンが集まっていた。ぼくらが近づくと、顔を上げてギャッギャッとさわぎはじめた

〝なんだ、なんだ。おかしなヤツらが来たぞ。〟

そんな鳴き方だった。

だが、ぼくらをおそれる様子はなかった。

すぐに無視して、オスがメスの周りに石を積み上げはじめた。夫婦で巣作りをしているらしい。見ているうちに、おもしろいことに気づいた。その場に立ったまま、首だけ動かして石を積み上げるペンギンがいる。気に入った石があるまで、山坂をこえて探し回るペンギンもいる。石を横取りされて、けんかを始めるペンギンもいる。

まるで人間を見ているようだ。

いい加減なやつ。こだわるやつ。けんかっぱやいやつ、ひょうきんなやつ……。人間とそっくりだ。

〝命って似ているのかなあ。不思議だなあ。〟

ぼくは感心しながら、あきずにペンギンを見ていた。

（大阪書籍　新しい国語　6年(上)　高倉　健）

南極のペンギン ⑴⑵

名前

「南極のペンギン」⑴・⑵と、わく外の作者名（高倉　健）を読んで、答えましょう。

（一）① サバイバル訓練のあと、南極のペンギンのさつえいに行ったのは、全部で何人ですか。(6)

② そのうち、はっきり日本人とわかるのは、何人ですか。(6)

③ 外国人とわかるのは、何人ですか。(6)

④ 名前がわかる人を全て書きましょう。(6)

（二）ブリザード（雪あらし）にあったのは、出発して何日目ですか。(6)

（三）〝ああ、人間って簡単に死ぬんだなあ。〟と思ったのは、どんな出来事があったときですか。(10)

（四）スコット基地の人たちは、とても心優しく、命を大切にする人たちです。どんなことから、それがわかりますか。二つにまとめましょう。(10×2)

（五）「ぼく」が南極のブリザードにあった時の様子を、順に番号を付けましょう。(10)

（　）雪と風はますます強くなり、ねぶくろごとがけの方へおされていく。

（　）テントがゆれはじめる。

（　）雪上車ににげこむ。

（　）カメラマンの返事が、かすかに聞こえる。

（　）カメラマンの返事が、すぐ横から返ってきた。

（　）テントがたおれ、ねぶくろごと自分の体が氷の上をごろごろ転がる。

（六）① 〝命って似ているのかなあ。不思議だなあ。〟の「命」は、何と何の命を指していますか。(10)

② どんなところが似ていますか。(10)

（七）このお話を読んで、あなたが思ったことや感じたことや考えたことなどを書きましょう。(10)

※本書にかかれている解答はあくまでも一例です。答えは、文意があっていれば、○をして下さい。
「思ったこと」「考えたこと」などは様々なとらえ方があります。児童の思いをよく聞いて○をつけて下さい。

P6

カレーライス(1) 名前

上の文章を読んで、答えましょう。

(一) ぼくは、どんな約束を破ったのですか。
（ゲームは、一日三十分にする。）

(二) 先にあやまるのは、お父さんのほうだと思うのは、なぜですか。
（セーブもさせないで、いきなりゲーム機のコードをぬいて電源を切ったから。）

(三) お父さんが、いきなりゲーム機のコードをぬいたのは、どうしてですか。
（ぼくが一日三十分の約束を破って、ゲームをやめなかったから。）

(四) 新記録とは何のことですか。
（丸一日たっても、お父さんにあやまらなかったこと。）

P7

カレーライス(2) 名前

上の文章を読んで、答えましょう。

(一) 「お父さんウィーク」には、お父さんはどうするのですか。
（お父さんが夕食に合わせて早めに帰ってくる。）

(二) ひろしの家には、なぜ「お父さんウィーク」があるのですか。
（毎月半ばの一週間ほど、お母さんは仕事がいそがしくて、帰りがうんとおそくなるから。）

(三) お父さんは、どうして落ちこんでいるのですか。
（ひろしが、まだすねているから。）

(四) そういうところとは、どんなことですか。
（お父さんに、ぼくがすねていると思われていること。（ぼくを子どもあつかいしていること。））

P8

カレーライス(3) 名前

上の文章を読んで、答えましょう。

(一) 特製カレーを作るのは、だれですか。（　）に○を付けましょう。
（○）お父さん　（　）お母さん　（　）ひろし

(二) 「またカレーなの。」と言ったときのひろしの気持ちを書きましょう。
例（お父さんが夕食を作るときはいつもカレーなので、いやだなあ。）

(三) 「何があっても絶対にあやまるもんか」と心に決めたのは、なぜですか。
（お母さんはいつだって、お父さんのみかたをするのがくやしいから。）

P9

カレーライス(4) 名前

上の文章を読んで、答えましょう。

(一) ごきげんな顔で大盛りのカレーをぱくついているのはだれですか。
（お父さん）

(二) お父さんの料理が下手な例として、どんなことをあげていますか。三つ書きましょう。
（じゃがいもやにんじんの切り方はでたらめ。）

（しんが残っている。）

（カレーのルウが、あまったるい。）

(三) お父さんはなぜ、「ひろしもけっこう根気あるんだなあ。」と言ったのですか。
（ひろしがいつまでもおこっているから。）

P10

カレーライス(5) 名前

上の文章を読んで、答えましょう。

(一) 「分かってる」とありますが、ひろしは何を分かっているのでしょう。
（一日三十分の約束を守らなかった自分の方が、（お父さんより）もっと悪い。）

(二) お父さんは、何が分かっていないのですか。
（分かっていることを言われるのがいちばんいやなんだってこと。）

(三) お父さんは、どんな気持ちから「で、どうだ、学校、最近おもしろいか。」と言ったのでしょう。
（話題をかえて、たのしく会話がしたかったから。）

P11

カレーライス(6) 名前

上の文章を読んで、答えましょう。

(一) お父さんの気持ちは、どのように変化していますか。次の中から選んで○を付けましょう。
（　）はじめはおこっていたが、ひろしにもうしわけないと思って、やさしくなってきている。

（　）ひろしのきげんが直らないので、悲しくなってきている。

（○）ひろしがいつまでも意地を張っているので、おこったり、なだめたり、またおこったりしている。

(二) お父さんの気持ちの変化が顔に表れている部分を、二つぬき書きしましょう。
（ちょっとこわい顔になって言った。）

（おっかない顔にもどって、「いいかげんにしろ。」とにらんできた。）

(三) そんなは何を指していますか。
（お父さんにまたしかられそうになったから、あやまる。）

P12

カレーライス(7) 名前

上の文章を読んで、答えましょう。

(一) ぼくが「なんでだろう」と思っている、今の自分の様子を三つ書きましょう。
（あっさり「ごめんなさい。」が言えない。）

（お父さんに、すなおに話せない。）

（特製カレーがおいしく感じられない。）

(二) 二人がだまってお皿を片付けている場面から、ぼくのどんな心の状態が読み取れますか。
例（・何か気まずくて、言葉が出ない。
・すなおに、やさしい言葉がかけられない。）

P13

カレーライス(8) 名前

上の文章を読んで、答えましょう。

(一) 「お父さんウィーク」の、よくあるパターンを二つ書きましょう。
（お父さんは、朝食も食べずに家を出ていく。）

（お母さんはまだねている。）

(二) お父さんは、いつ家を出ていきましたか。
（ぼくが部屋から起き出したとき。）

(三) お父さんは、なぜ朝食も食べずに出ていくのですか。
（会社から早く帰ってくる分、朝は一番乗りして、ゆうべできなかった仕事を片付けるから。）

(四) お母さんが、まだねているのは、どうしてですか。
（特にいそがしい何日かは、家に帰るのが真夜中の二時や三時になる代わり、次の日はふだんより少しだけゆっくり出勤すればいいから。）

P14

カレーライス(9) 名前

上の文章を読んで、答えましょう。

(一) 目玉焼きと野菜いためを作ったのがお父さんだとわかったのは、なぜですか。
（黄身がくずれているから。）

(二) でもと同じような使い方をする言葉を、次の中から二つ選んで○を付けましょう。
（　）それから　（○）しかし
（○）けれども　（　）また

(三) それは、何を指していますか。
（「火を使うのは危ないから。」と、ぼくにはオーブントースターと電子レンジしか使わせてくれないこと。）

(四) ぼくはなぜ、うれしくて——。なのか書きましょう。
（お父さんがねむい目をこすりながら、ぼくのために目玉焼きを作ってくれたから。）

※本書にかかれている解答はあくまでも一例です。答えは、文意があっていれば、○をして下さい。
「思ったこと」「考えたこと」などは様々なとらえ方があります。児童の思いをよく聞いて○をつけて下さい。

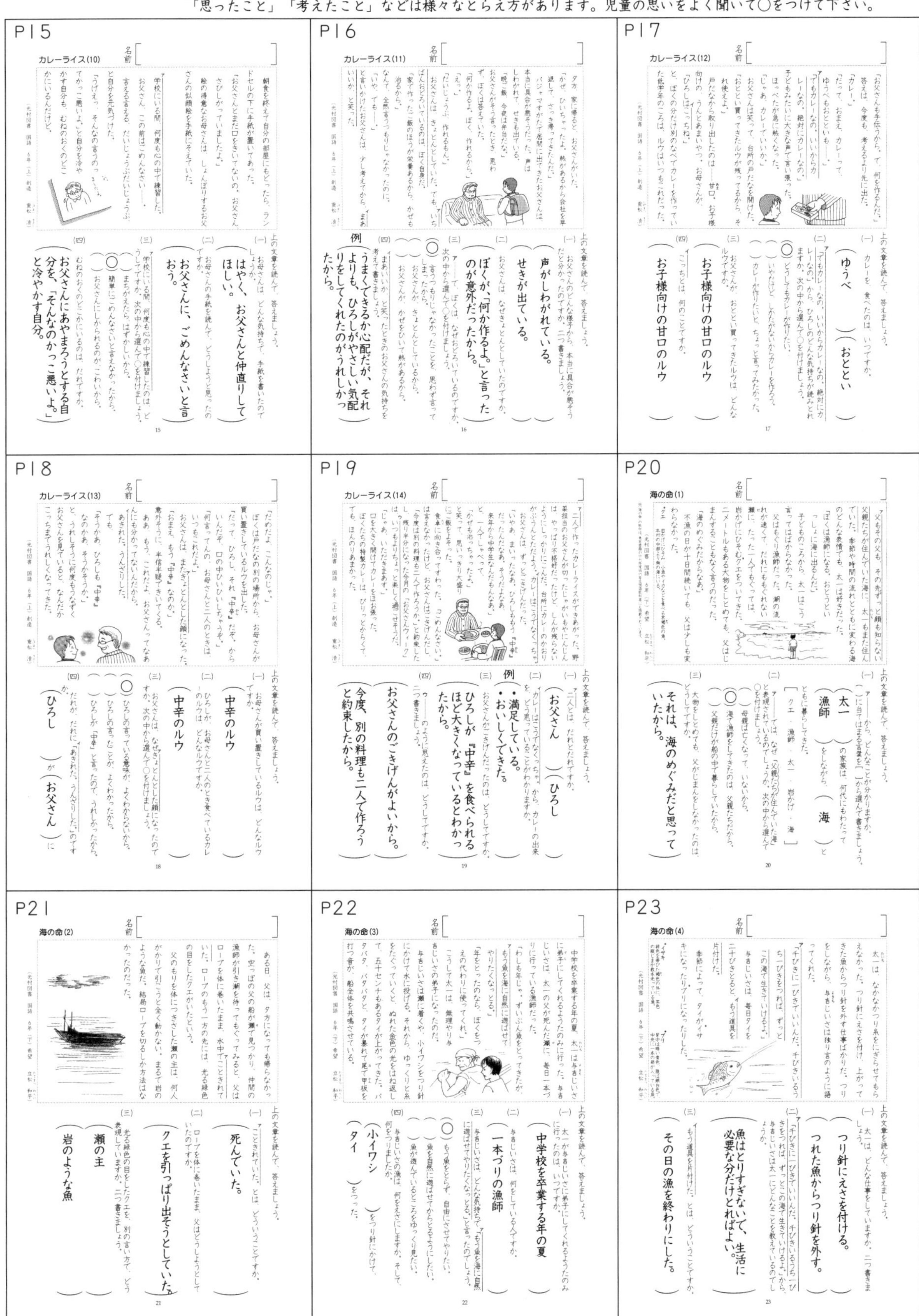

P15

カレーライス(10)

上の文章を読んで、答えましょう。

(一) お父さんは、どんな気持ちで、手紙を書いたのでしょうか。
はやく、お父さんと仲直りしてほしい。

(二) お母さんの手紙を読んで、どうしようと思ったのですか。
お父さんに、ごめんなさいと言おう。

(三) 学校にいる間、何度も心の中で練習したのは、どうしてですか。次の中から選んで○を付けましょう。
(○) 簡単にごめんなさいと言えなかったから。
( ) お父さんにしかられるのが、こわいから。
( ) まちがえたら、はずかしいから。

(四) むねのおくのどこかにいるのは、だれですか。
お父さんにあやまろうとする自分を、「そんなのかっこ悪いよ。」と冷やかす自分。

P16

カレーライス(11)

上の文章を読んで、答えましょう。

(一) お父さんのどんな様子から、本当に具合が悪そうだと分かったのですか。二つ書きましょう。
声がしわがれている。
せきが出ている。

(二) お父さんは、なぜきょとんとしていたのですか。
ぼくが、「何か作るよ。」と言ったのが意外だったから。

(三) ア──で、ぼくは、なぜおどろいているのですか。次の中から選んで○を付けましょう。
(○) 言うつもりじゃなかったことを、思わず言ってしまったから。
( ) お父さんが、きょとんとしているから。
( ) お父さんが、かぜをひいて熱があるから。

(四) まあいいか、と笑ったときのお父さんの気持ちを考えて書きましょう。
例 うまくできるか心配だが、それよりも、ひろしがやさしい気配りをしてくれたのがうれしかったから。

P17

カレーライス(12)

上の文章を読んで、答えましょう。

(一) カレーを、食べたのは、いつですか。
(ゆうべ)(おととい)

(二) ア「でもカレーなの、いいからカレーなの、絶対にカレーなの。」から、ひろしのどんな気持ちが読みとれますか。次の中から選んで○を付けましょう。
(○) どうしてもカレーが作りたい。
( ) いやだけど、しかたないからカレーを作ろう。
( ) カレーが作りたいと、ちょっと言ってみただけ。

(三) お母さんが、おととい買ってきたルウは、どんなルウですか。
お子様向けの甘口のルウ

(四) イこっちは、何のことですか。
お子様向けの甘口のルウ

P18

カレーライス(13)

上の文章を読んで、答えましょう。

(一) お母さんが買い置きしているルウは、どんなルウですか。
中辛のルウ

(二) ひろしが、お父さんと二人のときに食べているカレーのルウは、どんなルウですか。
中辛のルウ

(三) お父さんは、なぜきょとんとした顔になったのですか。次の中から選んで○を付けましょう。
(○) ひろしの言っている意味が、よくわからないから。
( ) ひろしの言ったことが、よくわかったから。
( ) ひろしが「中辛」と言ったので、うれしかったから。

(四) だれが、だれに「あきれた。うんざりした。」のですか。
(ひろし)が(お父さん)に

P19

カレーライス(14)

上の文章を読んで、答えましょう。

(一) 二人とは、だれとだれですか。
(お父さん)(ひろし)

(二) 「カレーはこうでなくちゃ。」から、カレーの出来をどう思っていることがわかりますか。
例 ・満足している。
・おいしくできた。

(三) お父さんがごきげんだったのは、どうしてですか。
ひろしが『中辛』を食べられるほど大きくなっているとわかったから。

(四) ウ──のように見えたのは、どうしてですか。二つ書きましょう。
お父さんのごきげんがよいから。
今度、別の料理も二人で作ろうと約束したから。

P20

海の命(1)

上の文章を読んで、答えましょう。

(一) ア──から、どんなことが分かりますか。( )に合う言葉を[ ]から選んで書きましょう。
(太一)の家族は、何代にもわたって(漁師)をしながら、(海)とともに暮らしてきた。
[クエ・漁師・太一・岩かげ・海]

(二) イ──では、なぜ「父親たちが住んでいた海」と表現しているのですか。次の中から選んで○を付けましょう。
( ) 母親はもう亡くなって、いないから。
(○) 海で漁師をしてきたのは、父親たちだから。
( ) 父親だけが船の中で暮らしていたから。

(三) 大物をしとめても、父がじまんをしなかったのはなぜですか。
それは、海のめぐみだと思っていたから。

P21

海の命(2)

上の文章を読んで、答えましょう。

(一) 「こときれていた。」とは、どういうことですか。
死んでいた。

(二) ロープを体に巻いたまま、父はどうしようとしていたのですか。
クエを引っぱり出そうとしていた。

(三) 光る緑色の目をしたクエを、別の言い方で、どう表現していますか。二つ書きましょう。
瀬の主
岩のような魚

P22

海の命(3)

上の文章を読んで、答えましょう。

(一) 太一が与吉じいさに弟子にしてくれるようたのみに行ったのは、いつですか。
中学校を卒業する年の夏

(二) 与吉じいさは、何をしている人ですか。
一本づりの漁師

(三) 与吉じいさは、どんな気持ちで「もう魚を海に自然に遊ばせてやりたくなっとる。」と言ったのでしょう。
(○) もう魚をとらず、自由にさせてやりたい。
( ) 魚を自然に遊ばせてからとるようにしたい。
( ) 魚が遊んでいるところをゆっくり見たい。

(四) 与吉じいさの漁は、何をえさにしますか。そして、何をとりますか。
(小イワシ)をつり針にかけて、(タイ)をつった。

P23

海の命(4)

上の文章を読んで、答えましょう。

(一) 太一は、どんな仕事をしていますか。二つ書きましょう。
つり針にえさを付ける。
つれた魚からつり針を外す。

(二) 「千びきに一ぴきでいいんだ。千びきいるうち一ぴきをつれば、ずっとこの海で生きていけるよ。」から、与吉じいさは太一にどんなことを教えているのでしょうか。
魚はとりすぎないで、生活に必要な分だけとればよい。

(三) もう道具を片付けた。とは、どういうことですか。
その日の漁を終わりにした。

※本書にかかれている解答はあくまでも一例です。答えは、文意があっていれば、○をして下さい。
「思ったこと」「考えたこと」などは様々なとらえ方があります。児童の思いをよく聞いて○をつけて下さい。

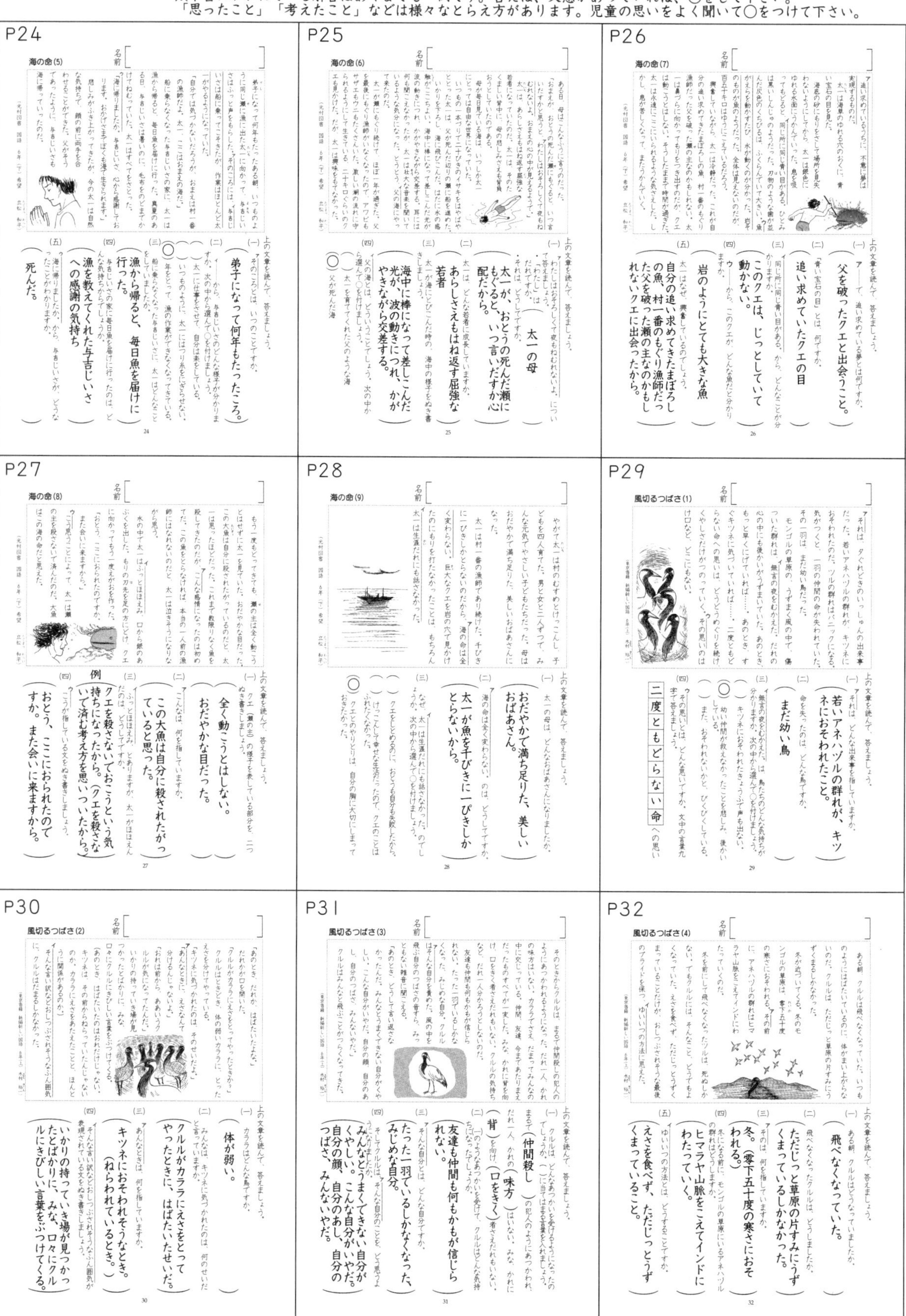

P24

海の命(5)

名前

上の文章を読んで、答えましょう。

(一) そのころとは、いつのことですか。
（弟子になって何年もたったころ。）

(二) ……から、与吉じいさのどんな様子が分かりますか。次の中から選んで○を付けましょう。
( ) 太一に仕事をさせて、自分は釣りをしていない。
( ) いつものように、太一はつり糸をにぎらせない。
(○) 年をとって、漁の作業ができなくなってきている。

(三) 船に乗らなくなった与吉じいさに、太一はどんなことをしましたか。
（漁から帰ると、毎日魚を届けに行った。）

(四) 漁から帰ると、毎日魚を届けに行ったのは、どんな気持ちからでしょうか。
（漁を教えてくれた与吉じいさへの感謝の気持ち）

(五) 「海に帰りましたか。」から、与吉じいさが、どうなったことが分かりますか。
（死んだ。）

24

P25

海の命(6)

名前

上の文章を読んで、答えましょう。

(一) わたしはおそろしくて夜もねむれないよ、について
・「わたし」は（太一の母）
・それは、どうしてですか。
（太一が、おとうの死んだ瀬にもぐると、いつ言いだすか心配だから。）

(二) 太一は、どんな若者に成長していますか。
（あらしさえもはね返す屈強な若者）

(三) 太一が海にとびこんだ時の、海中の様子をぬき書きしましょう。
（海中に棒になって差しこんだ光が、波の動きにつれ、かがやきながら交差する。）

(四) 父の海とは、どういうことでしょう。次の中から選んで○を付けましょう。
( ) 太一を育ててくれた父のような海
(○) 父が死んだ海

25

P26

海の命(7)

名前

上の文章を読んで、答えましょう。

(一) ア――て、追い求めている夢とは何ですか。
（父を破ったクエと出会うこと。）

(二) 「青い宝石の目」とは、何ですか。
（追い求めていたクエの目）

(三) 同じ所に同じ青い目がある。から、どんなことが分かりますか。
（このクエは、じっとしていて動かない。）

(四) ウ――から、このクエが、どんな魚だと分かりますか。
（岩のようにとても大きな魚）

(五) 太一はなぜ、興奮しているのですか。
（自分の追い求めてきたまぼろしの魚、村一番のもぐり漁師だった父を破った瀬の主なのかもしれないクエに出会ったから。）

26

P27

海の命(8)

名前

上の文章を読んで、答えましょう。

(一) クエ（瀬の主）の様子を表している部分を、二つぬき書きしましょう。
（全く動こうとはしない。）
（おだやかな目だった。）

(二) こんなは、何を指していますか。
（この大魚は自分に殺されたがっていると思った。）

(三) ふっとほほえみ、とありますが、太一がほほえんだのはどうしてですか。
例（クエを殺さないでおこうという気持ちになったから。（クエを殺さないで済む考え方を思いついたから。））

(四) ウ こうが指している文をぬき書きしましょう。
（おとう、ここにおられたのですか。また会いに来ますから。）

27

P28

海の命(9)

名前

上の文章を読んで、答えましょう。

(一) 太一の母は、どんなおばあさんになりましたか。
（おだやかで満ち足りた、美しいおばあさん。）

(二) 海の命は全く変わらない。のは、どうしてですか。
（太一が魚を千びきに一ぴきしかとらないから。）

(三) なぜ、太一は生涯だれにも話さなかったのでしょうか。次の中から選んで○を付けましょう。
( ) クエをしとめるのに、おとうを自分も殺したから。
( ) けっこんして幸せな生活だったので、クエのことはふれたくなかった。
(○) クエとのやりとりは、自分の胸に大切にしまっておきたかった。

28

P29

風切るつばさ(1)

名前

上の文章を読んで、答えましょう。

(一) ア それは、どんな出来事を指していますか。
（若いアネハヅルの群れが、キツネにおそわれたこと。）

(二) 命を失ったのは、どんな鳥ですか。
（まだ幼い鳥）

(三) イ 無言の夜をむかえた、は鳥たちのどんな気持ちが分かりますか。次の中から選んで○を付けましょう。
( ) キツネにおそわれたきょうふで声も出ない。
(○) 幼い仲間が救えなかったことを悲しみ、後悔している。
( ) また、おそわれないかと、びくびくしている。

(四) ウ その思いとは、どんな思いですか。文中の言葉九字で答えましょう。
（二度ともどらない命）への思い

29

P30

風切るつばさ(2)

名前

上の文章を読んで、答えましょう。

(一) カラはどんな鳥ですか。
（体が弱い。）

(二) みんなは、キツネに気づかれたのは、何のせいだと言っていますか。
（クルルがカラにえさをとってやったときに、はばたいたせいだ。）

(三) あんなときは、何を指していますか。
（キツネにおそわれそうなとき。（ねらわれているとき。））

(四) そんな言い訳ひとつぶされそうなふん囲気が表現されている文をぬき書きしましょう。
（いかりの持っていき場が見つかったとばかりに、みな、口々にクルルにきびしい言葉をぶつけてくる。）

30

P31

風切るつばさ(3)

名前

上の文章を読んで、答えましょう。

(一) クルルは、どんなあつかいを受けるようになったのでしょうか。（ ）に自分で言葉を入れましょう。
まるで（仲間殺し）の犯人のようにあつかわれ、だれ一人、かれの（味方）はいない。みな、かれに（背）を向け（口をきく）者さえだれもいない。

(二) ①のようなあつかいを受けて、クルルはどんな気持ちになったのでしょうか。
（友達も仲間も何もかもが信じられない。）

(三) そんな自分とは、どんな自分ですか。
（たった一羽でいるしかなくなった、みじめな自分。）

(四) そしてクルルは、そんな自分のことを、どう思うようになったでしょう。
（みんなとうまくできない自分がくやしい。こんな自分がいやだ。自分の顔、自分のあし、自分のつばさ、みんないやだ。）

31

P32

風切るつばさ(4)

名前

上の文章を読んで、答えましょう。

(一) ある朝、クルルはどうなっていましたか。
（飛べなくなっていた。）

(二) 飛べなくなったクルルは、どうしましたか。
（ただじっと草原の片すみにうずくまっているしかなかった。）

(三) それは、何を指していますか。
（冬。（零下五十度の寒さにおそわれる。））

(四) 冬になる前に、モンゴルの草原にいるアネハヅルの群れはどうしますか。
（ヒマラヤ山脈をこえてインドにわたっていく。）

(五) ゆいいつの方法とは、どうすることですか。
（えさを食べず、ただじっとうずくまっていること。）

32

※本書にかかれている解答はあくまでも一例です。答えは、文意があっていれば、○をして下さい。
「思ったこと」「考えたこと」などは様々なとらえ方があります。児童の思いをよく聞いて○をつけて下さい。

P33 風切るつばさ(5)

上の文章を読んで、答えましょう。

(一) 南の空からまい降りてきたのは、だれですか。
(カララ)

(二) カララが降り立ったとき、クルルはどうしようと思ったのですか。次の中から選んで○を付けましょう。
( ) カララといっしょに飛んでいこうと思った。

(○) いっしょに行こうと言われても、ことわるつもりだった。

( ) 助けを呼んできてもらおうと思った。

(三) カララは、どんな行動をとりましたか。( )に当てはまる言葉を書きましょう。
何も(言わ)ず、ただじっとクルルの(となり)にいて、(南にわたっていく群れ)を(いっしょ)に見つめていた。

P34 風切るつばさ(6)

上の文章を読んで、答えましょう。

(一) カララは、どんな覚悟をしているのでしょうか。
(クルルといっしょに死ぬ。)

(二) アそのは、何を指していますか。
(キツネがカララに飛びかかる。)

(三) イ「……」のところに、もし言葉を入れるとしたら、どんな言葉を入れますか。
例(飛んでいる。飛べた。)

(四) ウ「おれ、飛んでる。」と思わずさけんだクルルの気持ちを短い言葉で表すと、次のどれになるでしょう。二つ選んで○を付けましょう。
(○) おどろき ( ) いかり ( ) おそれ (○) よろこび

P35 風切るつばさ(7)

上の文章を読んで、答えましょう。

(一) ア「風を切るつばさの音が、ここちよいリズムで体いっぱいにひびきわたった。」について答えましょう。
① 「風切るつばさの音」とは、何をしている音でしょうか。
(羽ばたいている音)
② この表現から、どんな飛び方をしていると思いますか。次の中から選んで○を付けましょう。
( ) 風におし流されてフラフラと飛んでいる。

( ) 落ちそうになるのをこらえて、必死に飛んでいる。

(○) 力強く、しっかりと飛んでいる。

(二) 二羽のアネハヅルとは、だれとだれですか。
(カララ)と(クルル)

(三) イ「……」に、もし言葉を入れるとすると、どんな言葉を入れるとよいでしょうか。
例(飛び続けた。飛んで行った。)

P36 美月の夢(1)

上の文章を読んで、答えましょう。

(一) 美月は、いま何をしているところですか。
(「将来の夢」という作文を書こうとしている。)

(二) 美月が行ってみたい所は、どこですか。三つ書きましょう。
(サバンナ)(砂ばく)(白夜の街)

(三) ①「……」は、どんなことを表していますか。
(見たいものが、もっと他にもたくさんあるということ。)

(四) 美月は、いま、どこにいますか。
(教室の中)

(五) 美月が想像の中で、草原を走っていることを表現している文をぬき書きしましょう。
(大きな空の下を、思いきり走る。風が、体の形をとらえて流れていく。聞こえるのは、風の音と自分の鼓動だけ……。)

P37 美月の夢(2)

上の文章を読んで、答えましょう。

(一) 「それ、夢って言わないぜ」は、だれがだれに言った言葉ですか。
(ヒロ)が(翔太)に言った。

(二) ヒロの将来の夢は何ですか。
(陸上選手になって、そのあとは体育の先生になる。)

(三) 翔太の将来の夢は何ですか。
(ビルや橋を造る人になる。)

(四) 美月がぎくっとしたのは、どうしてですか。次の中から選んで○を付けましょう。
( ) とつぜん後ろから声が飛びこんできたので、びっくりしたから。

( ) ヒロに自分のことを言われたのかと思ったから。

(○) 作文用紙にまだ何も書いていないことに、気がついたから。

P38 美月の夢(3)

上の文章を読んで、答えましょう。

(一) 美月は、やってみたい仕事として、何をあげていますか。三つ書きましょう。
(じゅう医さん)(動物園の飼育係)(コックさん)

(二) なぜ夢とは言えないと思ったのですか。
(興味があるだけで、「絶対にこれ」っていうほどではないから。)

(三) 体はどんどんしぼんでいくような……から、美月のどんな状態が分かりますか。次の中から選んで○を付けましょう。
( ) 作文が書けなくて、小さくなっている。

( ) 作文を考えすぎて、とてもつかれている。

(○) 自分には将来の夢がないのかと思って、落ちこんでいる。

P39 美月の夢(4)

上の文章を読んで、答えましょう。

(一) アはっとした美月の、心の中のつぶやきとして、当てはまるものを選び○を付けましょう。
( ) どうせ書けないから、もういいや。

(○) いけない。早く何か書かないと。

( ) うるさい先生だなあ。

(二) イそういうことは、どういうことを指しているのでしょうか。三つ書きましょう。
(飼育委員でにわとりとチャボとうさぎの世話をしていること。)

(テレビで見た、傷ついたライオンのかいほうをしていたボランティアの人たちのこと。)

(動物病院に、皮ふ病になってしまったのらねこを連れて行ったら、「のらねこ割引」で安くみてくれたこと。)

P40 美月の夢(5)

上の文章を読んで、答えましょう。

(一) どうして気分が重かったのですか。
(作文が宿題になってしまったから。)

(二) なぜいやな予感がしたのですか。( )に当てはまる言葉を[ ]から選んで書きましょう。
(沼田)さんから来るはずのはがきが、まだ(来ていない)のに、沼田さんのいる養老院の(園長)さんからの手紙が(来ていた)から。

[美月・園長・沼田・来ていた・来ていない]

(三) 美月は、なぜどきどきしながらふうを切ったのですか。次の中から選んで○を付けましょう。
( ) 園長さんからの手紙に何が書いてあるか、楽しみだったから。

(○) 何か悪いしらせではないかと心配だったから。

( ) 手紙より、作文の宿題が気になっていたから。

P41 美月の夢(6)

上の文章を読んで、答えましょう。

(一) 美月が沼田さんに初めてはがきを書いたのは、いつのことですか。
(一年生の時の敬老の日)

(二) 美月は、何を思ってはがきを書こうとしたのですか。
(知らない人にはがきを書くのっておもしろいかもしれない。)

(三) なぜ、近所の掲示板の標語をそのまま写したのですか。二つ書きましょう。
(はがきにどんなことを書けばいいのかわからなかったから。)

((標語が)かっこよくて、りっぱな感じがしたから。)

※本書にかかれている解答はあくまでも一例です。答えは、文意があっていれば、○をして下さい。
「思ったこと」「考えたこと」などは様々なとらえ方があります。児童の思いをよく聞いて○をつけて下さい。

P42

美月の夢(7)　名前［　　］

一週間ぐらいして、何人かから返事が来た。細かいところはちがったけれど、だいたいの人は、

「ここのくらしは、たのしいですよ。みづきちゃんも、たくさんあそんで、たくさんべんきょうしてください。」

という内容で、読みやすいように平仮名で書かれていた。

でも、沼田さんだけはちがった。

「楽あり苦あり、それが人生。美月さんは、富士山のように大きく、たおやかな人になるでしょう。」

――かっこいい。

特に、人生っていうのがかっこいい。「たおやか」っていうのは意味がわからなかったけど、そこがまたいい感じ。「美月ちゃん」じゃなくて、「美月さん」っていうのも気に入った。急に自分が大人になったみたい。

（教育出版　ひろがる言葉　小学国語　6年(上)　長崎夏海）

上の文章を読んで、答えましょう。

(一) 次の文の中から、沼田さんの返事に当てはまるものを選んで○を付けましょう。

（　）読みやすいように平仮名で書かれていた。

（○）漢字のまじった文だった。

（○）人生には楽しいことも苦しいこともあると書いてある。

（　）ほかの人とだいたい同じような内容だった。

(二) 沼田さんの返事の中で、美月の気に入った言葉を三つ書きましょう。

（人生）

（たおやか）

（美月さん）

42

P43

美月の夢(8)　名前［　　］

美月は、さっそく沼田さんに返事を書いた。


きょうは、えんそくで、たくさん木があるこうえんにいきました。

沼田さんは、大きな木のような人になるでしょう。


それからずっと、はがきのやりとりをしていた。

沼田さんからのはがきは、いつも同じ文面だった。

でも、美月は、読むたびに、ちがう気持ちになった。元気な時は、くすくす笑えたし、落ちこんでる時はあったかい気持ちになれた。

美月のはがきは、最初のところだけ、「もちつき大会があった」「プールに行った」「運動会があった」に変えたけれど、最後はやっぱり「大きな木のような人になるでしょう」にした。なぜだか、それがぴったりだって思えた。

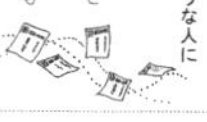

（教育出版　ひろがる言葉　小学国語　6年(上)　長崎夏海）

上の文章を読んで、答えましょう。

(一) 沼田さんと美月のはがきのやりとりについて、次のうち、正しい文に○を、まちがっている文に×を付けましょう。

（×）沼田さんは毎回ちがう内容のはがきをくれた。

（○）美月と沼田さんは、何度もはがきのやりとりをしている。

（○）美月のはがきは、最初のところだけ変えていた。

（×）沼田さんのはがきを読むと、元気な時は笑えたが、落ちこんでいる時は暗い気持ちになった。

(二) 美月のはがきの最後は、いつもどんな文でしたか。

（大きな木のような人になるでしょう。）

(三) なぜ、(二)のような文にしたのでしょうか。

（それがぴったりだと思えたから。）

43

P44

美月の夢(9)　名前［　　］

美月は、ふうっと息をはいて、便せんを広げた。園長さんからの手紙だ。

何年か前のある日、沼田さんに「クッキーの空きかんをくれ。」と言われました。沼田さんからたのまれごとをしたのは初めてでしたので、おどろいたのを覚えています。

なくなったあとで、そのかんがベッドの下から出てきました。かんの中には、ハンカチにくるまれた美月さんからのはがきが入っていました。大切にしていたのですね。

同ふうしましたはがきは、最後の一枚と思われます。書きかけですが、美月さんにあてたものなので、そのままお送りします。今までありがとうございました。

もう一つのふうとうに、沼田さんからのはがきが入っていた。

「楽あり苦あり、それが人生。美月さんは」

で、とぎれていた。字がふるえていた。

（教育出版　ひろがる言葉　小学国語　6年(上)　長崎夏海）

上の文章を読んで、答えましょう。

(一) ① 沼田さんに「クッキーの空きかんをくれ。」と言われておどろいたのは、だれですか。

（園長さん）

② なぜ、おどろいたのですか。

（沼田さんからたのまれごとをしたのは初めてだったから。）

(二) 沼田さんは、クッキーの空きかんに何を入れていましたか。

（(ハンカチにくるまれた)美月からのはがき）

(三) 沼田さんがクッキーの空きかんを何に使っていたのかが分かったのは、いつですか。

（沼田さんがなくなったあと。）

P57

44

P45

美月の夢(10)　名前［　　］

美月は、会ったことのない沼田さんの顔を想像してみた。

沼田さんは、いつも同じ文を書きながら、何を思っていたんだろう。どうして、富士山だったんだろう。

ここまで考えて、美月は「あれ？」と思った。

今まで、なんで会いに行かなかったんだろう。桜林園の前を自転車で通ったことはある。でも、中に入ろうとは思わなかった。沼田さんも、会おうと書いてきたことは一度もなかった。

――なんでだろ。

考えてみたけれど、やっぱりわからない。でも、わからなくてもいいやと思った。

沼田さんは、会ったことのない美月に、心をこめてはがきを書いてくれていた。美月も、心をこめて書いた。それだけでいい。

（教育出版　ひろがる言葉　小学国語　6年(上)　長崎夏海）

上の文章を読んで、答えましょう。

(一) 美月と沼田さんの関係について、次のうち、正しい文に○を、まちがっている文に×を付けましょう。

（○）美月は沼田さんと一度も会ったことがない。

（×）美月は沼田さんと会ったことはないが、顔は写真で知っている。

（○）沼田さんは、美月のために心をこめてはがきを書いてくれた。

（×）沼田さんは、美月にとても会いたがっていた。

(二) 美月は、どんなことに対して「――なんでだろ。」と思ったのですか。

（自分も沼田さんに会いに行こうと思わなかったし、沼田さんも会おうとは書いてこなかったこと。）

45

P46

美月の夢(11)　名前［　　］

美月は、マンションの屋上に行った。

屋上の西側のすぐそばに、どっしりとしたかしの木がある。新しい緑の葉をしげらせていて、前に見た時よりもぐんと近くに見えた。

木のずっと先には、ビルとマンション。その上の空は、排気ガスのせいか、ぼんやりとけぶっていた。

でも、あの向こうには富士山がある。

沼田さんの心の中にも、大きくて、たおやかな富士山があったはずだ。

「富士山のような人。」

美月は口に出して言ってみた。ア それはきっと、沼田さんの願いだ。もしかすると、沼田さん自身の夢だったのかもしれない。

すてきな夢だと、美月は思った。

――そうか。

いろんな所へ行くことだって、すてきな夢だ。

いろんなものを見て、いろんな人に出会いたい。

今は、イ それが、美月の夢だ。

美月は、しぼんでいた体に空気を入れるように、大きく息をすった。

（教育出版　ひろがる言葉　小学国語　6年(上)　長崎夏海）

上の文章を読んで、答えましょう。

(一) 美月のいる所から、近くにある順に、1〜3の番号を書きましょう。

（2）ビルとマンション
（1）かしの木
（3）富士山

(二) 美月や沼田さんのいる所から、富士山は見えているのでしょうか。

（見えていない。）

(三) ア それは、何を指していますか。

（富士山のような人）

(四) イ それは、何を指していますか。

（いろんなものを見て、いろんな人に出会いたい。）

46

P48

カレーライス (1)

上の文章を読んで、答えましょう。

(一) お母さんが、ア あきれ顔で言ったのは、どうしてですか。(15)

（ぼくが意地を張って、お父さんに「ごめんなさい。」と言わないから。）

(二) ひろしが、先にあやまるのはお父さんのほうだと思うのは、なぜですか。(15)

（セーブもさせないで、いきなりゲーム機のコードをぬいて電源を切ったから。）

(三) お母さんは、ひろしにどうしなさいと言っていますか。(15)

お父さんに（あやまり）なさい。

(四) 「お父さんウィーク」とは、どんなことですか。（　）に当てはまる言葉を入れて答えましょう。(5×5)

毎月半ばの一週間ほど、（お母さん）は仕事がいそがしくて、（帰り）がおそくなるので、（お父さん）が（夕食）に合わせて（早め）に帰ってくる。

(五) お父さんは、どうすれば、ひろしのきげんが直ると言っていますか。(15)

（特製カレーを食べれば、きげんが直る。）

(六) ひろしが、何があっても絶対にあやまるもんか、と心に決めたのは、なぜですか。(15)

（お母さんはいつだって、お父さんのみかたをするのがくやしいから。）

※本書にかかれている解答はあくまでも一例です。答えは、文意があっていれば、○をして下さい。
「思ったこと」「考えたこと」などは様々なとらえ方があります。児童の思いをよく聞いて○をつけて下さい。

P49 カレーライス (2)

上の文章を読んで、答えましょう。

(一) お父さんウィークの初日、お父さんは、どんな料理を作りましたか。(10)

（特製カレーライス）

(二) お父さんは料理が下手な例として、どんなことをあげていますか。三つ書きましょう。(10×3)

（じゃがいもやにんじんの切り方がでたらめ。）
（しんが残っている。）
（カレーのルウが、あまったるい。）

(三) お父さんにあやまりたくないというひろしの態度が表れている部分を、四つぬき書きしましょう。(10×4)

（カレー皿に顔をつっこむようにしてスプーンを動かしていた）
（(どっちにしても、)返事なんか、しないけど。）
（ぼくはだまったままだった。）
（知らん顔してカレーを食べ続けた）

(四) お父さんは何が分かっていないと、ひろしは思うのですか。(10)

（分かってることを言われるのがいちばんいやなんだってこと）

(五) ア言葉がもやもやとしたけむりみたいになって、むねの中にたまる。とありますが、どんなことを言っているのですか。次の中から選んで○を付けましょう。(10)

（○）言いたいことがあるが、言えない。
（　）言いたいことを忘れてしまった。
（　）けむりをすいこんだので、しゃべれない。

P50 やまなし (1)

上の文章を読んで、答えましょう。

(一) かにの子どもらは、どこにいますか。(10)

（小さな谷川の底（青白い水の底））

(二) ア天井は何のことですか。(15)

（谷川の水面）

(三) イそれは、何を指していますか。(15)

（かにの子どもがはき出したあわ。）

(四) かにの頭の上を過ぎていったのは、何ですか。(10)

（一ぴきの魚）

(五) (四)はどんな様子で通り過ぎていきましたか。文中からぬき書きしましょう。(15)

（つうと銀の色の腹をひるがえして）

(六) 水の中の様子は、次のうちどれでしょうか。一つ選んで○を付けましょう。(15)

（　）とても明るい（○）うす暗い（　）まっ暗やみ

(七) この文章の中には、同じ言葉がくり返し使われています。それはどんな言葉ですか。(10)

（クラムボン）

(八) 「クラムボン」の笑い方を、どのように表現していますか。(10)

（かぷかぷ笑った）

P51 やまなし (2)

上の文章を読んで、答えましょう。

(一) 水の中が、どのように変わりましたか。次の中から選んで○を付けましょう。(20)

（　）急に暗くなった。
（　）だんだん暗くなった。
（○）急に明るくなった。
（　）だんだん明るくなった。

(二) ア日光の黄金は、夢のように水の中に降ってきました。とは、どのような状態を言っているのでしょうか。(20)

（日光が水の中にさしこんできた。）

(三) イ――の様子を、（　）に入れる言葉を［　］から選んで、説明しましょう。(5×4)

（日光）が波のはたらきで、（あみ）のようになって、底の白い岩にうつっている。（波）がゆれるので、その光のあみも、（ゆらゆら）とゆれている。

［波・日光・ゆらゆら・岩・あみ］

(四) ウ黄金の光とは何のことですか。(20)

（水の中にさしこんだ日光）

(五) 魚の泳ぎ方が表現されているところが二つあります。その部分をぬき書きしましょう。(10×2)

（そこらじゅうの黄金の光をまるっきりくちゃくちゃにして、おまけに自分は鉄色に変に底光りして）
（ゆっくり落ち着いて、ひれも尾も動かさず、ただ水にだけ流されながら、お口を輪のように円くして）

P52 やまなし (3)

上の文章を読んで、答えましょう。

(一) ア青光りのまるでぎらぎらする鉄砲だまのようなものは、何ですか。(10)

（かわせみ（鳥））

(二) イ青いものの先が、コンパスのように黒くとがっているのは、何ですか。(15)

（かわせみのくちばし）

(三) ウ――は、魚がどうなったことを表していますか。(10)

（魚がかわせみにつかまった。）

(四) エ――から、川はどんな状態になったことがわかりますか。次の中から選んで○を付けましょう。(15)

（○）もとの静かな状態にもどった。
（　）はげしく波立って、あれている。
（　）静まり返って、流れも止まった。

(五) オ居すくまってとは、どうなってしまったことでしょうか。(15)

（(からだがこわばって)動けなくなってしまった。）

(六) お父さんのかにには、どうしてカだいじょうぶだ、安心しろ。と言ったのでしょうか。次の中から選んで○を付けましょう。(15)

（　）お父さんが強いというところを見せたかった。
（　）自分もこわかったので、自分を勇気づけるため。
（○）かわせみはかにをとらないから。

(七) キ「魚はこわい所へ行った。」とは、どうなったのでしょうか。(10)

（かわせみに食べられてしまった。）

(八) 「こわいよ。」と言っている子がにの上を、何が流れていきましたか。(10)

（白いかばの花びら）

P53 やまなし (4)

上の文章を読んで、答えましょう。

(一) 川底には、どんなものが流れてきましたか。三つ書きましょう。(5×3)

（白いやわらかな丸石）
（小さなきりの形の水晶のつぶ）
（金雲母のかけら）

(二) この場面は、昼と夜のどちらですか。(10)

（夜）

(三) 水の中には、何の光がさしこんでいますか。(10)

（月の光）

(四) (三)の光の状態が、どのように表現されていますか。文中からぬき書きしましょう。(15)

（ラムネのびんの月光がいっぱいにすき通り）

(五) アその波とは、どんな波のことですか。(15)

（青白い火を燃やしたり消したりしているような波）

(六) かにの子どもらは、何をしていますか。(15)

（あわをはいて、大きさくらべをしている。）

(七) イとウはそれぞれ、だれの言葉ですか。(5×2)

イ（弟のかに）ウ（兄のかに）

(八) なぜ、エ弟のかには泣きそうになりましたか。(10)

（お父さんが、兄さんのあわの方が大きいと言ったから。）

※本書にかかれている解答はあくまでも一例です。答えは、文意があっていれば、〇をして下さい。
「思ったこと」「考えたこと」などは様々なとらえ方があります。児童の思いをよく聞いて〇をつけて下さい。

P54 やまなし (5)

上の文章を読んで、答えましょう。

(一) 子どもたちは、ア黒い丸い大きなものを何だと思ったのですか。(10)
（かわせみ）

(二) ア黒い丸い大きなものは何だったのですか。(10)
（やまなし）

(三) この場面は昼でしょうか、夜でしょうか。どちらかに〇を付け、それがわかる言葉を文中からぬき書きしましょう。(10×2)
（　）昼　（〇）夜
（月明かり（もう帰ってねよう。も可））

(四) やまなしが落ちてきて、水の中はどうなりましたか。(15)
（やまなしのいいにおいでいっぱいになった。）

(五) イ合わせて六つとは、何と何で、合わせて六つなのでしょうか。(10)
（三びきのかにと、その三つのかげ法師）

(六) やまなしが流れていく様子を、どのように表現していますか。文中からぬき書きしましょう。(10)
（ぼかぼか流れていく。）

(七) 川の流れの様子は、どのように表現されていますか。文中からぬき書きしましょう。(10)
（水はサラサラ鳴り、天井の波はいよいよ青いほのおを上げ）

(八) お父さんが、やまなしをすぐに食べずに待てと言ったのは、どうしてですか。(15)
（二日ばかり待つと下にしずんできて、ひとりでにおいしいお酒ができるから。）

P55 イーハトーヴの夢 (1)

上の文章を読んで、答えましょう。

(一) 宮沢賢治は、いつ、どこで生まれましたか。(10×2)
いつ（一八九六年(明治二十九年)八月二十七日）
どこで（岩手県の花巻）

(二) 賢治が生まれた年は、どんな年でしたか。次の中から選んで〇を付けましょう。(15)
（　）大豊作の年だった。
（〇）次々に災害にみまわれた年だった。
（　）冷害でお米が実らない年だった。

(三) 一八九六年六月には、どんな災害が起こりましたか。(10)
（三陸大津波）

(四) アそれは、何を指していますか。(15)
（大雨、洪水）

(五) 賢治は、何人兄弟の何番目ですか。(5×2)
（五人）兄弟の（一）番目

(六) 小学校のころの賢治について、当てはまるものに〇を付けましょう。(15)
（　）たくさんの友達とよく遊ぶ子だった。
（　）手のつけられない乱暴者だった。
（〇）おとなしくて、一人遊びが好きだった。

(七) どうしてイ「石こ賢さん」と呼ばれたのですか。(15)
（石を集めて観察するのが大好きだったから。）

P56 イーハトーヴの夢 (2)

上の文章を読んで、答えましょう。

(一) 賢治が、アのように考えたのは、どうしてですか。(15)
（自然災害が続き、農作物がとれず、農民たちが苦しんでいたから。）

(二) イそのためとは、何のためですか。(15)
（(自然災害による) 農作物の被害を少なくし、人々が安心して田畑を耕せるようにするため。）

(三) 賢治は、自分の考えを実現するためには、まず何をすることが必要だと思ったのですか。(15)
（最新の農業技術を学ぶこと。）

(四) 賢治が、学者の道に進むのを断ったのは、どうしてですか。(15)
例（自然災害のために苦しんでいる農民たちのために、農業技術を役立てたいと思っていたから。）

(五) 盛岡高等農林学校を卒業した賢治は、どんな仕事につきましたか。(10)
（花巻の農学校の先生）

(六) 賢治は、いつも生徒たちに何と言っていましたか。(15)
いねの心が分かる人間になれ。

(七) ウの言葉で賢治が言いたかったことは、言いかえれば、どういう意味ですか。文中からぬき書きしましょう。(15)
（その年の気候の特徴を、いろんな角度から見て、しっかりつかむことが大切です。）

P57 イーハトーヴの夢 (3)

上の文章を読んで、答えましょう。

(一) 賢治は、生徒たちと田植えをしたときに、どんなことをしましたか。(15)
（田んぼの真ん中に、ひまわりの種を一つぶ植えた。）

(二) アそれは、何のことですか。(15)
（ひまわり）

(三) 先生としての賢治の理想を、本文からぬき書きしましょう。(15)
（苦しい農作業の中に、楽しさを見つける。工夫することに、喜びを見つける。そうして、未来に希望をもつ。）

(四) 賢治が詩や童話をたくさん書いたわけを、（　）に当てはまる言葉を□から選んで、まとめましょう。(10×3)
賢治の詩や童話を読んでもらう。
人々の（やさしい心）を育てる。
← たがいにやさしい心が通い合う。
← みんなで（力を合わせる）。
← （暴れる自然）に勝つ。

[力を合わせる　田植えをする　暴れる自然　競争心　やさしい心　育てる]

(五) 賢治の書いた物語の舞台は、何という場所ですか。(10)
（イーハトーヴ）

(六) (五)の地名には、賢治のどんな思いがこめられていると、作者は思っているのですか。文中からぬき書きしましょう。(15)
（この岩手県が、いつか、こんな夢のようなすてきな所になったらいいな。）

P58 イーハトーヴの夢 (4)

上の文章を読んで、答えましょう。

(一) 上の文では、宮沢賢治の作品がいくつしょうかいされていますか。(10)
（四）つ

(二) 又三郎が転校してきたのは、どんな学校ですか。(10)
（山の小さな分校）

(三) 又三郎は、どんなことができると書かれていますか。(10)
（風や雨を自分の力で動かすことができる。）

(四) グスコーブドリのとった行動について、（　）に当てはまる言葉を[　]から選んで、文を完成させましょう。(8×5)
（冷夏）で農作物が（とれなくなった）ため、（生きて帰っては来られない）ことを知りながら、自ら進んで（火山を爆発）させて（暖かくしよう）とした。

[とれなくなった・みんなにほめられる・生きて帰っては来られない・雨を降らせよう・冷夏・火山を爆発・暖かくしよう・洪水]

(五) ゴーシュは、どんな人ですか。次の中から選んで二つ〇を付けましょう。(10×2)
（　）セロの弾き方がとても上手だった。
（〇）セロの弾き方がとても下手だった。
（〇）自分の音楽で野ねずみなどの病気を治せる。
（　）ゴーシュの音楽を聞くと、うさぎなどは病気になる。

(六) おかの上には、人間の病気の他に、何を治す病院がありましたか。(5×2)
（動物の病気）（植物の病気）

※本書にかかれている解答はあくまでも一例です。答えは、文意があっていれば、○をして下さい。
「思ったこと」「考えたこと」などは様々なとらえ方があります。児童の思いをよく聞いて○をつけて下さい。

P59

イーハトーヴの夢 (5)

上の文章を読んで、答えましょう。

(一) 賢治の作品について答えましょう。(10×3)
① カステラは、何を集めて作られますか。
（月の光）
② 放送局は何語で放送されますか。（鬼語）
③ 発電所は、何を集めて発電しますか。
（銀河のエネルギー）

(二) 「銀河鉄道の夜」について答えましょう。(10×3)
① 少年はどこまで旅をするのですか。
（天上の国）
② 少年が旅した天上の風景を、上の文ではどのように表現していますか。
（目を見はるほど美しい）
③ 「銀河鉄道の夜」は、賢治がどんな時に書いた作品ですか。
（大切な妹トシをなくし、悲しみのどん底にいた時）

(三) アそれは、何を指していますか。(10)
（賢治がイーハトーヴの物語を通して追い求めた理想）

(四) 賢治にとって、どんな世界が夢だったのですか。(10)
（人間がみんな人間らしい生き方ができる社会）
（人間も動物も植物も、たがいに心が通い合うような世界）

(五) イその木の心の例として、あげられているものを四つ書きましょう。(5×4)
（身を切られるときの痛み）
（日なたぼっこのここちよさ）
（いかり）
（思い出）

P60

イーハトーヴの夢 (6)

上の文章を読んで、答えましょう。

(一) 時代は、どんな方向に進んでいきましたか。次の中から選んで、二つ○を付けましょう。(5×2)
（　）賢治の考えが受け入れられるようになった。
（○）早く、合理的にできることがよいという時代。
（○）賢治の理想とはちがう方向に進んだ。

(二) この時代、どんなものが発達してきたのか、□に当てはまる言葉を入れて答えましょう。(5×3)
さまざまな［機械］の自動化が始まり、［鉄道］や［通信］が発達した。

(三) アそんな世の中とは、どんな世の中を指していますか。(15)
（なんでも早く、合理的にできることがよいと思われるような世の中）

(四) 賢治の書いた童話や詩は、どうなりましたか。(10×3)
出版社に持ちこんだ原稿は
（出版を断られた。）
自分で出した本は
（ほとんど売れなかった。）
批評は（ひどい（批評の）言葉が返ってきた。）

(五) 賢治の農業に対する考え方は、どう変わってきたのか、（　）に当てはまる言葉を書きましょう。(5×4)
（大勢）の生徒を相手に（理想）を語るのではなく、自分も（農民）になって、自分で（耕し）ながら人と話していく。

(六) 羅須知人協会で、賢治はどんなことをしましたか。二つ書きましょう。(5×2)
（農業技術を教えた。）
（農民の劇団を作った。）

P61

イーハトーヴの夢 (7)

上の文章を読んで、答えましょう。

(一) アそれは、どのようなことですか。要約して書きましょう。(15)
（真っ黒に日焼けし、土のにおいをぷんぷんさせながら、毎日、北上川沿いのあれ地を耕すこと。）

(二) 羅須地人協会を、二年ほどで閉じなければならなくなったのは、どうしてですか。(15)
（賢治が病気でねこんでしまったため。）

(三) 病気が少しよくなると、賢治はどうしましたか。次の（　）に当てはまる言葉を入れて説明しましょう。(5×5)
（村々）を歩き回って（肥料）のやり方を教えた。また、（石灰肥料会社）の共同経営者になって、（セールス）に歩き回った。岩手県内だけでなく、（東北一帯）を毎日飛び回った。

(四) 賢治は、なぜ石灰肥料のセールスに歩き回ったのですか。(15)
（石灰肥料を広めることが、土地改良に役立ち、農民のためになると考えたから。）

(五) 賢治が病気で、とこをはなれることができなくなったのは、何歳のときですか。(15)
（三十五歳）

(六) 急性肺炎を起こした賢治は、見知らぬ客に対して、どうしましたか。次の中から選んで○を付けましょう。(15)
（○）肥料のことをていねいに教えてあげた。
（　）着物に着がえて、あいさつをして、帰ってもらった。
（　）呼吸ができないほど苦しいので、あいさつだけした。

P62

イーハトーヴの夢 (8)

上の文章を読んで、答えましょう。

(一) アそれは、どういうことを指していますか。(15)
（家族全員が二階の病室に集まったこと。）

(二) 賢治が少し落ち着いた後、病室に残ったのはだれですか。(10)
（母親のイチ）

(三) 賢治は母親に、どんなことをたのみましたか。(15)
（水を一ぱいくれるようにたのんだ。）

(四) 賢治が死ぬ前に、最後にしたことは何ですか。(15)
（オキシドールを消毒綿に付けて、手、首、体全体をきれいにふいた。）

(五) 賢治が四のことをしたのは、どうしてだと思いますか。次の中から一つ選んで○を付けましょう。(10)
（　）激しく血をはいたので、きれいにふきとりたかった。
（　）風呂に入っていないので、あせをふきたかった。
（○）死が近いことを感じて、体をきれいにしておきたかった。

(六) 賢治のなくなった時刻と、季節はいつですか。
① 時刻 (10)（午後一時三十分）
② 季節 (10)（秋）
③ その時、部屋の片すみに積まれていたものは何ですか。(15)
（賢治が生きているうちには、ついに本になることのなかった名作の数々、その原稿。）

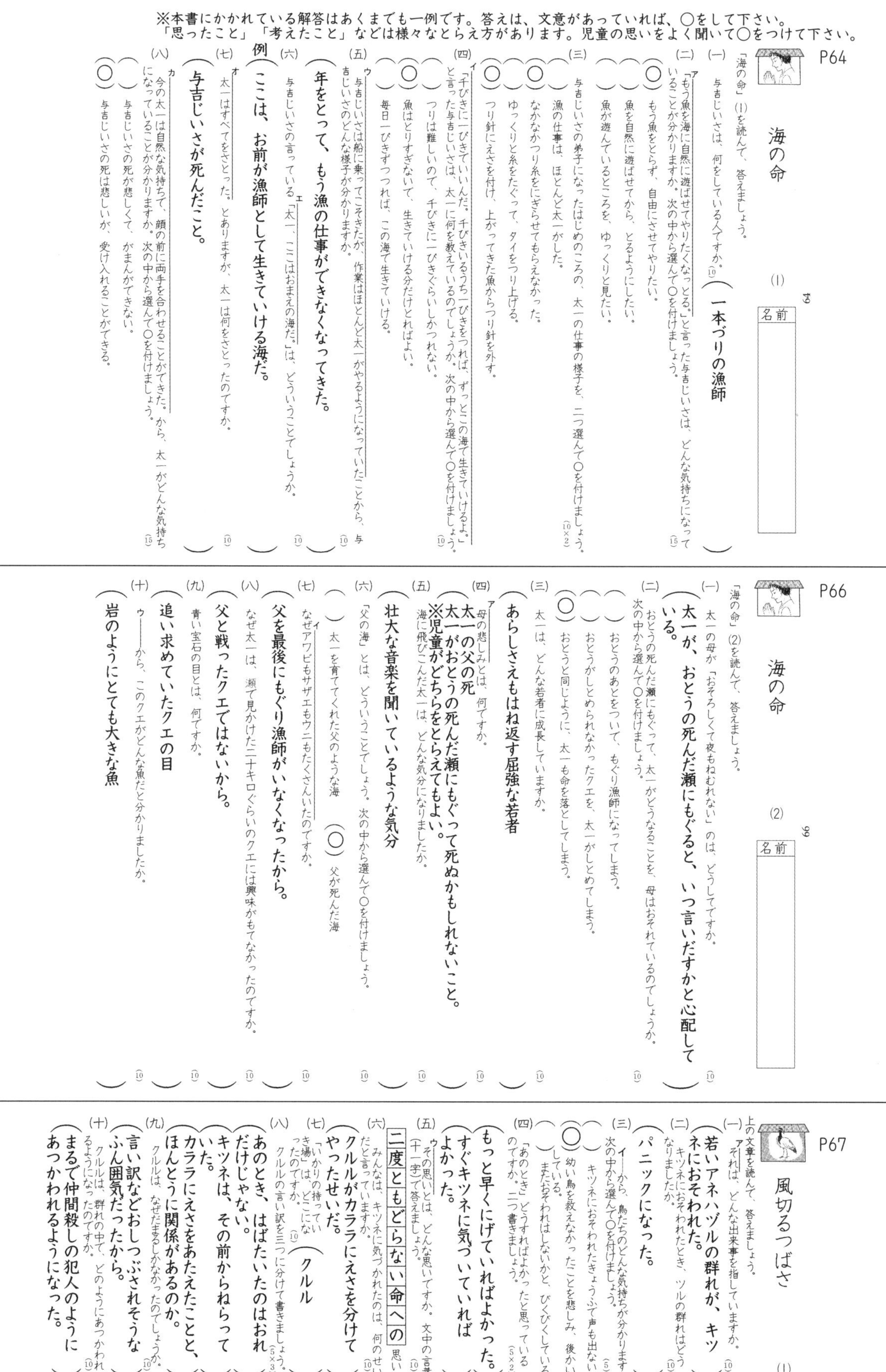

※本書にかかれている解答はあくまでも一例です。答えは、文意があっていれば、○をして下さい。
「思ったこと」「考えたこと」などは様々なとらえ方があります。児童の思いをよく聞いて○をつけて下さい。

P64

海の命 (1)

名前

「海の命」(1)を読んで、答えましょう。

(一) 与吉じいさは、何をしている人ですか。(10)
（一本づりの漁師）

(二) ア「もう魚を海に自然に遊ばせてやりたくなっとる。」と言った与吉じいさは、どんな気持ちになっていることが分かりますか。次の中から選んで○を付けましょう。(15)
（○）もう魚をとらず、自由にさせてやりたい。
（　）魚を自然に遊ばせてから、とるようにしたい。
（　）魚が遊んでいるところを、ゆっくりと見たい。

(三) 与吉じいさの弟子になったはじめのころの、太一の仕事の様子を、二つ選んで○を付けましょう。(10×2)
（　）漁の仕事は、ほとんど太一がした。
（○）なかなかつり糸をにぎらせてもらえなかった。
（　）ゆっくりと糸をたぐって、タイをつり上げる。
（○）つり針にえさを付け、上がってきた魚からつり針を外す。

(四) イ「千びきに一ぴきでいいんだ。千びきいるうち一ぴきをつれば、ずっとこの海で生きていけるよ。」と言った与吉じいさは、太一に何を教えているのでしょうか。次の中から選んで○を付けましょう。(10)
（　）つりは難しいので、千びきに一ぴきぐらいしかつれない。
（○）魚はとりすぎないで、生きていける分だけとればよい。
（　）毎日一ぴきずつつれば、この海で生きていける。

(五) ウ与吉じいさは船に乗ってこそきたが、作業はほとんど太一がやるようになっていたことから、与吉じいさのどんな様子が分かりますか。(10)
（年をとって、もう漁の仕事ができなくなってきた。）

(六) 与吉じいさの言っている「エ太一、ここはおまえの海だ。」は、どういうことでしょうか。(10)
例（ここは、お前が漁師として生きていける海だ。）

(七) オ太一はすべてをさとった。とありますが、太一は何をさとったのですか。(10)
（与吉じいさが死んだこと。）

(八) カ今の太一は自然な気持ちで、顔の前に両手を合わせることができた。から、太一がどんな気持ちになっていることが分かりますか。次の中から選んで○を付けましょう。(15)
（　）与吉じいさの死が悲しくて、がまんができない。
（○）与吉じいさの死は悲しいが、受け入れることができる。

P66

海の命 (2)

名前

「海の命」(2)を読んで、答えましょう。

(一) 太一の母が「おそろしくて夜もねむれない」のは、どうしてですか。(10)
（太一が、おとうの死んだ瀬にもぐると、いつ言いだすかと心配している。）

(二) おとうの死んだ瀬にもぐって、太一がどうなることを、母はおそれているのでしょうか。次の中から選んで○を付けましょう。(10)
（　）おとうのあとをついで、もぐり漁師になってしまう。
（　）おとうがしとめられなかったクエを、太一がしとめてしまう。
（○）おとうと同じように、太一も命を落としてしまう。

(三) 太一は、どんな若者に成長していますか。(10)
（あらしさえもはね返す屈強な若者）

(四) ア母の悲しみとは、何ですか。(10)
（太一の父の死
太一がおとうの死んだ瀬にもぐって死ぬかもしれないこと。
※児童がどちらをとらえてもよい。）

(五) 海に飛びこんだ太一は、どんな気分になりましたか。(10)
（壮大な音楽を聞いているような気分）

(六) 「父の海」とは、どういうことでしょう。次の中から選んで○を付けましょう。(10)
（　）太一を育ててくれた父のような海
（○）父が死んだ海

(七) なぜイアワビもサザエもウニもたくさんいたのですか。(10)
（父を最後にもぐり漁師がいなくなったから。）

(八) なぜ太一は、瀬で見かけた二十キロぐらいのクエには興味がもてなかったのですか。(10)
（父と戦ったクエではないから。）

(九) 青い宝石の目とは、何ですか。(10)
（追い求めていたクエの目）

(十) ウ――から、このクエがどんな魚だと分かりましたか。(10)
（岩のようにとても大きな魚）

P67

風切るつばさ (1)

上の文章を読んで、答えましょう。

(一) アそれは、どんな出来事を指していますか。(10)
（若いアネハヅルの群れが、キツネにおそわれた。）

(二) キツネにおそわれたとき、ツルの群れはどうなりましたか。(10)
（パニックになった。）

(三) イ――から、鳥たちのどんな気持ちが分かりますか。次の中から選んで○を付けましょう。(5)
（　）キツネにおそわれたきょうふで声も出ない。
（○）幼い鳥を救えなかったことを悲しみ、後かいしている。
（　）またおそわれはしないかと、びくびくしている。

(四) 「あのとき」どうすればよかったと思っているのですか。二つ書きましょう。(5×2)
（もっと早くにげていればよかった。）
（すぐキツネに気づいていればよかった。）

(五) ウその思いとは、どんな思いですか。文中の言葉（十一字）で答えましょう。(10)
［二度ともどらない命への］思い

(六) みんなは、キツネに気づかれたのは、何のせいだと言っていますか。(10)
（クルルがカラウにえさを分けてやったせいだ。）

(七) 「いかりの持っていき場」は、どこになったのですか。(10)
（クルル）

(八) クルルの言い訳を三つに分けて書きましょう。(5×3)
（あのとき、はばたいたのはおれだけじゃない。）
（キツネは、その前からねらっていた。）
（カララにえさをあたえたことと、ほんとうに関係があるのか。）

(九) クルルは、なぜだまるしかなかったのでしょうか。(10)
（言い訳などおしつぶされそうなふん囲気だったから。）

(十) クルルは、群れの中で、どのようにあつかわれるようになったのですか。(10)
（まるで仲間殺しの犯人のようにあつかわれるようになった。）

※本書にかかれている解答はあくまでも一例です。答えは、文意があっていれば、〇をして下さい。
「思ったこと」「考えたこと」などは様々なとらえ方があります。児童の思いをよく聞いて〇をつけて下さい。

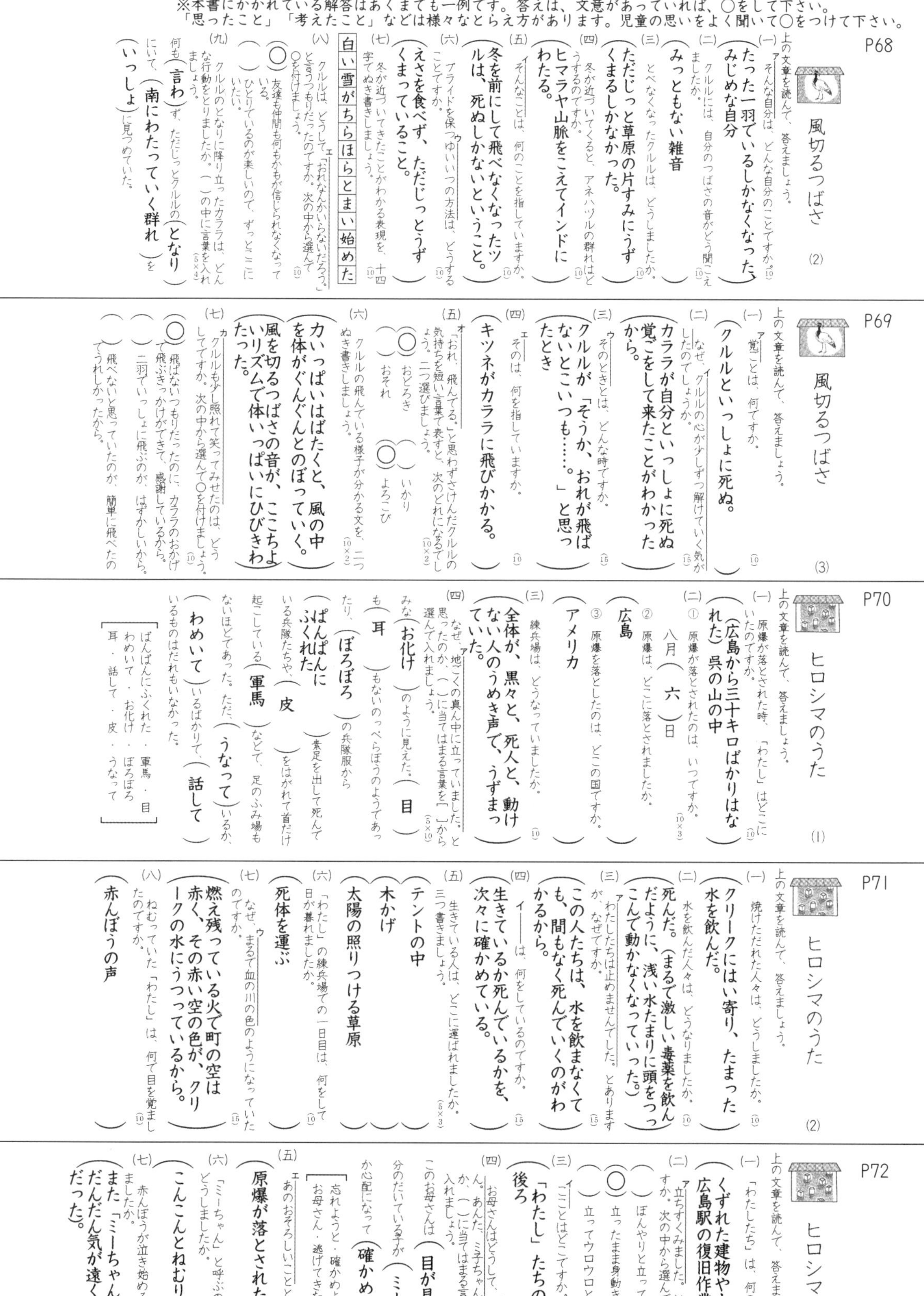

P68 風切るつばさ (2)

上の文章を読んで、答えましょう。

(一) ア そんな自分は、どんな自分のことですか。⑩
（たった一羽でいるしかなくなった、みじめな自分）

(二) クルルには、自分のつばさの音がどう聞こえましたか。⑩
（みっともない雑音）

(三) とべなくなったクルルは、どうしましたか。⑩
（ただじっと草原の片すみにうずくまるしかなかった。）

(四) 冬が近づいてくると、アネハヅルの群れはどうするのですか。⑩
（ヒマラヤ山脈をこえてインドにわたる。）

(五) イ そんなことは、何のことを指していますか。⑩
（冬を前にして飛べなくなったツルは、死ぬしかないということ。）

(六) プライドを保つ ウ ゆいいつの方法は、どうすることですか。⑩
（えさを食べず、ただじっとうずくまっていること。）

(七) 冬が近づいてきたことがわかる表現を、十四字でぬき書きしましょう。⑩
白い雪がちらほらとまい始めた

(八) クルルは、どうして エ「おれなんかいらないだろう。」と言うつもりだったのですか。次の中から選んで〇を付けましょう。⑩
（〇）友達も仲間も何もかもが信じられなくなっている。

（　）ひとりでいるのが楽しいので、ずっとここにいたい。

(九) クルルのとなりに降り立ったカララは、どんな行動をとりましたか。（　）の中に言葉を入れましょう。(5×4)
何も（言わ）ず、ただじっとクルルの（となり）にいて、（南にわたっていく群れ）を（いっしょ）に見つめていた。

P69 風切るつばさ (3)

上の文章を読んで、答えましょう。

(一) ア 覚ごとは、何ですか。⑩
（クルルといっしょに死ぬ。）

(二) なぜ、イ クルルの心が少しずつ解けていく気がしたのでしょうか。⑮
（カララが自分といっしょに死ぬ覚ごをして来たことがわかったから。）

(三) ウ そのときとは、どんな時ですか。⑮
（クルルが「そうか、おれが飛ばないとこいつも……。」と思ったとき）

(四) エ そのは、何を指していますか。⑩
（キツネがカララに飛びかかる。）

(五) オ「おれ、飛んでる。」と思わずさけんだクルルの気持ちを短い言葉で表すと、次のどれになるでしょう。二つ選びましょう。(10×2)
（〇）おどろき　（　）いかり
（　）おそれ　（〇）よろこび

(六) クルルの飛んでいる様子が分かる文を、二つぬき書きしましょう。(10×2)
（力いっぱいはばたくと、風の中を体がぐんぐんとのぼっていく。）

（風を切るつばさの音が、ここちよいリズムで体いっぱいにひびきわたった。）

(七) カ クルルも少し照れて笑ってみせたのは、どうしてですか。次の中から選んで〇を付けましょう。⑩
（〇）飛ばないつもりだったのに、カララのおかげで飛ぶきっかけができて、感謝しているから。

（　）二羽でいっしょに飛ぶのが、はずかしいから。

（　）飛べないと思っていたのが、簡単に飛べたのでうれしかったから。

P70 ヒロシマのうた (1)

上の文章を読んで、答えましょう。

(一) 原爆が落とされた時、「わたし」はどこにいたのですか。⑩
（広島から三十キロばかりはなれた）呉の山の中

(二) (10×3)
① 原爆が落とされたのは、いつですか。
八月（六）日
② 原爆は、どこに落とされましたか。
（広島）
③ 原爆を落としたのは、どこの国ですか。
（アメリカ）

(三) 練兵場は、どうなっていましたか。⑩
（全体が、黒々と、死人と、動けない人のうめき声で、うずまっていた。）

(四) なぜ、ア 地ごくの真ん中に立っていました。と思ったのか、（　）に当てはまる言葉を[　]から選んで入れましょう。(5×10)
みな（お化け）のように見えた。（目）も（耳）もないのっぺらぼうのようであったり、（ぼろぼろ）の兵隊服から（ぱんぱんにふくれた）素足を出して死んでいる兵隊たちや、（皮）をはがれて首だけ起こしている（軍馬）などで、足のふみ場もないほどであった。ただ、（うなって）いるか、（わめいて）いるばかりで、（話して）いるものはだれもいなかった。

[ぱんぱんにふくれた・軍馬・目
わめいて・お化け・ぼろぼろ
耳・話して・皮・うなって]

P71 ヒロシマのうた (2)

上の文章を読んで、答えましょう。

(一) 焼けただれた人々は、どうしましたか。⑩
（クリークにはい寄り、たまった水を飲んだ。）

(二) 水を飲んだ人々は、どうなりましたか。⑩
（死んだ。（まるで激しい毒薬を飲んだように、浅い水たまりに頭をつっこんで動かなくなっていった。））

(三) ア わたしたちは止めませんでした。とありますが、なぜですか。⑮
（この人たちは、水を飲まなくても、間もなく死んでいくのがわかるから。）

(四) イ――は、何をしているのですか。⑮
（生きているか死んでいるかを、次々に確かめている。）

(五) 生きている人は、どこに運ばれましたか。三つ書きましょう。(5×3)
（テントの中）

（木かげ）

（太陽の照りつける草原）

(六) 「わたし」の練兵場での一日目は、何をして日が暮れましたか。⑩
（死体を運ぶ）

(七) なぜ、ウ まるで血の川の色のようになっていたのですか。⑮
（燃え残っている火で町の空は赤く、その赤い空の色が、クリークの水にうつっているから。）

(八) ねむっていた「わたし」は、何で目を覚ましたのですか。⑩
（赤んぼうの声）

P72 ヒロシマのうた (3)

上の文章を読んで、答えましょう。

(一) 「わたしたち」は、何の作業に行きましたか。⑮
（くずれた建物や土にうずまった広島駅の復旧作業）

(二) ア 立ちすくみました。とは、どういう状態ですか。次の中から選んで〇を付けましょう。⑮
（　）ぼんやりと立っている。

（〇）立ったまま身動きができない。

（　）立ってウロウロと動きまわる。

(三) イ ここはどこですか。⑮
（「わたし」たちのテントのすぐ後ろ）

(四) お母さんはどうして、ウ「ミーちゃん、ミーちゃん。あんた、ミ子ちゃんよねえ。」と言っているのか、（　）に当てはまる言葉を[　]から選んで書き入れましょう。(5×3)
このお母さんは（目が見えない）ので、自分のだいている子が（ミーちゃん）なのかどうか心配になって（確かめようと）している。

[忘れようと・確かめようと・ミーちゃん
お母さん・逃げてきた・目が見えない]

(五) エ あのおそろしいこととは、何のことですか。⑩
（原爆が落とされたこと）

(六) 「ミーちゃん」と呼ぶのをやめたお母さんは、どうしましたか。⑮
（こんこんとねむりこんでしまった。）

(七) 赤んぼうが泣き始めると、お母さんはどうしましたか。⑮
（また「ミーちゃん。」と呼んだが、だんだん気が遠くなっていくようだった。）

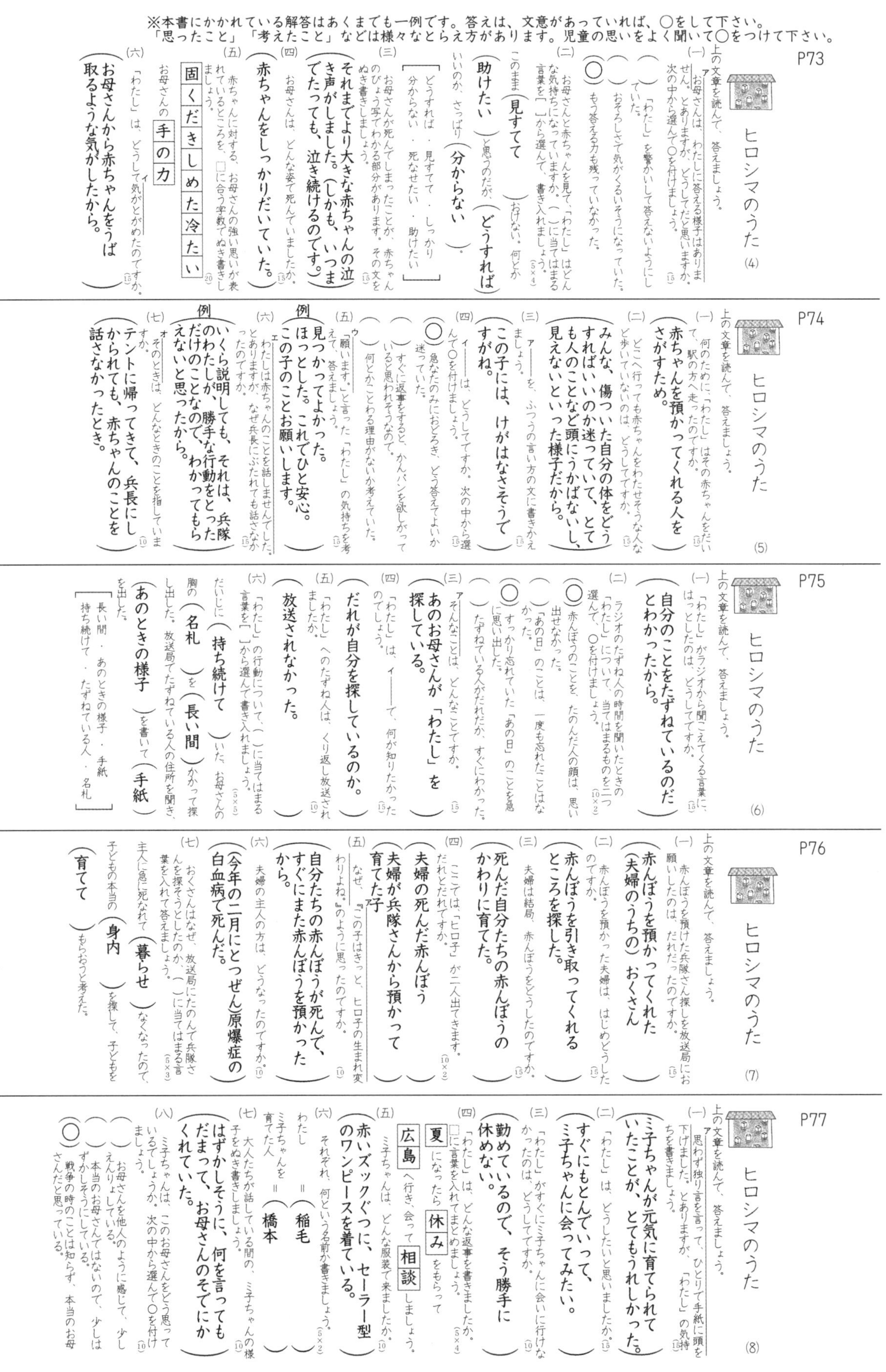

※本書にかかれている解答はあくまでも一例です。答えは、文意があっていれば、○をして下さい。
「思ったこと」「考えたこと」などは様々なとらえ方があります。児童の思いをよく聞いて○をつけて下さい。

P73 ヒロシマのうた (4)

上の文章を読んで、答えましょう。

(一) ア お母さんは、わたしに答える様子はありません。とありますが、どうしてだと思いますか。次の中から選んで○を付けましょう。(15)

( ) 「わたし」を警かいして答えないようにしていた。
( ) おそろしさで気がくるいそうになっていた。
(○) もう答える力も残っていなかった。

(二) お母さんと赤ちゃんを見て、「わたし」はどんな気持ちになっていますか。( )に当てはまる言葉を[ ]から選んで、書き入れましょう。(5×4)

このまま（見すてて）おけない。何とか（助けたい）と思うのだが、（どうすれば）いいのか、さっぱり（分からない）。

[どうすれば・見すてて・しっかり 分からない・死なせたい・助けたい]

(三) お母さんが死んでしまったことが、赤ちゃんのひょう写でわかる部分があります。その文をぬき書きしましょう。(15)

（それまでより大きな赤ちゃんの泣き声がしました。（しかも、いつまでたっても、泣き続けるのです。））

(四) お母さんは、どんな姿で死んでいましたか。(15)

（赤ちゃんをしっかりだいていた。）

(五) 赤ちゃんに対する、お母さんの強い思いが表れているところを、□に合う字数でぬき書きしましょう。(20)

お母さんの［手の力］
［固くだきしめた冷たい］

(六) 「わたし」は、どうしてイ気がとがめたのですか。(15)

（お母さんから赤ちゃんをうばい取るような気がしたから。）

P74 ヒロシマのうた (5)

上の文章を読んで、答えましょう。

(一) 何のために、「わたし」はその赤ちゃんをだいて、駅の方へ走ったのですか。(15)

（赤ちゃんを預かってくれる人をさがすため。）

(二) どこへ行っても赤ちゃんをわたせそうな人など歩いていないのは、どうしてですか。(15)

（みんな、傷ついた自分の体をどうすればいいのか迷っていて、とても人のことなど頭にうかばないし、見えないといった様子だから。）

(三) ア——を、ふつうの言い方の文に書きかえましょう。(15)

（この子には、けががはなさそうですがね。）

(四) イ——は、どうしてですか。次の中から選んで○を付けましょう。(15)

(○) 急なたのみにおどろき、どう答えてよいか迷っていた。
( ) すぐに返事をすると、かんパンを欲しがっていると思われそうなので。
( ) 何とかことわる理由がないか考えていた。

(五) ウ「願います。」と言った「わたし」の気持ちを考えて、答えましょう。(15)

例（見つかってよかった。ほっとした。これでひと安心。この子のことお願いします。）

(六) エ わたしは赤ちゃんのことを話しませんでした。とありますが、なぜ兵長にぶたれても話さなかったのですか。(15)

例（いくら説明しても、それは、兵隊のわたしが、勝手な行動をとっただけのことなので、わかってもらえないと思ったから。）

(七) オ そのときは、どんなときのことを指していますか。(10)

（テントに帰ってきて、兵長にしかられても、赤ちゃんのことを話さなかったとき。）

P75 ヒロシマのうた (6)

上の文章を読んで、答えましょう。

(一) 「わたし」がラジオから聞こえてくる言葉に、はっとしたのは、どうしてですか。(15)

（自分のことをたずねているのだとわかったから。）

(二) ラジオのたずね人の時間を聞いたときの「わたし」について、当てはまるものを二つ選んで、○を付けましょう。(10×2)

(○) 赤んぼうのことを、たのんだ人の顔は、思い出せなかった。
( ) 「あの日」のことは、一度も忘れたことはなかった。
(○) すっかり忘れていた「あの日」のことを急に思い出した。
( ) たずねている人がだれだか、すぐにわかった。

(三) ア そんなことは、どんなことですか。(15)

（あのお母さんが「わたし」を探している。）

(四) 「わたし」は、イ——て、何が知りたかったのでしょう。(15)

（だれが自分を探しているのか。）

(五) 「わたし」へのたずね人は、くり返し放送されましたか。(10)

（放送されなかった。）

(六) 「わたし」の行動について、( )に当てはまる言葉を[ ]から選んで書き入れましょう。(5×5)

お母さんのだいじに（持ち続けて）いた、胸の（名札）を（長い間）かかって探し出した。放送局でたずねている人の住所を聞き、（あのときの様子）を書いて（手紙）を出した。

[長い間・あのときの様子・手紙 持ち続けて・たずねている人・名札]

P76 ヒロシマのうた (7)

上の文章を読んで、答えましょう。

(一) 赤んぼうを預けた兵隊さん探しを放送局にお願いしたのは、だれだったのですか。(15)

（赤んぼうを預かってくれた（夫婦のうちの）おくさん）

(二) 赤んぼうを預かった夫婦は、はじめどうしたのですか。(15)

（赤んぼうを引き取ってくれるところを探した。）

(三) 夫婦は結局、赤んぼうをどうしたのですか。(15)

（死んだ自分たちの赤んぼうのかわりに育てた。）

(四) ここでは、「ヒロ子」が二人出てきます。だれとだれですか。(10×2)

（夫婦の死んだ赤んぼう）
（夫婦が兵隊さんから預かって育てた子）

(五) なぜ、『この子はきっと、ヒロ子の生まれ変わりよね。』のように思ったのですか。(10)

（自分たちの赤んぼうが死んで、すぐにまた赤んぼうを預かったから。）

(六) 夫婦の主人の方は、どうなったのですか。(10)

（（今年の二月にとつぜん）原爆症の白血病で死んだ。）

(七) おくさんはなぜ、放送局にたのんで兵隊さんを探そうとしたのか、( )に当てはまる言葉を入れて答えましょう。(5×3)

主人に急に死なれて（暮らせ）なくなったので、子どもの本当の（身内）を探して、子どもを（育てて）もらおうと考えた。

P77 ヒロシマのうた (8)

上の文章を読んで、答えましょう。

(一) ア 思わず独り言を言って、ひとりで手紙に頭を下げました。とありますが、「わたし」の気持ちを書きましょう。(15)

（ミ子ちゃんが元気に育てられていたことが、とてもうれしかった。）

(二) 「わたし」は、どうしたいと思いましたか。(15)

（すぐにもとんでいって、ミ子ちゃんに会ってみたい。）

(三) 「わたし」がすぐにミ子ちゃんに会いに行けなかったのは、どうしてですか。(10)

（勤めているので、そう勝手に休めない。）

(四) 「わたし」は、どんな返事を書きましたか。□に言葉を入れてまとめましょう。(5×4)

［夏］になったら［休み］をもらって［広島］へ行き、会って［相談］しましょう。

(五) ミ子ちゃんは、どんな服装で来ましたか。(10)

（赤いズックぐつに、セーラー型のワンピースを着ている。）

(六) それぞれ、何という名前か書きましょう。(5×2)

わたし ＝（稲毛）
ミ子ちゃんを育てた人 ＝（橋本）

(七) 大人たちが話している間の、ミ子ちゃんの様子をぬき書きしましょう。(10)

（はずかしそうに、何を言ってもだまって、お母さんのそでにかくれていた。）

(八) ミ子ちゃんは、このお母さんをどう思っているでしょうか。次の中から選んで○を付けましょう。(10)

( ) お母さんを他人のように感じて、少しえんりょしている。
( ) 本当のお母さんではないので、少しはずかしそうにしている。
(○) 戦争の時のことは知らずに、本当のお母さんだと思っている。

※本書にかかれている解答はあくまでも一例です。答えは、文意があっていれば、○をして下さい。
「思ったこと」「考えたこと」などは様々なとらえ方があります。児童の思いをよく聞いて○をつけて下さい。

P78 ヒロシマのうた (9)

上の文章を読んで、答えましょう。

(一) 「わたし」とお母さんは、何のために会ったのですか。(10)

（ミ子(ヒロ子)ちゃんを、だれかに預けたいという相談をするため。）

(二) 「わたし」は、お母さんにどんな話をしましたか。(10)

（あの日死んでいったミ子ちゃんのお母さんの話）

(三) お母さんはなぜ、イわたしははずかしい。と思ったのですか。(10)

（目の前で自分の子を死なせてしまったから。）

(四) 「わたし」の話を聞いて、お母さんはどんな決心をしたのですか。文中から探して□に合う字数で書きましょう。(15)

今度こそ、ほんとうにヒロ子のお母さんになります。

(五) 「わたしたち」は、なぜヒロ子ちゃんのいない所で話したのですか。(15)

（ヒロ子ちゃんは、今のお母さんを本当のお母さんだと思っているから、聞かせない方がいいと思ったから。）

(六) 「わたし」が次にヒロ子ちゃんに会うのは、いつですか。(10)

（ヒロ子ちゃんが中学を卒業したとき。）

(七) イ――は、どうしてですか。(15)

（ヒロ子ちゃんと、何もお話ができなかったから。）

(八) ヒロ子ちゃんがウ「おおきに(ありがとう)。」と言ったのは、どうしてですか。次の中から選んで、○を付けましょう。(15)

（　）遠いところから自分に会いに来てくれたから。

（　）自分が赤ちゃんのときに助けてくれたから。

（○）パイナップルの氷がしを買ってくれたから。

P79 ヒロシマのうた (10)

上の文章を読んで、答えましょう。

(一) 義理のおばあさんは、ヒロ子に何と言ってしまったのですか。□に合う字数で書きましょう。(15)

おまえは拾われた子のくせに

(二) ヒロ子ちゃんの暗いかげの原因は何だったと思いますか。二つ以上書きましょう。(20)

（・義理のおばあさんに気に入られなくて、つらく当たられているから。
・自分が拾われた子ではないかと感じているようだから。
・ヒロ子ちゃんをよそにやりたいというお母さんの弱気が、ヒロ子ちゃんにもびん感に感じ取られていたから。）

(三) アそれは、どんなことですか。(15)

（本当のことをヒロ子にもう言ったほうがいいのかどうか。）

(四) 「わたし」はお母さんに、どんな内容の手紙を送ったのですか。(15)

（いなかの家を出て、ヒロ子ちゃんと二人で暮らすことはできないか。）

(五) どんなことを知って、イわたしはほっとしたのですか。(15)

（ヒロ子ちゃん親子は、広島に出て、小さな洋裁学校に住みこみで働けるようになった。）

(六) ① ヒロ子ちゃんが中学を卒業した時、どんな手紙が届きましたか。(10×2)

（ぜひ一度会って、ヒロ子のお母さんの話などしてやってほしい。）

② ①の手紙を書いたのは、だれですか。

（ヒロ子を育てたお母さん）

P80 ヒロシマのうた (11)

上の文章を読んで、答えましょう。

(一) また広島を訪ねることになった「わたし」について答えましょう。(15×4)

① 何のために広島を訪ねたのですか。

（ヒロ子ちゃんに、死んだお母さんのことを話すため。）

② どんな日を選んで広島へ来たのですか。

（原爆の記念日）

③ この日を選んだことを「わたし」は、どう思っているのですか。

（後かいしている。）

④ ③のように思ったのは、どうしてですか。

（記念のいろいろな行事は、何かわたしたちの思い出とかけはなれたものにしか思えなかったから。）

(二) どうしてア二人で一日、町を歩き回ったのですか。次の中から選んで○を付けましょう。(10)

（　）ヒロ子ちゃんと二人で歩くのが、とても楽しかった。

（　）町の中には、見てまわりたい所がたくさんあった。

（○）死んだお母さんのことを話すきっかけができなかった。

(三) イ赤いものは、なんですか。(15)

（原爆のぎせい者の戒名を書いたとうろう）

(四) 「わたし」が、ウそうだ、今話さなければならないのだと思ったきっかけは何ですか。(15)

とうろう流しを見たこと。

P81 ヒロシマのうた (12)

上の文章を読んで、答えましょう。

(一) 布の名札は、だれの名札だったのですか。(15)

（ヒロ子の死んだお母さん）

(二) 「わたし」は、ヒロ子ちゃんにどんな話をしたのですか。(15)

（あの日のヒロ子ちゃんのお母さんの話）

(三) 話しながら「わたし」は、どんなことを心配していましたか。(15)

（ヒロ子ちゃんが、わっと泣きだしたらどうしよう。）

(四) 話を聞いて、ヒロ子ちゃんはどうしましたか。（　）に当てはまる言葉や文を入れましょう。(5×4)

お母さんの（名札）を（胸）の所におさえて、「（あたし、お母さんに似てますか？）」と「わたし」ににっこり（笑って）たずねた。

(五) なぜ「わたし」は、アすっかりなみだぐんでしまったのですか。次の中から選んで○を付けましょう。(15)

（　）ヒロ子ちゃんが泣き出したので、もらい泣きをしてしまった。

（○）お母さんの話を聞いても、たえて明るくふるまっているヒロ子ちゃんに感動した。

（　）「お母さんに似ていますか?」と言ったので、とてもうれしくなって、うれし泣きをした。

(六) ヒロ子ちゃんは、だれに「会ってみたいな……。」と言ったのでしょう。(20)

（死んだお母さん）

P82 ヒロシマのうた (13)

上の文章を読んで、答えましょう。

(一) ア「やっぱり。」と言った「わたし」は、どんなことを心配していたのですか。(20)

（ヒロ子ちゃんが死んだお母さんの話を聞いて、ショックをうけてねむれなかったのではないか。）

(二) ヒロ子ちゃんは、ねないで何をしていたのですか。(15)

（「わたし」のワイシャツを作っていた。）

(三) ヒロ子ちゃんは、どんな気持ちをこめてワイシャツを作ったのだと思いますか。ヒロ子ちゃんの言葉で書いてみましょう。(15)

例（お母さんのことを話してくれてありがとう。わたしはもう、だいじょうぶよ。）

(四) イ「ええ、おかげさまで、もう何もかも安心ですもの……。」と言ったお母さんは、ヒロ子ちゃんのことを、どう思ったのでしょうか。次の中から選んで○を付けましょう。(20)

（○）悲しさに負けないで、強く生きていってくれる。

（　）死んだお母さんの親せきに、ひきとってもらえる。

（　）洋裁の仕事で、ひとりだちができる。

(五) ウそっと目をおさえるとは、どういうことですか。次の中から選んで○を付けましょう。(15)

（　）目がいたくなったので、おさえた。

（○）うれしくてなみだが出てきた。

（　）笑いそうになるのをおさえた。

(六) エそれは、何を指していますか。(15)

（ヒロ子が作ったワイシャツ）

※本書にかかれている解答はあくまでも一例です。答えは、文意があっていれば、〇をして下さい。
「思ったこと」「考えたこと」などは様々なとらえ方があります。児童の思いをよく聞いて〇をつけて下さい。

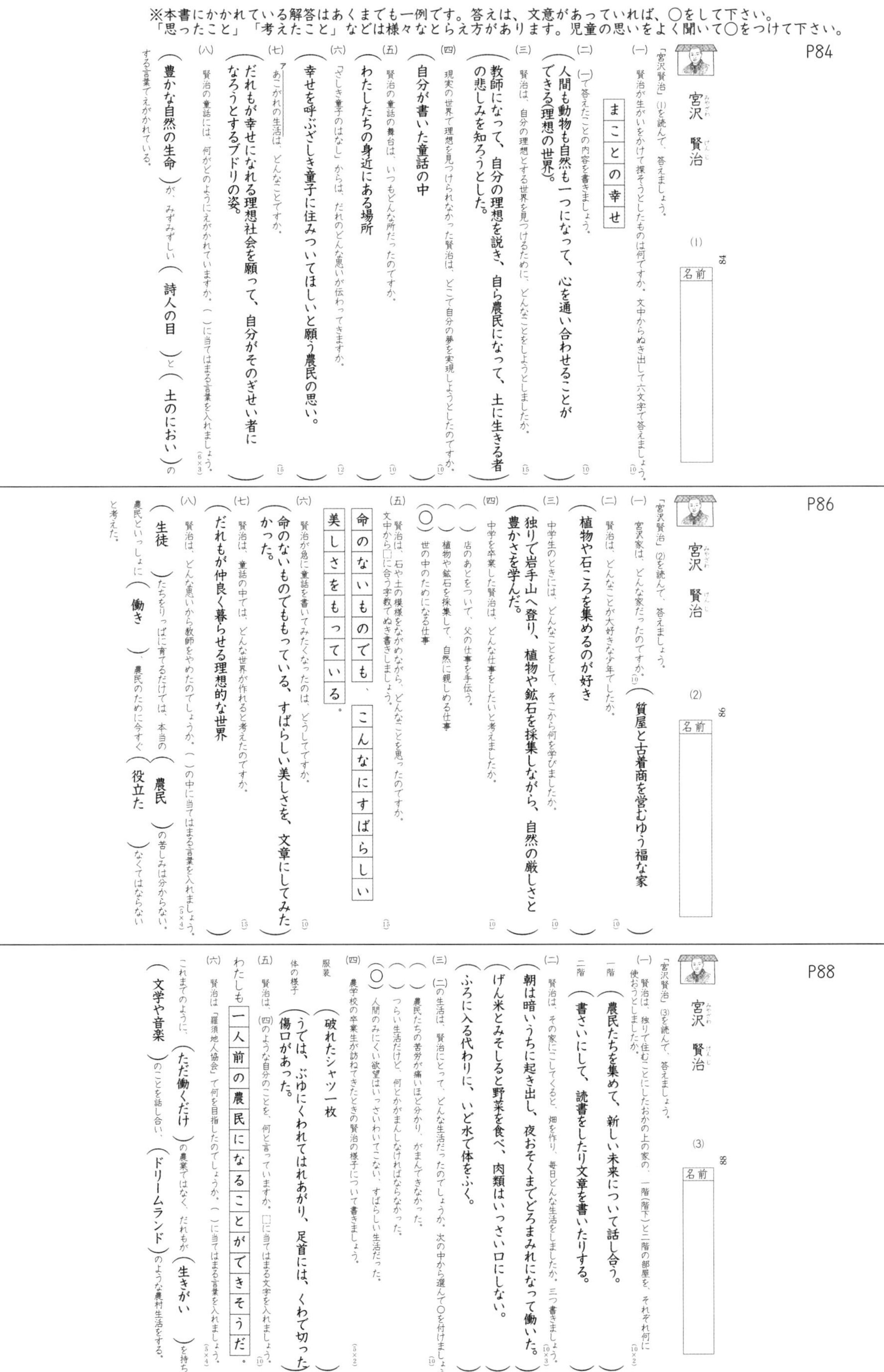

P84

宮沢　賢治（みやざわ　けんじ）　(1)　名前

84

「宮沢賢治」(1)を読んで、答えましょう。

(一) 賢治が生がいをかけて探そうとしたものは何ですか。文中からぬき出して六文字で答えましょう。(10)

まことの幸せ

(二) (一)で答えたことの内容を書きましょう。(10)

（人間も動物も自然も一つになって、心を通い合わせることができる(理想の世界)。）

(三) 賢治は、自分の理想とする世界を見つけるために、どんなことをしようとしましたか。(15)

（教師になって、自分の理想を説き、自ら農民になって、土に生きる者の悲しみを知ろうとした。）

(四) 現実の世界で理想を見つけられなかった賢治は、どこで自分の夢を実現しようとしたのですか。(10)

（自分が書いた童話の中）

(五) 賢治の童話の舞台は、いつもどんな所だったのですか。(10)

（わたしたちの身近にある場所）

(六) 「ざしき童子のはなし」からは、だれのどんな思いが伝わってきますか。(12)

（幸せを呼ぶざしき童子に住みついてほしいと願う農民の思い。）

(七) ア あこがれの生活は、どんなことですか。(15)

（だれもが幸せになれる理想社会を願って、自分がそのぎせい者になろうとするブドリの姿。）

(八) 賢治の童話には、何がどのようにえがかれていますか。（　）に当てはまる言葉を入れましょう。(6×3)

（豊かな自然の生命）が、みずみずしい（詩人の目）と（土のにおい）のする言葉でえがかれている。

P86

宮沢　賢治（みやざわ　けんじ）　(2)　名前

86

「宮沢賢治」(2)を読んで、答えましょう。

(一) 宮沢家は、どんな家だったのですか。(10)

（質屋と古着商を営むゆう福な家）

(二) 賢治は、どんなことが大好きな少年でしたか。(10)

（植物や石ころを集めるのが好き）

(三) 中学生のときには、どんなことをして、そこから何を学びましたか。(10)

（独りで岩手山へ登り、植物や鉱石を採集しながら、自然の厳しさと豊かさを学んだ。）

(四) 中学を卒業した賢治は、どんな仕事をしたいと考えましたか。(10)

（　）店のあとをついて、父の仕事を手伝う。

（　）植物や鉱石を採集して、自然に親しめる仕事

（〇）世の中のためになる仕事

(五) 賢治は、石や土の模様をながめながら、どんなことを思ったのですか。文中から□に合う字数でぬき書きしましょう。(15)

命のないものでも、こんなにすばらしい美しさをもっている。

(六) 賢治が急に童話を書いてみたくなったのは、どうしてですか。(10)

（命のないものでももっている、すばらしい美しさを、文章にしてみたかった。）

(七) 賢治は、童話の中では、どんな世界が作れると考えたのですか。(15)

（だれもが仲良く暮らせる理想的な世界）

(八) 賢治は、どんな思いから教師をやめたのでしょうか。（　）の中に当てはまる言葉を入れましょう。(5×4)

（生徒）たちをりっぱに育てるだけでは、本当の（農民）の苦しみは分からない。農民といっしょに（働き）、農民のために今すぐ（役立た）なくてはならないと考えた。

P88

宮沢　賢治（みやざわ　けんじ）　(3)　名前

88

「宮沢賢治」(3)を読んで、答えましょう。

(一) 賢治は、独りで住むことにしたおかの上の家の、一階(階下)と二階の部屋を、それぞれ何に使おうとしましたか。(10×2)

一階（農民たちを集めて、新しい未来について話し合う。）

二階（書さいにして、読書をしたり文章を書いたりする。）

(二) 賢治は、その家にこしてくると、畑を作り、毎日どんな生活をしましたか。三つ書きましょう。(10×3)

（朝は暗いうちに起き出し、夜おそくまでどろまみれになって働いた。）

（げん米とみそしると野菜を食べ、肉類はいっさい口にしない。）

（ふろに入る代わりに、いど水で体をふく。）

(三) (二)の生活は、賢治にとって、どんな生活だったのでしょうか。次の中から選んで〇を付けましょう。(10)

（　）農民たちの苦労が痛いほど分かり、がまんできなかった。

（　）つらい生活だけど、何とかがまんしなければならなかった。

（〇）人間のみにくい欲望はいっさいわいてこない、すばらしい生活だった。

(四) 農学校の卒業生が訪ねてきたときの賢治の様子について書きましょう。(5×2)

服装（破れたシャツ一枚）

体の様子（うでは、ぶゆにくわれてはれあがり、足首には、くわで切った傷口があった。）

(五) 賢治は、(四)のような自分のことを、何と言っていますか。□に当てはまる文字を入れましょう。(10)

わたしも一人前の農民になることができそうだ。

(六) 賢治は「羅須地人協会」で何を目指したのでしょうか。（　）に当てはまる言葉を入れましょう。(5×4)

これまでのように、（ただ働くだけ）の農業ではなく、だれもが（生きがい）を持ち、（文学や音楽）のことを話し合い、（ドリームランド）のような農村生活をする。

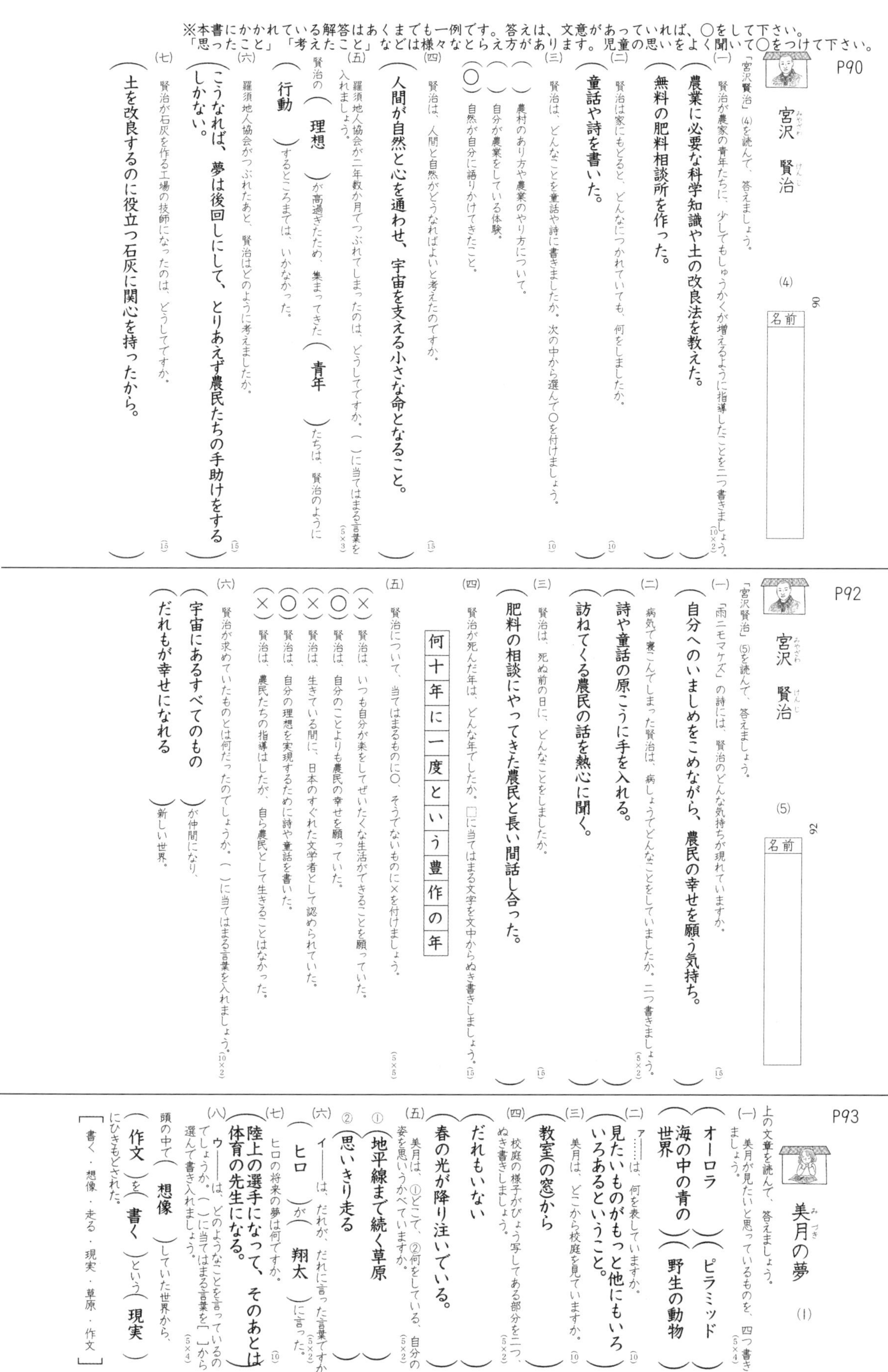

※本書にかかれている解答はあくまでも一例です。答えは、文意があっていれば、○をして下さい。
「思ったこと」「考えたこと」などは様々なとらえ方があります。児童の思いをよく聞いて○をつけて下さい。

P90

宮沢賢治 (4)

名前

90

「宮沢賢治」(4)を読んで、答えましょう。

(一) 賢治が農家の青年たちに、少しでもしゅうかくが増えるように指導したことを二つ書きましょう。(10×2)

（農業に必要な科学知識や土の改良法を教えた。）

（無料の肥料相談所を作った。）

(二) 賢治は家にもどると、どんなにつかれていても、何をしましたか。(10)

（童話や詩を書いた。）

(三) 賢治は、どんなことを童話や詩に書きましたか。次の中から選んで○を付けましょう。(10)

（　）農村のあり方や農業のやり方について。

（　）自分が農業をしている体験。

（○）自然が自分に語りかけてきたこと。

(四) 賢治は、人間と自然がどうなればよいと考えたのですか。(15)

（人間が自然と心を通わせ、宇宙を支える小さな命となること。）

(五) 羅須地人協会が二年数か月でつぶれてしまったのは、どうしてですか。（　）に当てはまる言葉を入れましょう。(5×3)

賢治の（理想）が高過ぎたため、集まってきた（青年）たちは、賢治のように（行動）するところまでは、いかなかった。

(六) 羅須地人協会がつぶれたあと、賢治はどのように考えましたか。(15)

（こうなれば、夢は後回しにして、とりあえず農民たちの手助けをするしかない。）

(七) 賢治が石灰を作る工場の技師になったのは、どうしてですか。(15)

（土を改良するのに役立つ石灰に関心を持ったから。）

P92

宮沢賢治 (5)

名前

92

「宮沢賢治」(5)を読んで、答えましょう。

(一) 「雨ニモマケズ」の詩には、賢治のどんな気持ちが現れていますか。(15)

（自分へのいましめをこめながら、農民の幸せを願う気持ち。）

(二) 病気で寝こんでしまった賢治は、病しょうでどんなことをしていましたか。二つ書きましょう。(5×2)

（詩や童話の原こうに手を入れる。）

（訪ねてくる農民の話を熱心に聞く。）

(三) 賢治は、死ぬ前の日に、どんなことをしましたか。(15)

（肥料の相談にやってきた農民と長い間話し合った。）

(四) 賢治が死んだ年は、どんな年でしたか。□に当てはまる文字を文中からぬき書きしましょう。(15)

何十年に一度という豊作の年

(五) 賢治について、当てはまるものに○、そうでないものに×を付けましょう。(5×5)

（×）賢治は、いつも自分が楽をしてぜいたくな生活ができることを願っていた。

（○）賢治は、自分のことよりも農民の幸せを願っていた。

（×）賢治は、生きている間に、日本のすぐれた文学者として認められていた。

（○）賢治は、自分の理想を実現するために詩や童話を書いた。

（×）賢治は、農民たちの指導はしたが、自ら農民として生きることはなかった。

(六) 賢治が求めていたものとは何だったのでしょうか。（　）に当てはまる言葉を入れましょう。(10×2)

（宇宙にあるすべてのもの）が仲間になり、（だれもが幸せになれる）新しい世界。

P93

美月の夢 (1)

上の文章を読んで、答えましょう。

(一) 美月が見たいと思っているものを、四つ書きましょう。(5×4)

（オーロラ）（ピラミッド）

（海の中の青の世界）（野生の動物）

(二) ア……は、何を表していますか。(10)

（見たいものがもっと他にもいろいろあるということ。）

(三) 美月は、どこから校庭を見ていますか。(10)

（教室(の窓)から）

(四) 校庭の様子がびょう写してある部分を二つ、ぬき書きしましょう。(5×2)

（だれもいない）

（春の光が降り注いでいる。）

(五) 美月は、①どこで、②何をしている、自分の姿を思いうかべていますか。(5×2)

①（地平線まで続く草原）

②（思いきり走る）

(六) イ――は、だれが、だれに言った言葉ですか。(5×2)

（ヒロ）が（翔太）に言った。

(七) ヒロの将来の夢は何ですか。(10)

（陸上の選手になって、そのあとは体育の先生になる。）

(八) ウ――は、どのようなことを言っているのでしょうか。（　）に当てはまる言葉を［　］から選んで書き入れましょう。(5×4)

頭の中で（想像）していた世界から、（作文）を（書く）という（現実）にひきもどされた。

［書く・想像・走る・現実・草原・作文］

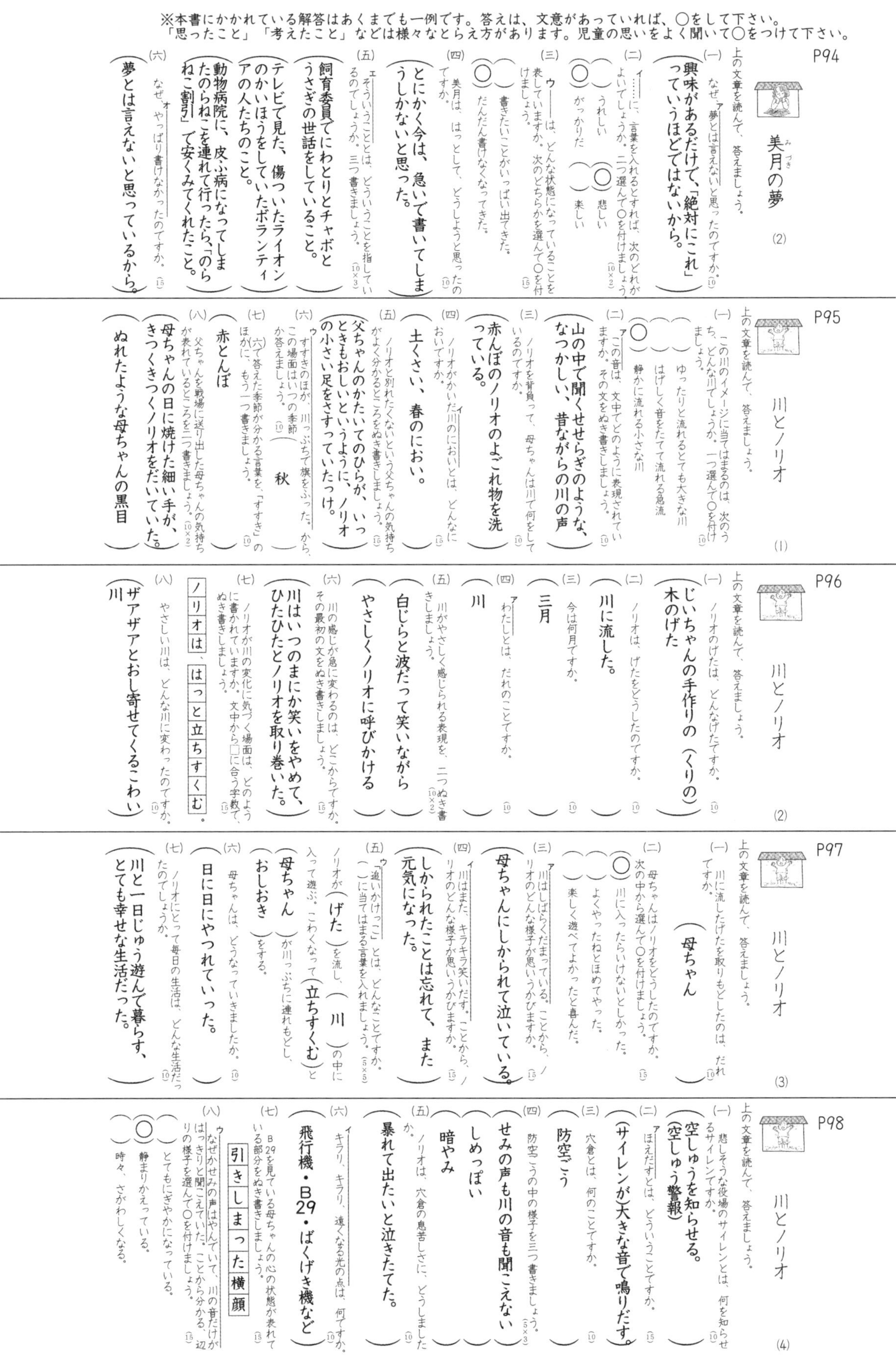

※本書にかかれている解答はあくまでも一例です。答えは、文意があっていれば、○をして下さい。
「思ったこと」「考えたこと」などは様々なとらえ方があります。児童の思いをよく聞いて○をつけて下さい。

P94 美月の夢 (2)

上の文章を読んで、答えましょう。

(一) なぜ、ア夢とは言えないと思ったのですか。(10)
（興味があるだけで、「絶対にこれ」っていうほどではないから。）

(二) イ……に、言葉を入れるとすれば、次のどれがよいでしょうか。二つ選んで○を付けましょう。(10×2)
（　）うれしい
（○）がっかりだ
（○）悲しい
（　）楽しい

(三) ウ――は、どんな状態になっていることを表していますか。次のどちらかを選んで○を付けましょう。(15)
（　）書きたいことがいっぱい出てきた。

（○）だんだん書けなくなってきた。

(四) 美月は、はっとして、どうしようと思ったのですか。(10)
（とにかく今は、急いで書いてしまうしかないと思った。）

(五) エそういうこととは、どういうことを指しているのでしょうか。三つ書きましょう。(10×3)
（飼育委員でにわとりとチャボとうさぎの世話をしていること。）

（テレビで見た、傷ついたライオンのかいほうをしていたボランティアの人たちのこと。）

（動物病院に、皮ふ病になってしまったのらねこを連れて行ったら、「のらねこ割引」で安くみてくれたこと。）

(六) なぜ、オやっぱり書けなかったのですか。(15)
（夢とは言えないと思っているから。）

P95 川とノリオ (1)

上の文章を読んで、答えましょう。

(一) この川のイメージに当てはまるのは、次のうち、どんな川でしょうか。一つ選んで○を付けましょう。(10)
（　）ゆったりと流れるとても大きな川
（　）はげしく音をたてて流れる急流
（○）静かに流れる小さな川

(二) アこの音は、文中でどのように表現されていますか。その文をぬき書きしましょう。(10)
（山の中で聞くせせらぎのような、なつかしい、昔ながらの川の声）

(三) ノリオを背負って、母ちゃんは川で何をしているのですか。(10)
（赤んぼのノリオのよごれ物を洗っている。）

(四) ノリオがかいだイ川のにおいとは、どんなにおいですか。(15)
（土くさい、春のにおい。）

(五) ノリオと別れたくないという父ちゃんの気持ちがよく分かるところをぬき書きしましょう。(15)
（父ちゃんのかたいてのひらが、いっときもおしいというように、ノリオの小さい足をさすっていたっけ。）

(六) ウすすきのほが、川っぷちで旗をふった。から、この場面はいつの季節か答えましょう。(10)
（秋）

(七) (六)で答えた季節が分かる言葉を、「すすき」のほかに、もう一つ書きましょう。(10)
（赤とんぼ）

(八) 父ちゃんを戦場に送り出した母ちゃんの気持ちが表れているところを二つ書きましょう。(10×2)
（母ちゃんの日に焼けた細い手が、きつくきつくノリオをだいていた。）

（ぬれたような母ちゃんの黒目）

P96 川とノリオ (2)

上の文章を読んで、答えましょう。

(一) ノリオのげたは、どんなげたですか。(10)
（じいちゃんの手作りの（くりの）木のげた）

(二) ノリオは、げたをどうしたのですか。(10)
（川に流した。）

(三) 今は何月ですか。(10)
（三月）

(四) アわたしとは、だれのことですか。(10)
（川）

(五) 川がやさしく感じられる表現を、二つぬき書きしましょう。(10×2)
（白じらと波だって笑いながら）

（やさしくノリオに呼びかける）

(六) 川の感じが急に変わるのは、どこからですか。その最初の文をぬき書きしましょう。(15)
（川はいつのまにか笑いをやめて、ひたひたとノリオを取り巻いた。）

(七) ノリオが川の変化に気づく場面は、どのように書かれていますか。文中から□に合う字数で、ぬき書きしましょう。(15)
ノ|リ|オ|は、は|っ|と|立|ち|す|く|む。

(八) やさしい川は、どんな川に変わったのですか。(10)
（ザアザアとおし寄せてくるこわい川）

P97 川とノリオ (3)

上の文章を読んで、答えましょう。

(一) 川に流したげたを取りもどしたのは、だれですか。(10)
（母ちゃん）

(二) 母ちゃんはノリオをどうしたのですか。次の中から選んで○を付けましょう。(15)
（○）川に入ったらいけないとしかった。

（　）よくやったねとほめてやった。

（　）楽しく遊べてよかったと喜んだ。

(三) ア川はしばらくだまっている。ことから、ノリオのどんな様子が思いうかびますか。(15)
（母ちゃんにしかられて泣いている。）

(四) イ川はまた、キラキラ笑いだす。ことから、ノリオのどんな様子が思いうかびますか。(15)
（しかられたことは忘れて、また元気になった。）

(五) ウ「追いかけっこ」とは、どんなことですか。（　）に当てはまる言葉を入れましょう。(5×5)
ノリオが（げた）を流し、（川）の中に入って遊ぶ。こわくなって（立ちすくむ）と（母ちゃん）が川っぷちに連れもどし、（おしおき）をする。

(六) 母ちゃんは、どうなっていきましたか。(10)
（日に日にやつれていった。）

(七) ノリオにとって毎日の生活は、どんな生活だったのでしょうか。(10)
（川と一日じゅう遊んで暮らす、とても幸せな生活だった。）

P98 川とノリオ (4)

上の文章を読んで、答えましょう。

(一) 悲しそうな役場のサイレンとは、何を知らせるサイレンですか。(10)
（空しゅうを知らせる。（空しゅう警報））

(二) アほえだすとは、どういうことですか。(15)
（サイレンが大きな音で鳴りだす。）

(三) 穴倉とは、何のことですか。(10)
（防空ごう）

(四) 防空ごうの中の様子を三つ書きましょう。(5×3)
（せみの声も川の音も聞こえない）

（しめっぽい）

（暗やみ）

(五) ノリオは、穴倉の息苦しさに、どうしましたか。(10)
（暴れて出たいと泣きたてた。）

(六) イキラリ、キラリ、遠くなる光の点は、何ですか。(10)
（飛行機・B29・ばくげき機など）

(七) B29を見ている母ちゃんの心の状態が表れている部分をぬき書きしましょう。(15)
引|き|し|ま|っ|た|横|顔

(八) ウなぜかせみの声はやんでいて、川の音だけがはっきりと聞こえていた。ことから分かる、辺りの様子を選んで○を付けましょう。(15)
（　）とてもにぎやかになっている。

（○）静まりかえっている。

（　）時々、さがわしくなる。

※本書にかかれている解答はあくまでも一例です。答えは、文意があっていれば、○をして下さい。
「思ったこと」「考えたこと」などは様々なとらえ方があります。児童の思いをよく聞いて○をつけて下さい。

P99

川とノリオ (5)

上の文章を読んで、答えましょう。

(一) ノリオは川で何をしていますか。⑮
（ゴムぐつや麦わらぼうしやパンツを流して遊んでいる。）

(二) ア――から分かることを、次の中から選んで○を付けましょう。⑮
（○）母ちゃんはいつも、川で遊ぶノリオを見守ってくれていた。
（　）母ちゃんはいそがしいので、ノリオにかまっているひまはなかった。
（　）ノリオはいつも、だれもいない所で遊んでいた。

(三) イの「帰ってこない」から、どんなことが連想できますか。⑮
例（母ちゃんも帰ってこない。）

(四) ウ ドド……ンとひびいたのは、何の音だったのでしょう。⑮
（広島に原爆が落とされたときの音）

(五) 夕暮れの川の中にポツンと一人でいるノリオの姿が思いうかべられる部分をぬき書きしましょう。⑮
ザアザア高まる川音の中に
ただ、母ちゃんを待っていた。

(六) エ――の近所の人の様子から、どんなことが分かりますか。⑩
例（母ちゃんの身に何かよくないことが起こった。）

(七) ノリオの母ちゃんが原爆で死んだことが分かる文をぬき書きしましょう。⑮
（ノリオの家の母ちゃんは、この日の朝早く汽車に乗って、ヒロシマへ出かけていったという。）

P100

川とノリオ (6)

上の文章を読んで、答えましょう。

(一) ア 新しいぼんぢょうちんは、だれのためのものでしょう。⑩
（ノリオの母ちゃん）

(二) イ――のときの、じいちゃんの気持ちを書きましょう。⑩
（とてもつらくて悲しいのをこらえている。）

(三) ウ しずくは何ですか。⑩
（じいちゃんの涙）

(四) ノリオと二人きりになったじいちゃんの、年老いた様子が分かるところを、二つぬき書きしましょう。(10×2)
（・ごま塩のひげがかすかにゆれて
・じいちゃんの節くれだった手が、ぶるぶるふるえて、まきを入れる。
・ぼしゃぼしゃと白くなった、じいちゃんのかみ。
のうち、二つ書けていればよい。）

(五) エ――は、どういうことですか。⑩
（父ちゃんも母ちゃんもいないので、ノリオはじいちゃんが育てることになった。）

(六) オ――は、どういうことですか。⑩
（父ちゃんが戦死した。）

(七) カ――のときの、じいちゃんの気持ちを、次の中から選んで○を付けましょう。⑩
（　）とても腹がたったので、きせるをかんだ。
（○）つらく悲しくて、言葉も出ない。
（　）とてもおどろいて思わず、う、うっと言った。

(八) キ 生きた二点は、何のことですか。⑩
（ノリオの家の二羽のあひる（ノリオとじいちゃん））

(九) 「冬」の場面で［例］のように、ノリオとじいちゃんの悲しい心の様子を映し出している表現があります。二つ書き出しましょう。(5×2)
［例］こおりつくようななまり色の川。
例（・空っ風が、ひびにしみる。
・電線はヒューンと泣いている。
・なまり色の中
のうち、二つ書けていればよい。）

P101

川とノリオ (7)

上の文章を読んで、答えましょう。

(一) ア 大きな、たのもしそうな、タカオの父ちゃんを、ノリオはどんな気持ちで見ていたでしょうか。⑩
例（うらやましい。ぼくの父ちゃんも生きていてほしかった。）

(二) 八月六日は、何があった日ですか。二つ書きましょう。(10×2)
（広島に原爆が落とされた日）
（ノリオの母ちゃんが死んだ日）

(三) イ ノリオの世界はうす青かった。とは、どういうことでしょうか。⑩
（びんのかけらを通してみると、まわりがうす青く見える。）

(四) ウ あの日とは、どんな日ですか。文中から二つぬき書きしましょう。(10×2)
（まぶしい川のまん中で、母ちゃんを一日じゅう、待ってたあの日。）
（とうとう母ちゃんが、もどってこなかった夏のあの日。）

(五) じいちゃんがあの日、暗いヒロシマの町で見たものを、（　）に言葉を入れて書きましょう。(6×5)
死がいから出る（りんの火）
折り重なってたおれた（家々）
折り重なって死んでいる（人々の群れ）
子供を探す（母ちゃん）と、
母ちゃんを探す（子供）の声

(六) エ どうしてじいちゃんも、ノリオもだまっているのですか。⑩
（じいちゃんは年寄りすぎだし、ノリオは幼なすぎたので、戦争に対して何も言えなかった。）

P102

川とノリオ (8)

上の文章を読んで、答えましょう。

(一) ア ノリオは、青いガラスのかけらを、ぽんと川の水に投げてやったとき、ノリオは何を思っていたと思いますか。⑮
例（お母さんのこと。）

(二) ノリオの仕事は何ですか。⑮
（じいちゃんの工場のやぎっ子の干し草かり）

(三) 上の場面は真夏ですが、季節がわかる言葉を文中から二つ書きましょう。(10×2)
（・まぶしい日の光
・青々しげった岸辺の草
・草いきれ
・青い空
・日がさ
のうち、二つ。）

(四) なぜノリオには、やぎっ子の声が母ちゃんやぎを呼ぶような声に聞こえたのでしょうか。⑮
例（ノリオも母ちゃんを恋しがっているから。）

(五) 「草いきれ」とは、何でしょうか。次の中から選んで○を付けましょう。⑩
（　）草のいいにおい
（　）草のふんわりとしたやわらかさ
（○）草からおこる、むっとした熱気

(六) イ サクッ、サクッ、サクッ、は、何の音ですか。⑩
（かまで草をかる音）

(七) ノリオの母ちゃんに対する思いが強く表れているところをぬき書きしましょう。⑮
（母ちゃん帰れ。母ちゃん帰れよう。）

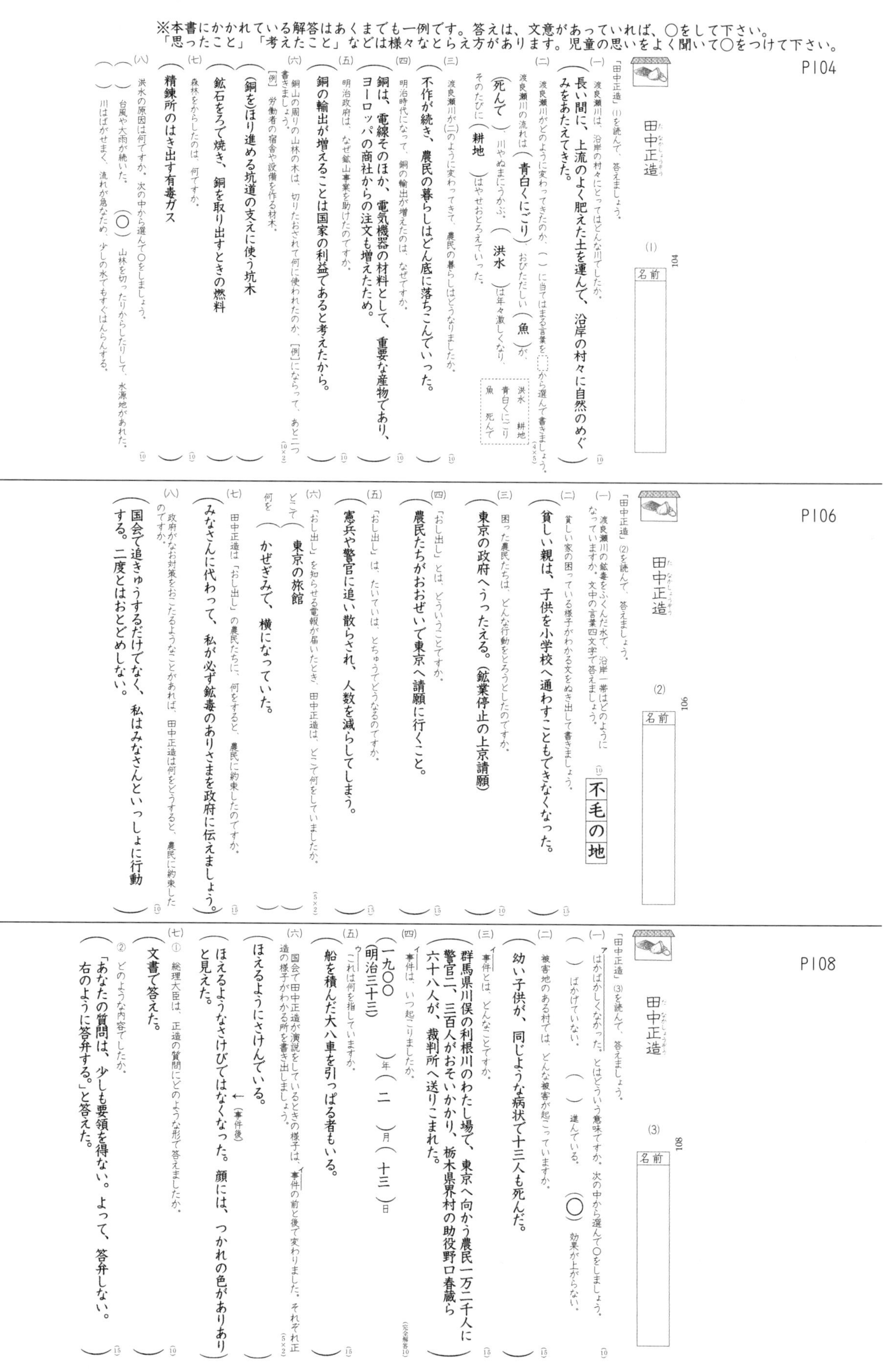

※本書にかかれている解答はあくまでも一例です。答えは、文意があっていれば、○をして下さい。
「思ったこと」「考えたこと」などは様々なとらえ方があります。児童の思いをよく聞いて○をつけて下さい。

P104

田中正造（たなかしょうぞう） (1)

名前

「田中正造」(1)を読んで、答えましょう。

(一) 渡良瀬川は、沿岸の村々にとってはどんな川でしたか。 ⑩

（長い間に、上流のよく肥えた土を運んで、沿岸の村々に自然のめぐみをあたえてきた。）

(二) 渡良瀬川がどのように変わってきたのか、（　）に当てはまる言葉を［　］から選んで書きましょう。(4×5)

渡良瀬川の流れは（青白くにごり）、おびただしい（魚）が、（死んで）、川やぬまにうかぶ。（洪水）は年々激しくなり、そのたびに（耕地）はやせおとろえていった。

［洪水　耕地　青白くにごり　魚　死んで］

(三) 渡良瀬川が(二)のように変わってきて、農民の暮らしはどうなりましたか。 ⑩

（不作が続き、農民の暮らしはどん底に落ちこんでいった。）

(四) 明治時代になって、銅の輸出が増えたのは、なぜですか。 ⑩

（銅は、電線そのほか、電気機器の材料として、重要な産物であり、ヨーロッパの商社からの注文も増えたため。）

(五) 明治政府は、なぜ鉱山事業を助けたのですか。 ⑩

（銅の輸出が増えることは国家の利益であると考えたから。）

(六) 銅山の周りの山林の木は、切りたおされて何に使われたのか、［例］にならって、あと二つ書きましょう。(10×2)

［例］労働者の宿舎や設備を作る材木。

（(銅を)ほり進める坑道の支えに使う坑木）

（鉱石をろで焼き、銅を取り出すときの燃料）

(七) 森林をからしたのは、何ですか。 ⑩

（精錬所のはき出す有毒ガス）

(八) 洪水の原因は何ですか。次の中から選んで○をしましょう。 ⑩

（　）台風や大雨が続いた。
（○）山林を切ったりからしたりして、水源地があれた。
（　）川はばがせまく、流れが急なため、少しの水でもすぐはんらんする。

P106

田中正造（たなかしょうぞう） (2)

名前

「田中正造」(2)を読んで、答えましょう。

(一) 渡良瀬川の鉱毒をふくんだ水で、沿岸一帯はどのようになっていますか。文中の言葉四文字で答えましょう。 ⑩

［不毛の地］

(二) 貧しい家の困っている様子がわかる文をぬき出して書きましょう。 ⑮

（貧しい親は、子供を小学校へ通わすこともできなくなった。）

(三) 困った農民たちは、どんな行動をとろうとしたのですか。 ⑩

（東京の政府へうったえる。(鉱業停止の上京請願)）

(四) 「おし出し」とは、どういうことですか。 ⑮

（農民たちがおおぜいで東京へ請願に行くこと。）

(五) 「おし出し」は、たいていは、とちゅうでどうなるのですか。 ⑮

（憲兵や警官に追い散らされ、人数を減らしてしまう。）

(六) 「おし出し」を知らせる電報が届いたとき、田中正造は、どこで何をしていましたか。(5×2)

どこで（東京の旅館）

何を（かぜぎみで、横になっていた。）

(七) 田中正造は「おし出し」の農民たちに、何をすると、農民に約束したのですか。 ⑮

（みなさんに代わって、私が必ず鉱毒のありさまを政府に伝えましょう。）

(八) 政府がなお対策をおこたるようなことがあれば、田中正造は何をどうすると、農民に約束したのですか。 ⑩

（国会で追きゅうするだけでなく、私はみなさんといっしょに行動する。二度とはおとどめしない。）

P108

田中正造（たなかしょうぞう） (3)

名前

「田中正造」(3)を読んで、答えましょう。

(一) アはかばかしくなかった。とはどういう意味ですか。次の中から選んで○をしましょう。 ⑩

（　）ばかげていない。
（　）進んでいる。
（○）効果が上がらない。

(二) 被害地のある村では、どんな被害が起こっていますか。 ⑮

（幼い子供が、同じような病状で十三人も死んだ。）

(三) イ事件とは、どんなことですか。 ⑮

（群馬県川俣の利根川のわたし場で、東京へ向かう農民一万二千人に警官二、三百人がおそいかかり、栃木県界村の助役野口春蔵ら六十八人が、裁判所へ送りこまれた。）

(四) イ事件は、いつ起こりましたか。(完全解答10)

（一九〇〇(明治三十三)）年（二）月（十三）日

(五) ウこれは何を指していますか。 ⑮

（船を積んだ大八車を引っぱる者もいる。）

(六) 国会で田中正造が演説をしているときの様子は、イ事件の前と後で変わりました。それぞれ正造の様子がわかる所を書き出しましょう。(5×2)

（ほえるようにさけんでいる。）

←(事件後)

（ほえるようなさけびではなくなった。顔には、つかれの色がありありと見えた。）

(七) ① 総理大臣は、正造の質問にどのような形で答えましたか。 ⑩

（文書で答えた。）

② どのような内容でしたか。 ⑮

（「あなたの質問は、少しも要領を得ない。よって、答弁しない。右のように答弁する。」と答えた。）

※本書にかかれている解答はあくまでも一例です。答えは、文意があっていれば、○をして下さい。
「思ったこと」「考えたこと」などは様々なとらえ方があります。児童の思いをよく聞いて○をつけて下さい。

P110

田中正造 (4)

名前

「田中正造」(4)を読んで、答えましょう。

(一) このころになると、鉱毒の被害地の人たちを救う運動は、どのようになってきましたか。 ⑩

（**婦人団体・宗教団体・新聞記者など、いろいろな人が、鉱毒の被害地の人たちを救う運動を盛り上げている。**）

(二) ア私に残された道は一つとありますが、どんなことですか。 ⑩

（**天皇への直訴**）

(三) 幸徳秋水は、なぜイ「田中さん、それはいけない。やめてください。」と言ったのですか。 ⑮

（**直訴の罪は重く、不敬罪に問われて、正造の命がどうなることかわからないから。**）

(四) 幸徳秋水が正造のたのみを断りきれなかったのは、どうしてですか。次の中から選んで○をしましょう。 ⑮

（ ）すぐれた文章家だと言われ、たよりにされているから。

（ ）自分も正造の考えに賛成だから。

（○）死をかくごしている正造のかたい決意がわかったから。

(五) ウ黒のもん服、はかま、たびはだしの老人は、だれですか。 ⑩

（**田中正造**）

(六) なぜ、エ正造は、しょんぼりと旅館へもどってきたのですか。 ⑩

（**直訴は失敗に終わったから。**）

(七) 正造の直訴は、その後の鉱毒事件にどのようにえいきょうしましたか。（ ）に当てはまる言葉を[ ]から選んで書きましょう。 (5×6)

新聞が、いっせいに（**直訴文**）をのせ、（**鉱毒事件**）をとり上げて伝えた。

鉱毒問題の（**演説会**）には、多くの人が集まり、（**被害地**）の視察にくり出す者もいた。

（**明治政府**）も、ようやく「鉱毒調査会」を作り、足尾銅山に、「（**鉱毒**）を取り除くように。」と命令した。

[演説会　鉱毒　直訴文　鉱毒事件　被害地　明治政府]

P112

田中正造 (5)

名前

「田中正造」(5)を読んで、答えましょう。

(一) 栃木県は、谷中村をとりつぶし、遊水池を作るために、谷中村の人々をどうしたかったのですか。 ⑮

（**田畑や屋しきを始末して出ていかせたい。**）

(二) 村の人や田中正造らは、何の修理に取りかかりましたか。 ⑩

（**村を囲むてい防の修理**）

(三) 村の人や田中正造らが(二)の修理に取りかかるのに対して、栃木県はどんな行動をとりましたか。 ⑮

（**法律違反だといって、人夫を連れた役人がのりこんで、てい防をつきくずしていった。**）

(四) 正造は、鉱毒事件を終わらせるためには、どうすることが必要だと考えたのですか。 ⑮

（**足尾銅山に鉱毒を出さない完全な設備をする。**）

(五) 谷中村から立ちのかず、最後まで残ったのは、どんな人たちですか。 ⑮

（**わずか十六戸（の村人）と、ここに移り住んで村人と生死をともにし正義をつらぬこうという「下野の百しょう」（田中正造）**）

(六) 十六戸の農家に対し、栃木県はどうしましたか。 ⑩

（**法律の名で、十六戸をとりつぶした。**）

(七) 田中正造について、当てはまるものには○、当てはまらないものには×をしましょう。 (5×4)

（○）谷中村のたてなおしに力をつくしたが、思うようにいかなかった。

（○）たおれるまで被害地の視察などにかけまわっていた。

（×）田中正造の生活は、それほど貧しくはなく、豊かなほうであった。

（×）田中正造のなきがらは、数人の農民に見送られて、さびしく土へもどっていった。

P113

ボランティアしあおうよ (1)

上の文章を読んで、答えましょう。

(一) 「わたし」は、どんな障害をもっているのですか。 ⑩

（**脳性まひ**）

(二) 「わたし」が、小さいころから、ボランティアとの出会いが多かったのは、どうしてですか。 ⑮

（**毎日ちゃんと生きていくには、車いすをおしたり、食事を食べさせたり、着がえを手伝ってくれる人が必要だったから。**）

(三) 大学生活を始めたころ、食事やおふろなどに行くとき、どうしましたか。 ⑮

（**初対面の人に、「手伝ってもらえますか。」と声をかけた。**）

(四) 声をかけられた人のほとんどは、どうしてくれましたか。 ⑮

（**わたしの言っている意味がわかるまで何度でも聞き返して、手を貸してくれた。**）

(五) ボランティアの基本は、何だと述べていますか。文中からぬき書きしましょう。 ⑮

（**目の前の人やそれまで知らなかった人とかかわって、応えんしたり手助けしたりすること。**）

(六) 文中からわかる「わたし」の行動を二つ選んで、○を付けましょう。 (15×2)

（○）鼻の先でワープロのキーをたたいて文章を書く。

（ ）車いすから立ち上がって歩く練習をしている。

（ ）ボランティアにたよらず、できるだけ何でも自分でしようとする。

（○）身ぶり手ぶりを交えて、やってほしいことを何度も説明する。

※本書にかかれている解答はあくまでも一例です。答えは、文意があっていれば、○をして下さい。
「思ったこと」「考えたこと」などは様々なとらえ方があります。児童の思いをよく聞いて○をつけて下さい。

P114 ボランティアしあおうよ (2)

上の文章を読んで、答えましょう。

(一) ボランティアをする側とされる側のそれぞれに、最初はどんなとまどいや不安がありますか。(10×2)

ボランティアをする側
（どうすればいいのかわからずにとまどう。）

ボランティアをされる側
（ちゃんとやってもらえるのか不安。）

(二) 何が、「ボランティアのスタートライン」になるのでしょうか。(10)

（とまどいや不安に向き合って、おたがいをわかり合おうとすること。）

(三) ア そんなは、何を指していますか。(10)

（「お手伝いしましょうか。」と向こうから声をかけてきた）

(四) 「すてきなボランティア」をする人とは、どんな人でしょうか。（　）に当てはまる言葉を、［　］から選んで書きましょう。(8×5)

（相手）からたのまれることを（待っている）だけではなく、（心のアンテナ）をのばして、どうすれば相手が（喜んで）くれるか、自分から（すすんで考える）ことができる人

［喜んで・心のアンテナ・待っている・いい方向・すすんで考える・相手］

(五) 「ボランティア」という言葉について、次の問いに、答えましょう。(10×2)

① 日本では、長い間、まちがって、何と訳されてきましたか。
（奉仕）

② もとを正せば、どんな意味ですか。
（自由意志）

P115 ボランティアしあおうよ (3)

上の文章を読んで、答えましょう。

(一) O君は、わたしに何の相談をしたのですか。(15)

（転職のこと）

(二) O君は、お店の中で、わたしにどんなことをしてくれましたか。二つ書きましょう。(10×2)

（はして食べさせてくれた。）

（車いすからわたしをだきかかえて、トイレの中へ入ってくれた。）

(三) わたしはO君に、どんなことをしてあげましたか。(15)

（仕事に対する迷いや希望を聞き、それに対する自分の意見を言った。）

(四) ア ぼくのほうがボランティアされているんです。とは、どういうことですか。(15)

（ぼくのほうが仕事のことで相談にのってもらっている。）

(五) ボランティアとは、どんなものだと述べられていますか。次の中から選んで○を付けましょう。(15)

（　）一方的に相手の世話をしてあげることで、自分にも何かをしてもらおうと思ってはいけない。

（○）一方的にあたえるものではなく、するほうとされるほうが、おたがいのやさしさ、情熱、ちえのキャッチボールを続けていくこと。

（　）世話をしてあげるのだから、それに対する報しゅう(お金)はきちんと要求すればよい。

(六) ボランティアをしている中で、その人はどうなっていくと述べられていますか。二つ書きましょう。(10×2)

（喜びや生きがいが生まれてくる。）

（すてきな人間に成長していく。）

P116 あの坂をのぼれば (1)

上の文章を読んで、答えましょう。

(一) ア それは、どんなことですか。文中からぬき書きしましょう。(15)

あの坂をのぼれば、海が見える。

(二) 「あの坂」は、どこにあると聞かされていたのですか。(10)

（うちのうらの、あの山）

(三) 少年は、祖母のお話をどのように受けとめていたのでしょうか。次の中から選んで○を付けましょう。(15)

（○）山を一つだけこえれば、本当に海が見える。

（　）海が見えるかどうか、はっきりわからない。

（　）海が見えるなんて全く信じられない。

(四) 山一つこえたら、海は見えたでしょうか。(15)

（見えなかった。）

(五) 山一つこえたあと、少年はどうしましたか。次の中から選んで○を付けましょう。(15)

（　）山一つこえたのだから、そこでひき返した。

（　）とうげを三つこえたところで、先へ行くのをやめた。

（○）海を見ようと歩き続けた。

(六) 少年が苦労して山道をのぼっている様子が分かるところを、三つぬき書きしましょう。(10×3)

（顔も背すじもあせにまみれ、休まず歩く息づかいがあらい。）

（がくがくする足をふみしめて、もう一度気力をふるい起こす。）

（はうようにしてのぼってきた。）

P117 あの坂をのぼれば (2)

上の文章を読んで、答えましょう。

(一) 少年が「もうやめよう」と思ったのは、どう考えたからですか。二つ書きましょう。(10×2)

（こんなにつらい思いをして、いったい何の得があるのか。）

（本当に海に出られるのかどうか、分かったものじゃない。）

(二) 草の上にすわった少年は、どんな気持ちになっていますか。次の中から選んで○を付けましょう。(15)

（　）ひと休みしたら、また先へ行こう。

（○）つかれてきて、もうどうでもよい。

（　）このまま、ここでいつまでも休んでいよう。

(三) この場面は、一日のうちのいつですか。次の中から選んで○を付け、また、それがわかる所を文中からぬき書きしましょう。(10×2)

（　）朝早く　（○）昼前　（　）夕方

日はしだいに高くなる

(四) ア 生き物は何だったのですか。(15)

（海鳥）

(五) ア 生き物を見て、少年はどう思いましたか。(15)

（海が近いのにちがいない。(今度こそ、海に着けるのか。)）

(六) イ それはたちまち少年の心に、白い大きなつばさとなって羽ばたいた。とは、どういうことでしょうか。(15)

例
（海の見えるところまで必ず行き着いてみせるという意欲がわいてきた。）

P118 夢に向かって－モンゴメリー伝記－ (1)

上の文章を読んで、答えましょう。

(一) ア それは、どんな夢だったのでしょうか。次の中から選んで○を付けましょう。(10)

（　）教員として一生けんめい働いて成功する。

（　）たくさんの報しゅうを受け取る。

（○）自分の作品が雑誌や新聞にけいさいされる。

(二) モードの原稿を採用したところを、早い順に三つ書きましょう。(5×3)

① （子ども向けの雑誌社）
② （新聞社）
③ （一流の雑誌社）

(三) モードは初めての原こう料を何に使いましたか。二つ書きましょう。(15×2)

（好きな詩人の詩集を五冊買った。）

（町の写真店で記念写真をとった。）

(四) 教師としていそがしいモードは、どのようにして作品を書きましたか。（　）に当てはまる言葉を入れましょう。(5×6)

朝の（六時）に起き、厚手の（コート）を着こんで（ブーツ）をはき、（手ぶくろ）をはめて、（マイナス三十度）近い寒さの中で、（出勤前）の一時間に作品を書いた。

(五) イ つゆほども知りませんとは、どういうことでしょうか。次の中から選んで○を付けましょう。(15)

（○）全く知らなかった。

（　）ほんの少ししか知らなかった。

（　）知らないことは何もなかった。

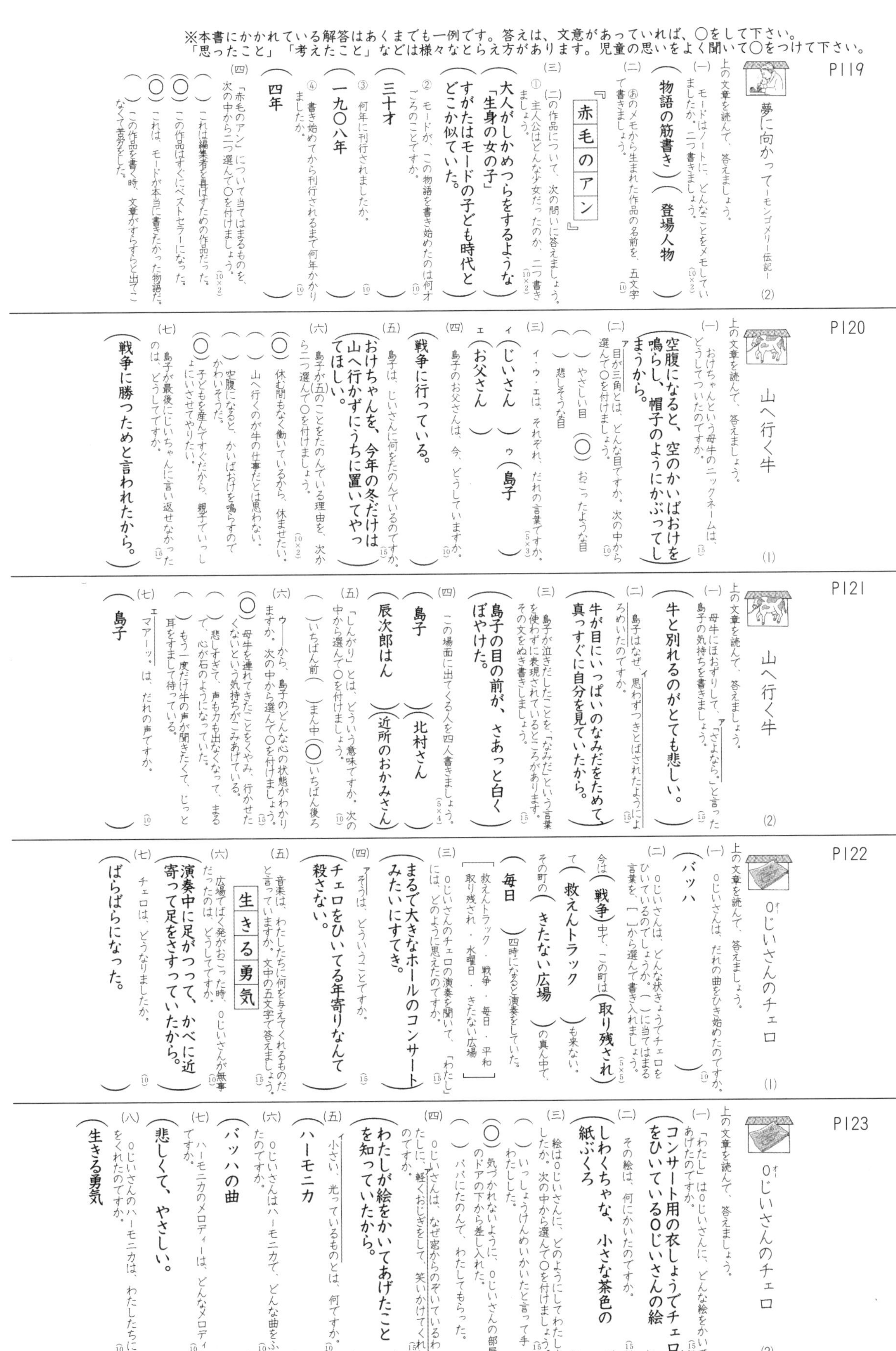

※本書にかかれている解答はあくまでも一例です。答えは、文意があっていれば、○をして下さい。
「思ったこと」「考えたこと」などは様々なとらえ方があります。児童の思いをよく聞いて○をつけて下さい。

P119 夢に向かって ―モンゴメリー伝記― (2)

上の文章を読んで、答えましょう。

(一) モードはノートに、どんなことをメモしていましたか。二つ書きましょう。(10×2)

（物語の筋書き）（登場人物）

(二) あのメモから生まれた作品の名前を、五文字で書きましょう。(10)

『赤毛のアン』

(三) (二)の作品について、次の問いに答えましょう。

① 主人公はどんな少女だったのか、二つ書きましょう。(10×2)

（大人がしかめつらをするような「生身の女の子」）

（すがたはモードの子ども時代とどこか似ていた。）

② モードが、この物語を書き始めたのは何才ごろのことですか。(10)

（三十才）

③ 何年に刊行されましたか。(10)

（一九〇八年）

④ 書き始めてから刊行されるまで何年かかりましたか。(10)

（四年）

(四) 「赤毛のアン」について当てはまるものを、次の中から二つ選んで○を付けましょう。(10×2)

（　）これは編集者を喜ばすための作品だった。

（○）この作品はすぐにベストセラーになった。

（○）これは、モードが本当に書きたかった物語だ。

（　）この作品を書く時、文章がすらすらと出てこなくて苦労をした。

P120 山へ行く牛 (1)

上の文章を読んで、答えましょう。

(一) おけちゃんという母牛のニックネームは、どうしてついたのですか。(15)

（空腹になると、空のかいばおけを鳴らし、帽子のようにかぶってしまうから。）

(二) ア目が三角とは、どんな目ですか。次の中から選んで○を付けましょう。(10)

（　）やさしい目　（○）おこったような目

（　）悲しそうな目

(三) イ・ウ・エは、それぞれ、だれの言葉ですか。(5×3)

イ（じいさん）ウ（島子）

エ（お父さん）

(四) 島子のお父さんは、今、どうしていますか。(10)

（戦争に行っている。）

(五) 島子は、じいさんに何をたのんでいるのですか。(15)

（おけちゃんを、山へ行かずに今年の冬だけはうちに置いてやってほしい。）

(六) 島子が(五)のことをたのんでいる理由を、次から二つ選んで○を付けましょう。(10×2)

（○）休む間もなく働いているから、休ませたい。

（　）山へ行くのが牛の仕事だとは思わない。

（　）空腹になると、かいばおけを鳴らすのでかわいそうだ。

（○）子どもを産んですぐだから、親子でいっしょにいさせてやりたい。

(七) 島子が最後にじいちゃんに言い返せなかったのは、どうしてですか。(15)

（戦争に勝つためと言われたから。）

P121 山へ行く牛 (2)

上の文章を読んで、答えましょう。

(一) 母牛にほおずりして、ア「さよなら。」と言った島子の気持ちを書きましょう。(15)

（牛と別れるのがとても悲しい。）

(二) 島子はなぜ、イ思わずつきとばされたようによろめいたのですか。(15)

（牛が目にいっぱいのなみだをためて、真っすぐに自分を見ていたから。）

(三) 島子が泣きだしたことを、「なみだ」という言葉を使わずに表現されているところがあります。その文をぬき書きしましょう。(15)

（島子の目の前が、さあっと白くぼやけた。）

(四) この場面に出てくる人を四人書きましょう。(5×4)

（島子）（北村さん）

（辰次郎はん）（近所のおかみさん）

(五) 「しんがり」とは、どういう意味ですか。次の中から選んで○を付けましょう。(10)

（　）いちばん前（　）まん中（○）いちばん後ろ

(六) ウ――から、島子のどんな心の状態がわかりますか。次の中から選んで○を付けましょう。(15)

（○）母牛を連れてきたことをくやみ、行かせたくないという気持ちがこみあげている。

（　）悲しすぎて、声も力も出なくなって、まるで、心が石のようになっていた。

（　）もう一度だけ牛の声が聞きたくて、じっと耳をすまして待っている。

(七) エマアーッ。は、だれの声ですか。(10)

（島子）

P122 Oじいさんのチェロ (1)

上の文章を読んで、答えましょう。

(一) Oじいさんは、だれの曲をひき始めたのですか。(10)

（バッハ）

(二) Oじいさんは、どんな状きょうでチェロをひいているのでしょうか。（　）に当てはまる言葉を、［　］から選んで書き入れましょう。(5×5)

今は（戦争）中で、この町は（取り残され）て（救えんトラック）も来ない。その町の（きたない広場）の真ん中で、（毎日）四時になると演奏をしていた。

［救えんトラック・戦争・毎日・平和
取り残され・水曜日・きたない広場］

(三) Oじいさんのチェロの演奏を聞いて、「わたし」には、どのように思えたのですか。(15)

（まるで大きなホールのコンサートみたいにすてき。）

(四) アそうは、どういうことですか。(15)

（チェロをひいてる年寄りなんて殺さない。）

(五) 音楽は、わたしたちに何を与えてくれるものだと言っていますか。文中の五文字で答えましょう。(15)

生きる勇気

(六) 広場でばく発がおこった時、Oじいさんが無事だったのは、どうしてですか。(10)

（演奏中に足がつって、かべに近寄って足をさすっていたから。）

(七) チェロは、どうなりましたか。(10)

（ばらばらになった。）

P123 Oじいさんのチェロ (2)

上の文章を読んで、答えましょう。

(一) 「わたし」はOじいさんに、どんな絵をかいてあげたのですか。(15)

（コンサート用の衣しょうでチェロをひいているOじいさんの絵）

(二) その絵は、何にかいたのですか。(15)

（しわくちゃな、小さな茶色の紙ぶくろ）

(三) 絵はOじいさんに、どのようにしてわたしましたか。次の中から選んで○を付けましょう。(15)

（　）いっしょうけんめいかいたと言って手わたしした。

（○）気づかれないように、Oじいさんの部屋のドアの下から差し入れた。

（　）パパにたのんで、わたしてもらった。

(四) Oじいさんは、なぜ窓からのぞいているわたしに、ア軽くおじぎをして、笑いかけてくれたのですか。(15)

（わたしが絵をかいてあげたことを知っていたから。）

(五) イ小さい、光っているものとは、何ですか。(10)

（ハーモニカ）

(六) Oじいさんはハーモニカで、どんな曲をふいたのですか。(10)

（バッハの曲）

(七) ハーモニカのメロディーは、どんなメロディーですか。(10)

（悲しくて、やさしい。）

(八) Oじいさんのハーモニカは、わたしたちに何をくれたのですか。(10)

（生きる勇気）

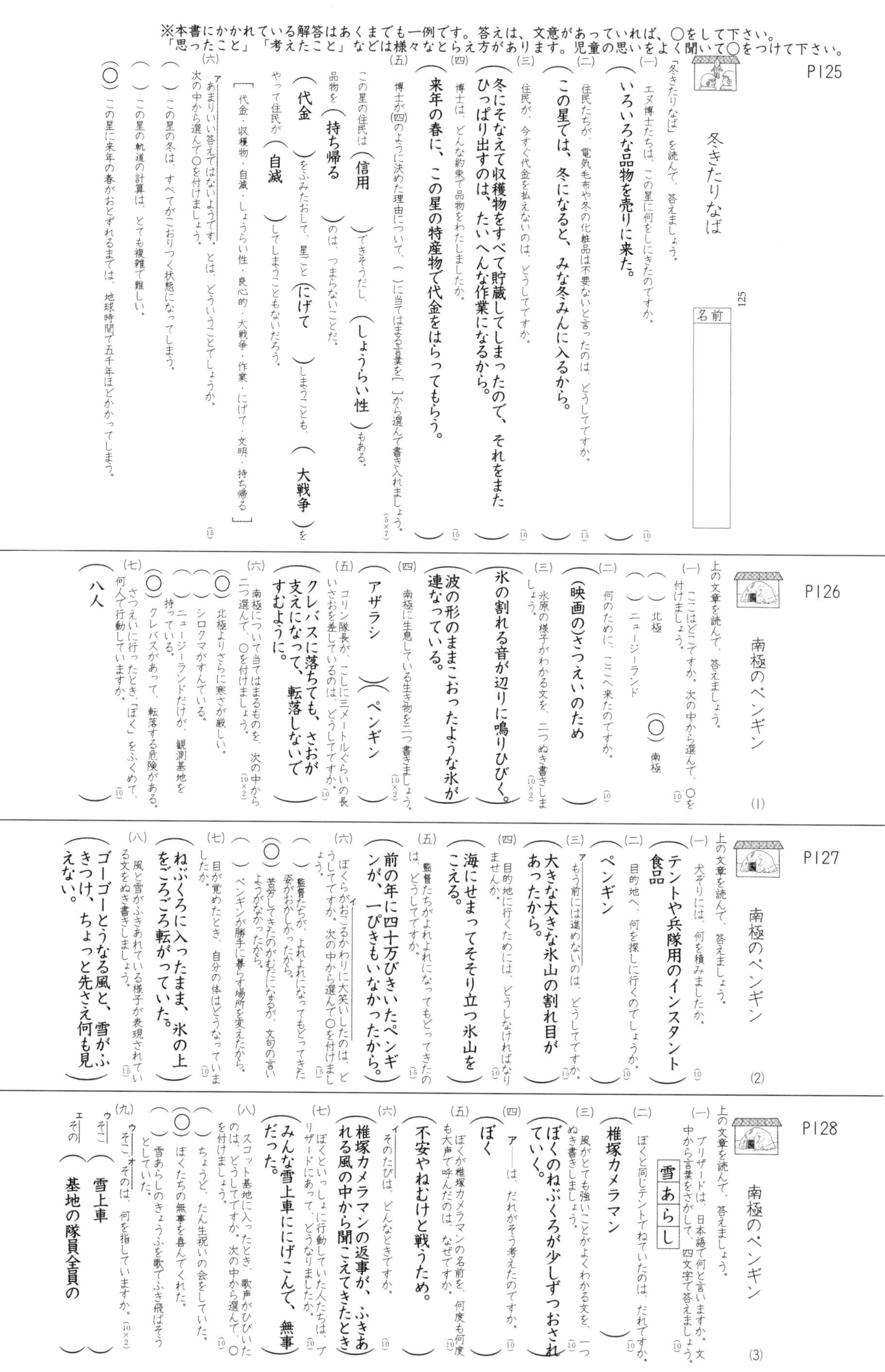

※本書にかかれている解答はあくまでも一例です。答えは、文意があっていれば、◯をして下さい。
「思ったこと」「考えたこと」などは様々なとらえ方があります。児童の思いをよく聞いて◯をつけて下さい。

P125

冬きたりなば

名前

125

「冬きたりなば」を読んで、答えましょう。

(一) エヌ博士たちは、この星に何をしにきたのですか。⑩
（いろいろな品物を売りに来た。）

(二) 住民たちが、電気毛布や冬の化粧品は不要ないと言ったのは、どうしてですか。⑮
（この星では、冬になると、みな冬みんに入るから。）

(三) 住民が、今すぐ代金を払えないのは、どうしてですか。⑩
（冬にそなえて収穫物をすべて貯蔵してしまったので、それをまたひっぱり出すのは、たいへんな作業になるから。）

(四) 博士は、どんな約束で品物をわたしましたか。⑮
（来年の春に、この星の特産物で代金をはらってもらう。）

(五) 博士が(四)のように決めた理由について、（ ）に当てはまる言葉を［ ］から選んで書き入れましょう。(5×7)
この星の住民は（信用）できそうだし、（しょうらい性）もある。

品物を（持ち帰る）のは、つまらないことだ。

（代金）をふみたおして、星ごと（にげて）しまうことも、（大戦争）をやって住民が（自滅）してしまうこともないだろう。

［代金・収穫物・自滅・しょうらい性・良心的・大戦争・作業・にげて・文明・持ち帰る］

(六) ア あまりいい答えではないようです。とは、どういうことでしょうか。次の中から選んで◯を付けましょう。⑮
（ ）この星の冬は、すべてがこおりつく状態になってしまう。

（ ）この星の軌道の計算は、とても複雑で難しい。

（◯）この星に来年の春がおとずれるまでは、地球時間で五千年ほどかかってしまう。

P126

南極のペンギン (1)

上の文章を読んで、答えましょう。

(一) ここはどこですか。次の中から選んで、◯を付けましょう。⑩
（ ）北極　（◯）南極
（ ）ニュージーランド

(二) 何のために、ここへ来たのですか。⑩
（(映画の)さつえいのため）

(三) 氷原の様子がわかる文を、二つぬき書きしましょう。(10×2)
（氷の割れる音が辺りに鳴りひびく。）

（波の形のままこおったような氷が連なっている。）

(四) 南極に生息している生き物を二つ書きましょう。(10×2)
（アザラシ）（ペンギン）

(五) コリン隊長が、こしに三メートルぐらいの長いさおを差しているのは、どうしてですか。⑩
（クレバスに落ちても、さおが支えになって、転落しないですむように。）

(六) 南極について当てはまるものを、次の中から二つ選んで、◯を付けましょう。(10×2)
（◯）北極よりさらに寒さが厳しい。

（ ）シロクマがすんでいる。

（ ）ニュージーランドだけが、観測基地を持っている。

（◯）クレバスがあって、転落する危険がある。

(七) さつえいに行ったとき、「ぼく」をふくめて、何人で行動していますか。⑩
（八人）

P127

南極のペンギン (2)

上の文章を読んで、答えましょう。

(一) 犬ぞりには、何を積みましたか。⑩
（テントや兵隊用のインスタント食品）

(二) 目的地へ、何を探しに行くのでしょうか。⑩
（ペンギン）

(三) ア もう前には進めないのは、どうしてですか。⑮
（大きな大きな氷山の割れ目があったから。）

(四) 目的地に行くためには、どうしなければなりませんか。⑩
（海にせまってそそり立つ氷山をこえる。）

(五) 監督たちがよれよれになってもどってきたのは、どうしてですか。⑮
（前の年に四十万びきいたペンギンが、一ぴきもいなかったから。）

(六) ぼくらがおこるかわりに イ 大笑いしたのは、どうしてですか。次の中から選んで◯を付けましょう。⑮
（ ）監督たちが、よれよれになってもどってきた姿がおかしかったから。

（◯）苦労してきたのがむだになるが、文句の言いようがなかったから。

（ ）ペンギンが勝手に暮らす場所を変えたから。

(七) 目が覚めたとき、自分の体はどうなっていましたか。⑩
（ねぶくろに入ったまま、氷の上をごろごろ転がっていた。）

(八) 風と雪がふきあれている様子が表現されている文をぬき書きしましょう。⑮
（ゴーゴーとうなる風と、雪がふきつけ、ちょっと先さえ何も見えない。）

P128

南極のペンギン (3)

上の文章を読んで、答えましょう。

(一) ブリザードは、日本語で何と言いますか。文中から言葉をさがして、四文字で答えましょう。⑩
雪あらし

(二) ぼくと同じテントでねていたのは、だれですか。⑩
（椎塚カメラマン）

(三) 風がとても強いことがよくわかる文を、一つぬき書きしましょう。⑩
（ぼくのねぶくろが少しずつおされていく。）

(四) ア――は、だれがそう考えたのですか。⑩
（ぼく）

(五) ぼくが椎塚カメラマンの名前を、何度も何度も大声で呼んだのは、なぜですか。⑩
（不安やねむけと戦うため。）

(六) イ そのたびは、どんなときですか。⑩
（椎塚カメラマンの返事が、ふきあれる風の中から聞こえてきたとき）

(七) ぼくといっしょに行動していた人たちは、ブリザードにあって、どうなりましたか。⑩
（みんな雪上車ににげこんで、無事だった。）

(八) スコット基地に入ったとき、歌声がひびいたのは、どうしてですか。次の中から選んで、◯を付けましょう。⑩
（ ）ちょうど、たん生祝いの会をしていた。

（◯）ぼくたちの無事を喜んでくれた。

（ ）雪あらしのきょうふを歌でふき飛ばそうとしていた。

(九) ウ そこ、オ そのは、何を指していますか。(10×2)
ウ そこ（雪上車）
エ その（基地の隊員全員の）

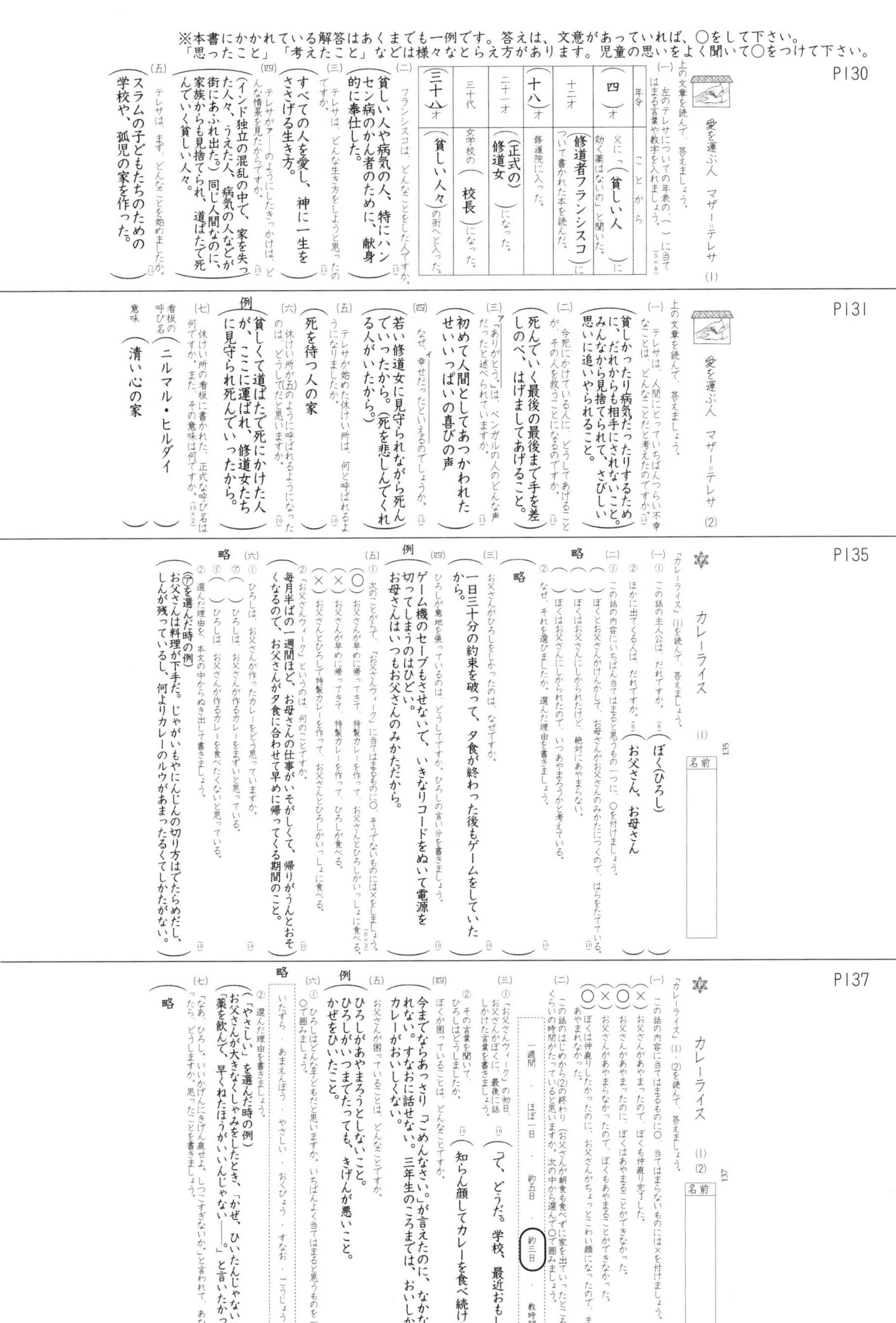

※本書にかかれている解答はあくまでも一例です。答えは、文意があっていれば、〇をして下さい。
「思ったこと」「考えたこと」などは様々なとらえ方があります。児童の思いをよく聞いて〇をつけて下さい。

P130

愛を運ぶ人　マザー＝テレサ (1)

上の文章を読んで、答えましょう。

(一) 左のテレサについての年表の、（　）に当てはまる言葉や数字を入れましょう。(5×8)

年令	ことがら
（四）才	父に「（貧しい人）に効く薬はないの」と聞いた。
十二才	（修道者フランシスコ）について書かれた本を読んだ。
（十八）才	修道院に入った。
二十一才	（正式の修道女）になった。
三十代	女学校の（校長）になった。
（三十八）才	（貧しい人々）の街へと入った。

(二) フランシスコは、どんなことをした人ですか。(15)
（貧しい人や病気の人、特にハンセン病のかん者のために、献身的に奉仕した。）

(三) テレサは、どんな生き方をしようと思ったのですか。(15)
（すべての人を愛し、神に一生をささげる生き方。）

(四) テレサがア―のようにしたきっかけは、どんな情景を見たからですか。(15)
（(インド独立の混乱の中で、家を失った人々、うえた人、病気の人などが街にあふれ出た。)同じ人間なのに、家族からも見捨てられ、道ばたで死んでいく貧しい人々。）

(五) テレサは、まず、どんなことを始めましたか。(15)
（スラムの子どもたちのための学校や、孤児の家を作った。）

P131

愛を運ぶ人　マザー＝テレサ (2)

上の文章を読んで、答えましょう。

(一) テレサは、人間にとっていちばんつらい不幸なことは、どんなことだと考えたのですか。(15)
（貧しかったり病気だったりするために、だれからも相手にされないこと。みんなから見捨てられて、さびしい思いに追いやられること。）

(二) 今死にかけている人に、どうしてあげることが、その人を救うことになるのですか。(15)
（死んでいく最後の最後まで手を差しのべ、はげましてあげること。）

(三) ア「ありがとう。」は、ベンガルの人のどんな声だったと述べられていますか。(15)
（初めて人間としてあつかわれたせいいっぱいの喜びの声）

(四) なぜ、イ幸せだったといえるのでしょうか。(15)
（若い修道女に見守られながら死んでいったから。(死を悲しんでくれる人がいたから。)）

(五) テレサが始めた休けい所は、何と呼ばれるようになりましたか。(10)
（死を待つ人の家）

(六) 休けい所が(五)のように呼ばれるようになったのは、どうしてだと思いますか。(10)
例（貧しくて道ばたで死にかけた人が、ここに運ばれ、修道女たちに見守られ死んでいったから。）

(七) 休けい所の看板に書かれた、正式な呼び名は何ですか。また、その意味は何ですか。(10×2)
看板の呼び名（ニルマル・ヒルダイ）
意味（清い心の家）

P135

カレーライス (1)

名前

「カレーライス」(1)を読んで、答えましょう。

(一) ① この話の主人公は、だれですか。(6)（ぼく(ひろし)）
② ほかに出てくる人は、だれですか。(6)（お父さん、お母さん）

(二) ① この話の内容にいちばん当てはまると思うもの一つに、〇を付けましょう。
（　）ぼくとお父さんがけんかして、お母さんがお父さんのみかたにつくので、はらをたてている。

（　）ぼくはお父さんにしかられたけど、絶対にあやまらない。

（　）ぼくはお父さんにしかられたので、いつあやまろうかと考えている。
② なぜ、それを選びましたか。選んだ理由を書きましょう。(10)
略

(三) お父さんがひろしをしかったのは、なぜですか。(10)
（一日三十分の約束を破って、夕食が終わった後もゲームをしていたから。）

(四) ひろしが意地を張っているのは、どうしてですか。ひろしの言い分を書きましょう。(10)
例（ゲーム機のセーブもさせないで、いきなりコードをぬいて電源を切ってしまうのはひどい。お母さんはいつもお父さんのみかただから。）

(五) ① 次のことがらで、「お父さんウィーク」に当てはまるものに〇、そうでないものには×をしましょう。(6×3)
（〇）お父さんが早めに帰ってきて、特製カレーを作って、お父さんとひろしがいっしょに食べる。

（×）お父さんが早めに帰ってきて、特製カレーを作って、ひろしが食べる。

（×）お父さんとひろしで特製カレーを作って、お父さんとひろしがいっしょに食べる。
② 「お父さんウィーク」というのは、何のことですか。(10)
（毎月半ばの一週間ほど、お母さんの仕事がいそがしくて、帰りがうんとおそくなるので、お父さんが夕食に合わせて早めに帰ってくる期間のこと。）

(六) ① ひろしは、お父さんが作ったカレーをどう思っていますか。(10)
略
㋐（　）ひろしは、お父さんが作るカレーをまずいと思っている。
㋑（　）ひろしは、お父さんが作るカレーを食べたくないと思っている。
② 選んだ理由を、本文の中からぬき出して書きましょう。(10)
（㋐を選んだ時の例
お父さんは料理が下手だ。じゃがいもやにんじんの切り方はでたらめだし、しんが残っているし、何よりカレーのルウがあまったるくてしかたがない。）

P137

カレーライス (1)(2)

名前

「カレーライス」(1)・(2)を読んで、答えましょう。

(一) この話の内容に当てはまるものに〇、当てはまらないものには×を付けましょう。(5×4)
（×）お父さんがあやまったので、ぼくも仲直り完了した。

（〇）お父さんがあやまったのに、ぼくはあやまることができなかった。

（×）お父さんがあやまらなかったので、ぼくもあやまることができなかった。

（〇）ぼくは仲直りしたかったのに、お父さんがちょっとこわい顔になったので、まだすなおにあやまれなかった。

(二) この話のはじめから(2)の終わり（お父さんが朝食も食べずに家を出ていったところ）まで、どのくらいの時間がたっていると思いますか。次の中から選んで〇で囲みましょう。(10)
一週間・ほぼ一日・約五日・**約三日**（〇）・数時間

(三) ① 「お父さんウィーク」の初日、お父さんがぼくに、最後に話しかけた言葉を書きましょう。(10)
（「て、どうだ。学校、最近おもしろいか。」）
② その言葉を聞いて、ひろしはどうしましたか。(10)
（知らん顔してカレーを食べ続けた。）

(四) ぼくが困っていることは、どんなことですか。(10)
（今までならあっさり「ごめんなさい。」が言えたのに、なかなかあやまれない。すなおに話せない。三年生のころまでは、おいしかった特製カレーがおいしくない。）

(五) お父さんが困っていることは、どんなことですか。(10)
例（ひろしがあやまろうとしないこと。ひろしがいつまでたっても、きげんが悪いこと。かぜをひいたこと。）

(六) ① ひろしはどんな子どもだと思いますか。いちばんよく当てはまると思うものを一つだけ選んで、〇で囲みましょう。(10)
いたずら・あまえんぼう・やさしい・おくびょう・すなお・ごうじょう・つよい
略
② 選んだ理由を書きましょう。(10)
（「やさしい」を選んだ時の例）

お父さんが大きなくしゃみをしたとき、「かぜ、ひいたんじゃないの――。」「薬を飲んで、早くねたほうがいいんじゃない――。」と言いたかったから。）

(七) 「なあ、ひろし。いいかげんにきげん直せよ。しつこすぎないか。」と言われて、あなたがひろしだったら、どうしますか。思ったことを書きましょう。(10)
（略）

※本書にかかれている解答はあくまでも一例です。答えは、文意があっていれば、○をして下さい。
「思ったこと」「考えたこと」などは様々なとらえ方があります。児童の思いをよく聞いて○をつけて下さい。

P139

カレーライス (3)

139

名前

「カレーライス」(3)を読んで、答えましょう。

(一) 「お父さんウィーク」に当てはまるものに○、そうでないものには×を付けましょう。 (5×6)

(×) 朝早く、お母さんは出勤する。
(○) 朝、お母さんはねている。
(×) お母さんはいそがしいので、毎日帰るのは真夜中になる。
(○) お母さんが帰ってくるのが、真夜中になる日がある。
(×) 朝ご飯は、お母さんが作っておいてくれる。
(○) 朝ご飯は、お父さんが作ってくれる。

(二) 「カレーライス」(3)の話のはじめから終わりまで、どのくらい時間がたったと思いますか。次の中から選んで、○で囲みましょう。 (8)

一週間 ・ **(ほぼ一日)** ・ 一か月くらい ・ 約二日 ・ 数時間

(三) 次の時の、ひろしの食事は何ですか。 (5×4)

おとといの夕食 (**カレー**)
きのうの夕食 (**カレー**)
今日の朝食 (**目玉焼きと野菜いため**)
今日の夕食 (**カレー**)

(四) ひろしが学校にいる間、何度も心の中で練習した言葉について、答えましょう。 (8×4)

① その言葉を書きましょう。
(**お父さん、この前はごめんなさい。**)

② 練習しながらひろしが考えたことを、二つ書きましょう。
(**言える言える、だいじょうぶだいじょうぶ、と自分を元気づけた。**)
(**「うげえっ、そんなの言うのってかっこ悪いよ。」と自分を冷やかした。**)

③ ①の言葉を、実際に言うことができましたか。 (**できなかった。**)

(五) なぜひろしは、お父さんにカレーを自分で作ると言いはったのだと思いますか。 (10)

例 (**お父さんにあやまりたいと思っているので、自分の作ったカレーを食べてもらって、あやまるきっかけにしたかったから。**)

P141

カレーライス (4)

141

名前

「カレーライス」(4)を読んで、答えましょう。

(一) この日に二人で作ったカレーライスに当てはまるものに○、そうでないものには×を付けましょう。 (5×6)

(×) ぼくの分だけ別のなべで作ったカレー
(○) お母さんと二人のときにいつも食べているカレー
(○) 野菜は不格好だけど、しっかりにこんだカレー
(×) 『甘口』カレー
(○) 『中辛』カレー
(○) ぴりっとからくて、ほんのりあまいカレー

(二) お父さんと仲直りできて、ひろしがよかったなあと思っていることを、[例]のように三つ書きましょう。 (10×3)

[例] (お父さんがごきげんになった。)

例
(**「今度は別の料理も二人で作ろうか。」とお父さんと約束できたこと。**)
(**残りの「お父さんウィーク」は、いつもよりちょっと楽しく過ごせそうと思えること。**)
(**お父さんが「かぜも治っちゃったよ。」と笑ってくれたこと。**)

(三) ① ひろし(ぼく)が考えていることは、どれだと思いますか。次の中からいちばんよく当てはまるものを一つ選んで、○を付けましょう。 (5)

略
( ) これからもカレーを作ってあげる。
( ) これからも「お父さんウィーク」を楽しみたい。
( ) 大きくなったことをみとめられてうれしい。
( ) こんどは「ごめんなさい。」と言いたい。

② なぜ、それを選びましたか。理由を書きましょう。 (15)

(**略**)

(四) このお話の最後に「ぼくたちの特製カレーは、ぴりっとからくて、でも、ほんのりあまかった。」と書いてありますが、なぜ作者はこのような終わり方をしたのだと思いますか。あなたの考えを書きましょう。 (20)

例 (**けんかしていたお父さんとひろしの関係は、中辛のカレーのようにぴりっとからいけれど、ほんのりあまい関係へと変わっていったから。**)

P144

風切るつばさ (1) (2) 解答用紙1

144

名前

「風切るつばさ」(1)・(2)を読んで、答えましょう。(解答用紙二枚)

(一) みんなは、キツネに気づかれたのは、クルルが何をしたせいだと言ったのでしょう。 (8)

(**カララにえさをとってやったときに、はばたいたから。**)

(二) みんなはどんな気持ちから、クルルをせめるようになったのでしょうか。 (8)

例 (**キツネにおそわれて、幼い仲間の命が失われたことへの後かい、くやしさ、いかりのはけ口を、どこかにぶつけずにはいられなかったから。**)

(三) キツネにおそわれたのはクルルのせいだと、みんなに言われたときのクルルの気持ちを、クルルになったつもりで書きましょう。 (8)

例 (**おれのせいだけじゃないのに、なぜみんな、おれが悪いって言うんだ。おれはただ、カララに親切にしてあげただけなのに。おれだって、みんなと同じようにくやしいんだ。**)

(四) もし、あなたがこの仲間の中にいたら、あなたならどうしますか。みんなと同じような態度をとりますか。それとも、クルルの味方をしますか。理由もつけて、自分ならどうするか書きましょう。 (8)

例 (**・クルルに味方したら、自分も仲間はずれにされそうだから、みんなに調子を合わせておくか、だまっている。**
・クルルがかわいそうだから、クルルだけのせいじゃないと、みんなに言う。)

(五) ① 一羽でいるしかなくなったクルルが、自分のことをどのように思ったのか、次の中からいちばん当てはまると思うものを一つ選んで、○で囲みましょう。 (6)

略

たのもしい ・ なさけない ・ みじめ ・ ずうずうしい
みっともない ・ 自分がいや ・ 自分がかわいそう ・ まぬけ

② なぜ、それに○をしましたか。理由を書きましょう。 (8)

(**略**)

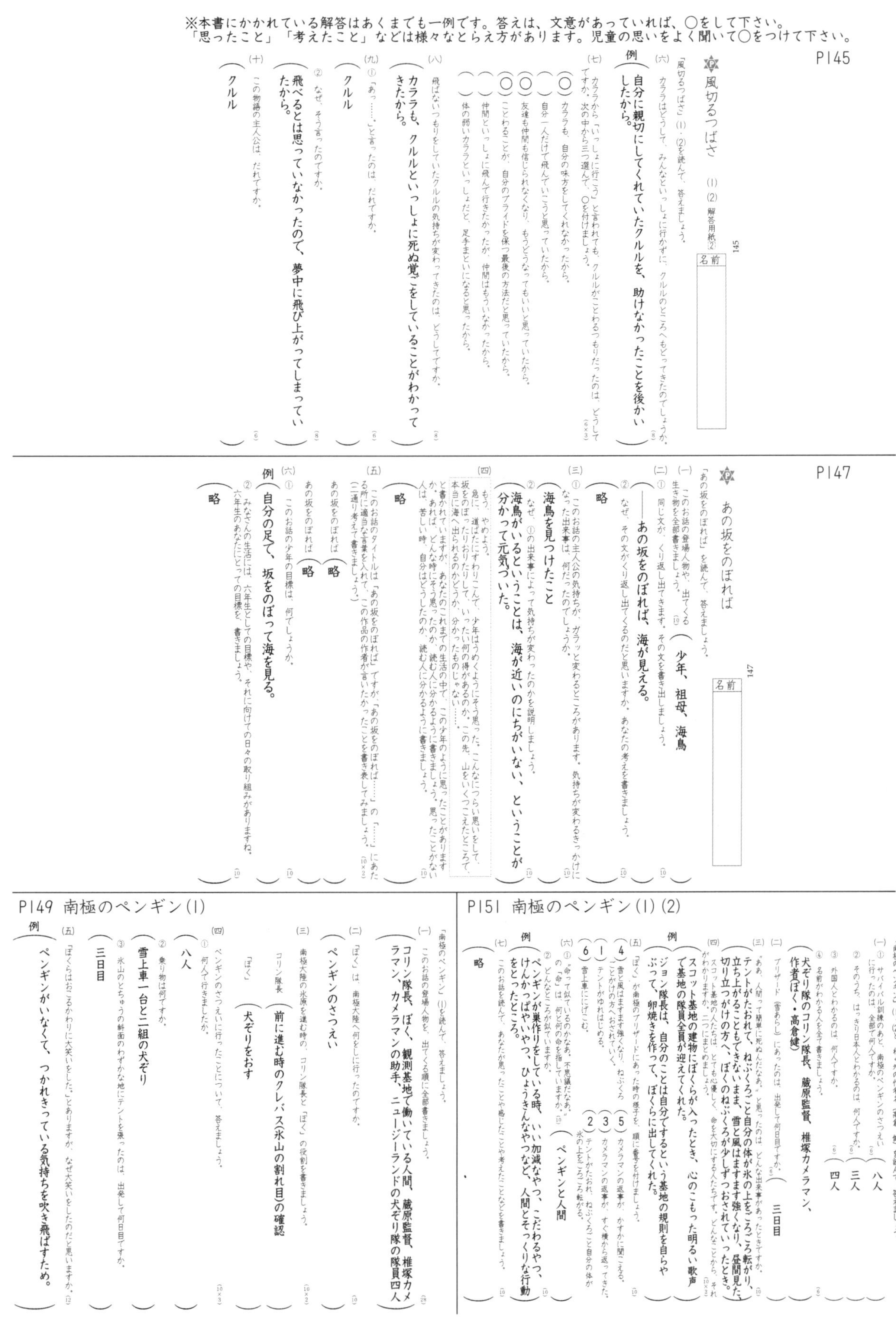

※本書にかかれている解答はあくまでも一例です。答えは、文意があっていれば、○をして下さい。
「思ったこと」「考えたこと」などは様々なとらえ方があります。児童の思いをよく聞いて○をつけて下さい。

P145

風切るつばさ (1) (2) 解答用紙[2]

145 名前

「風切るつばさ」(1)・(2)を読んで、答えましょう。

(六) カララはどうして、みんなといっしょに行かずに、クルルのところへもどってきたのでしょうか。(8)

例（**自分に親切にしてくれていたクルルを、助けなかったことを後かいしたから。**）

(七) カララから「いっしょに行こう」と言われても、クルルがことわるつもりだったのは、どうしてですか。次の中から三つ選んで、○を付けましょう。(6×3)

（○）カララも、自分の味方をしてくれなかったから。
（　）自分一人だけで飛んでいこうと思っていたから。
（○）友達も仲間も信じられなくなり、もうどうなってもいいと思っていたから。
（○）ことわることが、自分のプライドを保つ最後の方法だと思っていたから。
（　）仲間といっしょに飛んで行きたかったが、仲間はもういなかったから。
（　）体の弱いカララといっしょだと、足手まといになると思ったから。

(八) 飛ばないつもりをしていたクルルの気持ちが変わってきたのは、どうしてですか。(8)

（**カララも、クルルといっしょに死ぬ覚ごをしていることがわかってきたから。**）

(九) ①「あっ……。」と言ったのは、だれですか。(6)

（**クルル**）

② なぜ、そう言ったのですか。(8)

（**飛べるとは思っていなかったので、夢中に飛び上がってしまっていたから。**）

(十) この物語の主人公は、だれですか。(6)

（**クルル**）

P147

あの坂をのぼれば

147 名前

「あの坂をのぼれば」を読んで、答えましょう。

(一) このお話の登場人物や、出てくる生き物を全部書きましょう。(10)

（**少年、祖母、海鳥**）

(二) ① 同じ文が、くり返し出てきます。その文を書き出しましょう。(10)

（**——あの坂をのぼれば、海が見える。**）

② なぜ、その文がくり返し出てくるのだと思いますか。あなたの考えを書きましょう。(10)

（**略**）

(三) ① このお話の主人公の気持ちが、ガラッと変わるところがあります。気持ちが変わるきっかけになった出来事は、何だったのでしょうか。(10)

（**海鳥を見つけたこと**）

② なぜ、①の出来事によって気持ちが変わったのかを説明しましょう。(10)

（**海鳥がいるということは、海が近いのにちがいない、ということが分かって元気づいた。**）

(四)

> もう、やめよう。
> 急に、道ばたにすわりこんで、少年はうめくようにそう思った。こんなにつらい思いをして、坂をのぼったりおりたりして、いったい何の得があるのか。この先、山をいくつこえたところで、本当に海へ出られるのかどうか、分かったものじゃない……。

と書かれていますが、あなたのこれまでの生活の中で、この少年のように思ったことがありますか。あれば、どんな時にそう思ったのか、読む人に分かるように書きましょう。思ったことがない人は、苦しい時、自分はどうしたのか、読む人に分かるように書きましょう。(10)

（**略**）

(五) このお話のタイトルは「あの坂をのぼれば」ですが、「あの坂をのぼれば……」の「……」にあたる所に適当な言葉を入れて、この作品の作者が言いたかったことを書き表してみましょう。（二通り考えて書きましょう。）(10×2)

あの坂をのぼれば（**略**）
あの坂をのぼれば（**略**）

(六) ① このお話の少年の目標は、何でしょうか。(10)

例（**自分の足で、坂をのぼって海を見る。**）

② みなさんの生活には、六年生としての目標や、それに向けての日々の取り組みがありますね。六年生のあなたにとっての目標を、書きましょう。(10)

（**略**）

P149 南極のペンギン(1)

「南極のペンギン」(1)を読んで、答えましょう。

(一) このお話の登場人物を、出てくる順に全部書きましょう。(28)

（**コリン隊長、ぼく、観測基地で働いている人間、蔵原監督、椎塚カメラマン、カメラマンの助手、ニュージーランドの犬ぞり隊の隊員四人**）

(二) 「ぼく」は、南極大陸へ何をしに行ったのですか。(10)

（**ペンギンのさつえい**）

(三) 南極大陸の氷原を進む時の、コリン隊長と「ぼく」の役割を書きましょう。(10×2)

コリン隊長（**前に進む時のクレバス(氷山の割れ目)の確認**）
「ぼく」（**犬ぞりをおす**）

(四) ペンギンのさつえいに行ったことについて、答えましょう。(10×3)

① 何人で行きましたか。（**八人**）
② 乗り物は何ですか。（**雪上車一台と二組の犬ぞり**）
③ 氷山のとちゅうの斜面のわずかな地にテントを張ったのは、出発して何日目ですか。（**三日目**）

(五) 「ぼくらはおこるかわりに大笑いをした。」とありますが、なぜ大笑いをしたのだと思いますか。(12)

例（**ペンギンがいなくて、つかれきっている気持ちを吹き飛ばすため。**）

P151 南極のペンギン(1)(2)

「南極のペンギン」(1)・(2)を読んで、答えましょう。

(一) ① サバイバル訓練のあと、南極のペンギンのさつえいに行ったのは、全部で何人ですか。(6)（**八人**）
② そのうち、はっきり日本人とわかるのは、何人ですか。(6)（**三人**）
③ 外国人とわかるのは、何人ですか。(6)（**四人**）
④ 名前がわかる人を全て書きましょう。(6)

（**犬ぞり隊のコリン隊長、蔵原監督、椎塚カメラマン、作者(ぼく・高倉健)**）

(二) ブリザード（雪あらし）にあったのは、出発して何日目ですか。(6)（**三日目**）

(三) "ああ、人間って簡単に死ぬんだなあ。"と思ったのは、どんな出来事があったときですか。(10)

（**テントがたおれて、ねぶくろごと自分の体が氷の上をごろごろ転がり、立ち上がることもできないまま、雪と風はますます強くなり、昼間見た、切り立つがけの方へ、ぼくのねぶくろが少しずつおされていったとき。**）

(四) スコット基地の人たちは、とても心優しく、命を大切にする人たちです。どんなことから、それがわかりますか。二つにまとめましょう。(10×2)

例（**スコット基地の建物にぼくらが入ったとき、心のこもった明るい歌声で基地の隊員全員が迎えてくれた。**）
（**ジョン隊長は、自分のことは自分でするという基地の規則を自らやぶって、卵焼きを作って、ぼくらに出してくれた。**）

(五) 「ぼく」が南極のブリザードにあった時の様子を、順に番号を付けましょう。(10)

（**4**）雪と風はますます強くなり、ねぶくろごとがけの方へおされていく。
（**5**）カメラマンの返事が、かすかに聞こえる。
（**1**）テントがゆれはじめる。
（**3**）カメラマンの返事が、すぐ横から返ってきた。
（**6**）雪上車ににげこむ。
（**2**）テントがたおれ、ねぶくろごと自分の体が氷の上をごろごろ転がる。

(六) ① "命って似ているのかなあ。不思議だなあ。"の「命」は、何と何の命を指していますか。(10)

（**ペンギンと人間**）

② どんなところが似ていますか。(10)

例（**ペンギンが巣作りをしている時、いい加減なやつ、こだわるやつ、けんかっぱやいやつ、ひょうきんなやつなど、人間とそっくりな行動をとったところ。**）

(七) このお話を読んで、あなたが思ったことや感じたことや考えたことなどを書きましょう。(10)

（**略**）

著者
羽田　純一　　　京都府公立小学校　元教諭

平田　庄三郎　　京都府公立小学校　元教諭

堀越　じゅん　　大阪府公立小学校　元教諭　他４名

企画・編集者・著者
原田　善造　　　わかる喜び学ぶ楽しさを創造する教育研究所　著者代表

参考文献
・光村図書「国語６年（上）創造（下）希望」
・東京書籍「新編新しい国語　６年（上）（下）」
・教育出版「ひろがる言葉　小学国語　６年（上）（下）」
・学校図書「みんなと学ぶ小学校国語　６年（上）（下）」
・大阪書籍「小学国語６年（上）（下）」
・文部科学省　[資料] 平成 17 年「PISA 調査の公開問題例」
・　〃　　[資料] 平成 17 年「TIMSS 調査の公開問題例」
・　〃　　平成 19 年度　全国学力・学習状況調査の問題 小学校 国語Ａ・国語Ｂ
・経済界　日本語翻訳版「フィンランド国語教科書　小学３年生〜小学５年生」

短文・長文・PISA 型の力がつく
まるごと読解力　文学作品　小学６年

2008 年４月２日　　第１刷発行
2010 年１月１日　　第２刷発行

著者　　　：羽田 純一　原田 善造　平田　庄三郎　堀越 じゅん　他４名による共著
企画・編集：原田 善造
イラスト　：山口 亜耶

発行者：岸本 なおこ
発行所：喜楽研（わかる喜び学ぶ楽しさを創造する教育研究所）
〒 604-0827 京都府京都市中京区高倉通二条下ル瓦町 543-1
TEL 075-213-7701　FAX 075-213-7706
印刷：株式会社イチダ写真製版

ISBN：978-4-86277-017-2　★　Printed in Japan